Küchengeister

Kulturamt Neukölln

jovis

Lothar Binger / Susann Hellemann

Küchengeister

Streifzüge durch Berliner Küchen

jovis

Dieser Titel erscheint als Begleitbuch zur Ausstellung
»Küchengeister – Küche , Kunst, Müll & Dunst«,
die vom 4.5. bis zum 31.8.1996 in der Galerie am Körnerpark zu sehen ist
und vom Kulturamt Neukölln eingerichtet wurde.

Umschlaggestaltung: Renate Beck, Berlin
Layoutgestaltung: Lisa Neuhalfen, Berlin
Lektorat: Alexa Geisthövel
Lithographie: Unze Verlagsgesellschaft mbH, Potsdam
Druck + Bindung: DBC Druckhaus Berlin-Centrum, Berlin

jovis Verlags- und Projektbüro
Kurfürstenstraße 15/16
10785 Berlin

ISBN 3-931321-12-6

Inhalt

Küchengedanken 7

Rund um die Feuerstellen 16

Geheimnisvolle Küchen 30

Dienstbare Geister 39

Küchenleben aus zwei Jahrhunderten 49

Von der Hauswirtschaft zum Hausfrauendasein 77

Küchenelemente 83

Mietskasernenküchen 93

Aus bürgerlichen Küchen 103

Berliner Küchenreform 106

Küchenverhältnisse zwischen Wirtschaftskrise und Wirtschaftswunder 119

Auswege aus der Küchensackgasse 152

Küchenökologie 167

Gespräche am Küchentisch 173

um 1905

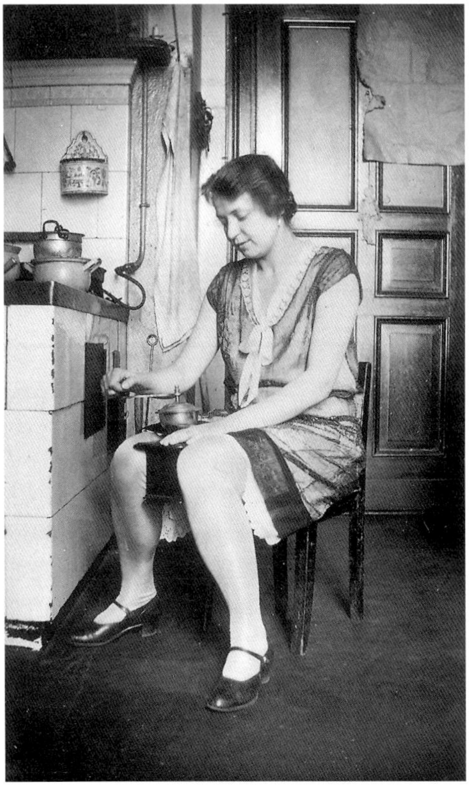

1929

Küchengedanken

Der Mensch braucht die Küche. Ob er will oder nicht – ständig muß er Nahrung zu sich nehmen. Sein Verlangen zu essen und zu trinken meldet sich regelmäßig und ist – wie das nach Schlaf – nur begrenzt aufschiebbar. Die Befriedigung dieses Verlangens hat einen Ort: Während die Nahrung zuerst roh und an beliebigen Plätzen verzehrt wurde, man sie später über offenem Feuer unter freiem Himmel genießbarer machte, kam irgendwann die Zeit, in der unsere Vorfahren mit der Errichtung von festen Häusern einen Ort festlegten, wo Mahlzeiten zubereitet wurden: Die Küche war geboren.

Im vorliegenden Buch soll von der Küche im Berliner Haus die Rede sein, von ihrer baulichen Gestalt, von dem sozialen Leben, das sich in ihr entspann, von technologischen Entwicklungen und denkwürdigen Ereignissen, von Alchimie und Aberglaube, gelegentlich auch von Gerichten und Eßgewohnheiten. Die Darstellungsspanne reicht von der spätmittelalterlichen Küche mit offener Feuerstelle und Rauchfang über Biedermeierhaushalte und die Arbeiterwohnküche der Jahrhundertwende, die Reformküchen der 20er und die engen Einbauküchen der 60er bis hin zur kommunikativen WG-Küche und der Küchenvielfalt der Gegenwart. Schwerpunkt ist dabei die Küche als Lebensraum, wie er seit dem 18. Jahrhundert in vielen Biographien und in aktuellen Küchengesprächen lebendig wird. Zahlreiche, z. T. unveröffentlichte Stiche und Fotografien auch aus privaten Berliner Fotoalben veranschaulichen das Thema.

Von der Feuerstelle zur Einbauküche

In ihrer Geschichte erfuhr die Küche wechselnde Schicksale: Sie wanderte durchs Haus, war mal großzügig ausgebaut, mal lichtlos rudimentär auf einem Treppenpodest angeordnet, hatte je nach sozialer Schicht der Hauseigentümer bzw. der Wohnungsinhaber unterschiedliche Dimensionen, Ausstattungen und Benutzer. Während im spätmittelalterlichen kleinen Berliner Handwerkerhaushalt mit seiner Küche/Stube/Kammer-Einheit die Küche noch im Mittelpunkt des Hauses lag, hielt der Adel sich ihr sowohl räumlich als auch sozial von jeher fern: von der Küche als einem von der restlichen Wohnung abgetrennten Terrain genauso wie vom Gesinde, das dort nicht nur arbeitete, sondern auch speiste. Die Vornehmen dagegen nahmen ihre aufwendigen Gerichte in gebührender Distanz zur dienenden Klasse ein und entwickelten dabei allerlei Tischsitten bis hin zum feineren Gebrauch von

Gartenfrüchte werden verarbeitet, 1929

Gabel und Messer, während die unteren Schichten lange Zeit nicht über eine gemeinsame Schüssel und den Löffel hinausgelangten.

Um 1800 wurde die Kochstube von den unteren Schichten gleichzeitig als Wohn-, Schlaf-, Arbeits- und Kochraum genutzt. Die Erfindung eines geschlossenen Kachelofens, mit dem man gleichzeitig heizen und kochen konnte und der den Rauch unmittelbar in den Schornstein ableitete, hatte diese Mehrzwecknutzung möglich gemacht.

Das im 19. Jahrhundert zu Geld gekommene Bürgertum eiferte dem Adel nach, plazierte die Küche möglichst an den Wohnungsrand und sonderte sie sozial vom eigentlichen Wohnbereich ab. In den Villen der Jahrhundertwende waren die Wirtschaftsräume samt Küche häufig sogar im Keller untergebracht, damit die Herrschaften sich nicht durch Küchengerüche oder -geräusche gestört fühlten und sich die Begegnung der scharf getrennten Gesellschaftsschichten auf ein Minimum beschränkte. Die Küchenschwelle war zugleich Klassenschranke. Bei den kleinbürgerlichen Beamten, Selbständigen oder Akademikern hielt sich die mithelfende Hausfrau nur so lange wie unbedingt nötig in der Küche bei Köchin und Dienstmädchen auf. Dagegen wurde in der Arbeiterschaft, die in der Mehrzahl in kleinen Küche/Stube-Wohnungen leben mußte, die Wohnküche zum Lebensraum schlechthin.

Eine allgemeine gesellschaftliche Aufwertung erfuhr die Küche erst im 20. Jahrhundert, als die Dienstbotenära mit Beginn der Weimarer Republik zu

Ende ging. Allmählich wurde die Küche auch vom Bürgertum als wohnlicher Ort angenommen. Parallel dazu verringerte sich jedoch mit der Erscheinung der Reformküche der 20er Jahre und der Einbauküche der Nachkriegszeit ihre Größe. Als optimal funktionierende Arbeitsküche mit Einbauzeile gewöhnte sie die Mieter an eine Eßkultur im Wohnzimmer und verlor so ihre Rolle als Zentrum des Familienlebens. Begründet wurde diese Küchenverkleinerung u. a. damit, daß in den modernen Sozialwohnungen die tägliche Körperhygiene im Bad statt am Küchenausguß stattfand. Mit dem massiven Einzug elektrischer Großgeräte erhielt die kleine Arbeitsküche in den 60er Jahren eine regelrechte »Legitimation«.

»Lotteken als Hausfrau«, 1933

Und doch keimte zur gleichen Zeit allmählich wieder eine größere Vorliebe für wohnliche Küchen auf. Bestimmend für diese neue Akzeptanz der Küche war der Wertewandel der 60er und 70er Jahre, der die Küche vor allem in Wohngemeinschaften zum einzigartigen Kommunikationsraum werden ließ und Architekturdiskussionen mit dem Ziel auslöste, die Küche zum Mittelpunkt der Wohnung zu machen. Mit der Protestbewegung verblaßte bürgerliche Etikette gegenüber hedonistischen Einstellungen, die immer breitere Resonanz fanden. Angebliche Tugenden wie Verzicht, Maßhalten und angestrengte Selbstbeherrschung waren ohnehin längst in Widerspruch zu der auf Genuß drängenden neuen Konsumkultur geraten.

Küchensinnlichkeit

In früheren Zeiten wurden in der Küche mit offener Feuerstelle wie nirgendwo sonst im Haus die Sinne angesprochen und gefordert – Schmecken, Riechen, Schauen, Fühlen. Der ganze Körper war betroffen durch die Hitze des Feuers, den Rauch, die auftretenden Dünste. Kleidung, Haare und Haut nahmen den Geruch der gekochten Speisen an. Der Rauch und der Wrasen oder auch Brodem, also all die »sichtbaren Dünste, welche von heißem Wasser und erwärmten feuchten Stoffen aufsteigen« (Meyer, Kons., Bd. 3, 511), konnten die Küche durch den Rauchfang verlassen und schlugen sich an dessen Wandungen nieder. Als die offene Feuerstelle durch die Konstruktion der Kochmaschine geschlossen wurde, zog nur noch der Rauch durch den

Schornstein ab. Für die Dünste mußte ein eigener Abzug, der Wrasenfang, geschaffen werden. Seine Funktion der Vernichtung allgemeiner Küchengerüche hat heute die Dunstabzugshaube übernommen.

All dieser technische Erfindungsreichtum hatte zum Ziel, Rauch und Kochdunst zu vermindern und den Geruchssinn, den nicht nur Immanuel Kant als den »entbehrlichsten aller Sinne« abwertete, zu schonen. Zu Unrecht, denn die Nase ißt mit. Erst durch sie wird das vollständige Eßerlebnis möglich: Mit zugehaltener Nase würden sich nicht einmal Apfel und Zwiebel geschmacklich unterscheiden lassen. Vieles, was wir zu schmecken glauben, riechen wir tatsächlich. Ein genußvolles Leben kann neben dem Mund auf die Nase nicht verzichten, die den »Braten riecht« und als »feiner Riecher« der allgemeinen Orientierung dient.

Heute sind uns allerdings beim Essen viele Gerüche – und Geräusche – zuwider, die in vergangenen Jahrhunderten nicht störten oder sogar als Ausdruck des Wohlbehagens empfunden wurden. Dieses beweist zum Beispiel Luthers besorgte Nachfrage an die Tischrunde: »Warum furzet und rülpset ihr nicht, hat es euch nicht geschmacket?« Nur den Babys wird heute von den Eltern ein erleichterndes Aufstoßen während der Mahlzeiten ausdrücklich gewährt. Man nennt es »Bäuerchen machen« und ist sich kaum bewußt, damit einen ganzen Berufsstand zu diffamieren. Man amüsiert sich außerdem, wenn ein Furz knatternd in die Windel fährt und dem Kind die Erleichterung anschließend ins Gesicht geschrieben steht. Etwa vom dritten Lebensjahr an haben Kinder allerdings zu lernen, daß sich so etwas für sie nicht mehr schickt. Das Essen soll heutzutage möglichst geräuscharm vor sich gehen und läßt weder behagliches Schmatzen noch Rülpsen oder gar unappetitlichere Laute zu. Der Tastsinn ist beim Eßgenuß ebenfalls in seine Schranken gewiesen, seitdem man statt mit Fingern mit verschiedenen Eßwerkzeugen die Speisen zum Munde zu führen gelernt hat.

Wichtig beim Essen ist natürlich der Geschmack, der sich in Redewendungen wie »Geschmack haben« oder »geschmacklos sein« nicht nur auf die Fähigkeit zu schmecken, sondern offensichtlich auf das ästhetische Urteilsvermögen bezieht. So erhöht ein »geschmackvoll« gedeckter Tisch mit ansehnlichem Geschirr, schwerem Silberbesteck und gekonntem Blumenarrangement den Eßgenuß erheblich, weil neben Mund und Nase auch das Auge mitißt. Von Madame Dutitre, einem stadtbekannten Berliner Original des frühen 19. Jahrhunderts, ist überliefert, daß sie nach dem Ableben ihres Mannes keinen Fisch mehr essen mochte, weil der Anblick eines Fischkopfes sie an ihren im Sarg liegenden Gemahl erinnert habe: Ein makabres Beispiel dafür, wie die Bilder im Kopf mitessen und sich auf die Essenszubereitung auswirken können.

um 1910

In der Küche wird dieser Widerstreit der Sinne geschlichtet: »Kochmetamorphosen« haben das zu leisten. Durch Zerteilen, Garen, Kochen, Braten werden die Rohstoffe denaturalisiert. Ihre ursprüngliche Gestalt verschwindet und wandelt sich unter den Händen von Koch und Köchin. Weder Fischstäbchen noch Kalbskotelett sieht man ihre blutigen Ursprünge an. Die Küche leistet eine visuelle Angleichung der Speisen an die aktuellen menschlichen Wunschbilder im Kopf, an ästhetische und moralische Vorstellungen. Wenn man sich schon der natürlichen Ressourcen rücksichtslos bedient – ganze Tierarten sind der Gier der Kochtöpfe zum Opfer gefallen – so will man das nicht unbedingt »aufgetischt« bekommen. Heute sind Selektion, Bearbeitung und Verwandlung der Nahrungsmittel häufig vorverlagert in die Lebensmittelindustrie und finden nicht mehr in der Küche statt. Auch wenn auf den Verpackungen versucht wird, dem Konsumenten einen visuellen Eindruck von der eingefrorenen, portionierten und panierten Speise zu geben, kann er das Angebotene kaum auf seine Qualität hin überprüfen. Weder Aussehen noch Geruch geben Hinweise auf die Beschaffenheit. Erst auf dem Teller lüftet sich aufgetaut und erhitzt vielleicht das Geheimnis unter der Panade – ob tatsächlich Fisch oder Fleisch oder was auch immer. Letztlich sind durch die Hintertür des Tiefkühlers die vielgeschmähte Großküche und eine zentrale Versorgung eingeführt worden. Eigener Herd und eigene Küche sind unter solchen Gesichtspunkten nur noch übertechnisierte Aufwärmestation, Dekoration und Staffage.

Gerade weil vieles undurchschaubar geworden ist, ist die Küche als möglicher Ort des Ursprünglichen, Rohen, Unbearbeiteten wieder interessant geworden. Natürliche Rohstoffe wie Möhren oder Kartoffeln, an denen noch die Erdkrumen haften, erinnern an den Acker, in dem sie gewachsen sind; der glibschige Fisch verweist noch auf das Wasser, in dem er zu Hause war. Bei den Verwandlungen sollten Koch oder Köchin keine Zauderer, sondern Zauberer sein und entschlossen vorgehen. Phantasie, Entdeckerfreude und Eßlust, die Triebfeder des Kochens, kochen mit. Wie sollte jemand mit Lust kochen, der nur widerwillig ißt?

Die Möglichkeiten der Küche schwanken heutzutage zwischen raffinierter Feinschmeckerei und unsäglichen Fast-food-Angeboten. Fertiggerichte sind häufig zerkocht, während die Verpackung dem Auge ein vielversprechendes Gericht vortäuscht. Der banalen Massenkost steht die Haute Cuisine gegenüber, die sich allerdings nur ein kleiner Teil der Esser leisten kann. Dem Gourmet stehen heute Zutaten der ganzen Welt in nie gekannter Zahl, Qualität und Frische zur Verfügung. Eine Bibliothek von Kochbüchern verspricht sachgemäße Belehrung. Jeder könnte zum Feinschmeckerkoch werden, wenn er denn nur wollte – so will es der Schein von Konsumfreiheit. Aber wer hat schon die Zeit, die qualifizierten Kochkenntnisse und vor allem die Mittel?

In der bundesrepublikanischen Gesellschaft entstand in den 60er Jahren ein Trend, der sich bis heute fortsetzt: Die auf Speis und Trank gerichteten Wünsche differenzierten sich, denn das bis dahin Bekannte war reichlich vorhanden und reizte nicht mehr, zumal viele Deutsche durch ihre zahlreichen Auslandsreisen auf die Eßkultur anderer Länder stießen und sich ihr Geschmackshorizont beträchtlich erweiterte. Die Arbeitsmigranten trugen ein übriges dazu bei, daß die deutsche Küche durch ausländische Gerichte bereichert wurde und manche Spezialitäten wie Pizza und Döner Kebab verbreitet und beliebt sind.

Soziale Drehscheibe

Zur Küche wird man durch die Macht der unaufschiebbaren leiblichen Genüsse periodisch hingezogen. Man unterliegt dem Küchenzwang spätestens dann, wenn sich der Magen durch Zwacken oder durch unüberhörbares Knurren bemerkbar macht. Schon ein Tee oder eine kleine Süßigkeit können manchmal die erschlaffenden Lebensgeister wieder in Bewegung bringen. Tagesabläufe sind nach den Mahlzeiten eingeteilt – Frühstück, Mittagessen, Abendbrot oder Abendessen.

Die Küche ist als sozialer Raum auch Drehscheibe von Gefühlen und Stimmungen. Wohlschmeckende Speisen erzeugen wohlige Gefühle, Anerkennung, Wohlwollen und Verständnis belohnen eine gelungene Mahlzeit.

Familienfeier, 1929

Gesättigt ist man gesprächsbereit und zugänglich für über das Essen hinausgehende Angelegenheiten; der Speichelfluß befördert den Gedankenfluß.

So treten in der Küche auch Gefühle offener, unverhüllter zutage. Während man früher in der gutbürgerlichen Wohnung den Kindern in ihrem Benehmen vor allem gegenüber den Dienstboten einiges nachsah, begann jenseits der Küchenschwelle die ›Zivilisation‹, auf die man sich mit ihrer Etikette so viel zugute hielt. Am Eßzimmertisch hatte man sich anders als am Küchentisch Anstandsregeln zu unterwerfen, die nicht nur die Nahrungsaufnahme, sondern auch die Konversation betrafen. Wer dagegen am Küchentisch aß, durfte vielleicht die Ellbogen aufstützen und die Suppe schlürfen. Die Gespräche waren unter solchen Bedingungen offener und spontaner. Die ungezwungene Atmosphäre in der Küche verleitet bis heute Partygäste aus nahezu allen Bevölkerungsschichten, sich mit Vorliebe in der Küche einzufinden. In angeheitertem Zustand plaudert man dort ungeniert, witzelt, streitet, angelt sich eine Gurke aus dem Glas und greift ohne Besteck nach Käse oder Würstchen, um die Finger nach dem Verzehr genüßlich abzulecken.

Der »Topfgucker«, 1930

In der Küche ist – in den meisten Fällen – die Frau Reinigungskraft im doppelten Sinne: Sie hält alles blitzblank und ist für die psychische Hygiene zuständig, Kummerkasten der Kinder, Seelensofa des Mannes. Oft tobt aber auch ein erbitterter Kampf am Küchentisch, denn Erziehungsgewalt heißt für viele Eltern Eßgewalt, orale Aggression – nicht selten mit dem Kochlöffel als Erziehungsinstrument.

In der Küche sprudelt die Quelle für die Grundstoffe des Lebens: Zuwendung und Nahrung. Kein Wunder, daß Defizite in einem Bereich Störungen im anderen hervorrufen. Bulimie, auch als »Freß-Brech-Sucht« bekannt, ist ein deutliches Zeichen dafür, daß der oder die Kranke einfach alles zum »Kotzen« findet – in den meisten Fällen allerdings heimlich. Andere versuchen, Frustrationen in Schule, Beruf oder in zwischenmenschlichen Beziehungen mit Freßanfällen aufzufangen, und geraten mit ihren sich anhäufenden Pfunden in einen Teufelskreis, aus dem sie auch die zehnte Diät nicht erlöst.

Küchensprüche

Das Geschehen in der und um die Küche hat sich in zahlreichen sprachlichen Metaphern niedergeschlagen: man »schäumt« oder »kocht vor Wut« und »läßt Dampf ab«. Wenn befürchtete Konsequenzen ausbleiben, kann man beruhigt feststellen, daß »nichts so heiß gegessen wird, wie man es kocht«. Andererseits »verbrennt sich jemand den Mund«, wenn er geheim zu haltende Dinge ausspricht, »schleicht um den heißen Brei«, wenn er sich nicht offenbaren will, oder »erzählt etwas brühwarm«, wenn er es selbst soeben erst erfahren hat. Manchen Leuten wird »siedend heiß«, wenn sie etwas Wichtiges versäumt haben. Einer, der hartnäckig ist, gilt auch als »hart gesotten«. Jemandem »die Suppe versalzen« oder »hineinspucken« zu wollen, zeugt von hinterhältigen Angriffen auf die Bemühungen anderer. Sogar das Sterben wird mit einem Vorgang aus der Küche bezeichnet: jemand »gibt den Löffel ab«, wenn er aus dem Leben scheidet.

Andererseits finden sich Küchenbegriffe in der Öffentlichkeit häufig mit negativer Bedeutung: Was vom »Küchentisch« kommt, hat immer den Ruch des Unprofessionellen, und das »Küchenkabinett«, ein beliebter Begriff der Polit-Kommentatoren, steht für intrigantes und unseriöses Verhalten schlechthin. Hämisch wurde ein Politiker glossiert, der »die Gerüchteküche noch ein paar Tage lang mit weiteren und undefinierbaren Zutaten würzt. Wenn das Süppchen zu lange kocht, schmeckt es doch wieder fad.« (FR v. 17.1.1996). Eine Kolumne über den Sieg eines bis dahin unbekannten jungen Architekten im Spreeinsel-Bauwettbewerb stand unter der Schlagzeile »Nostalgie am Küchentisch«. Der Jurysprecher hatte vermutet, der preisgekrönte Entwurf sei »wohl am Reißbrett neben dem Küchentisch« (TAZ v. 13.5.1994) entstanden. Und der Soziologe Niklas Luhmann verspottete die Theorie der »zivilen Gesellschaft« als »aufgewärmten Kohl aus Frau Boltes Küche«. (TAZ v. 11.5.1994)

Dem Arbeitsplatz Küche traut man nur »Anrüchiges« und wenig Qualitätvolles zu; abschätzig gebrauchte Küchenbegriffe haben die Tendenz, die Küche als weibliches Tätigkeitsfeld abzuwerten. In diesem Sinne wurde in einer Talkshow die – für alle Haus*frauen* geradezu beleidigende – Fragestellung diskutiert: »Ich bin Hausmann – muß ich mich schämen?« (»Lifeguide«, Kabelkanal)

Doch so kontrovers die Küche auch gesehen wird – sie ist zweifellos wieder im Kommen. Grund genug, auf einem Streifzug durch die Berliner Küchenlandschaft zu entdecken, was in ihr steckt.

In einer Berliner Küche, D. Chodowiecki, 1770

Rund um die Feuerstellen

Die Häuser in Berlin und Cölln waren im ersten Drittel des 13. Jahrhunderts, als Cölln zum ersten Mal urkundlich erwähnt wurde, bereits unterteilt in Küche und Stube. Das einfache Rauchhaus, das aus einem Raum mit einer Feuerstelle in der Mitte bestand, war schon überwunden. Die Häuser standen mit dem Giebel zur Straße, hatten ein Obergeschoß und wurden von einer Familie mit ihrem Gesinde bewohnt. In diesem schmalen, meist drei Fenster breiten Einfamilienhaus lag die Küche im Erdgeschoß zur Hofseite hin. Als »schwarze Küche« hatte sie noch keine Decke gehabt, sondern ihre verräucherten Wände hatten sich nach oben zum Dach hin zu einem Loch verengt, durch das der Rauch abziehen konnte. Erst später wurde eine Decke eingezogen und direkt über dem hochgemauerten Herd ein in die Küche herabgezogener Rauchfang angebracht. Der Schornstein war überwiegend in der Hausmitte errichtet. Mit der Teilung des Herdraumes in Küche und Stube hatten sich die zwei Urzellen des Hauses herausgebildet.

Während in Berlin/Cölln im 13. Jahrhundert alle Häuser aus Fachwerk bestanden, wurden nach dem großen Brand von 1380 vor allem die Häuser der Patrizier aus Stein erbaut. Ein solches Eckhaus war das im Hohen Steinweg 15 gelegene Gebäude des reichen Kaufmanns Thomas Winz. Wohl aus Brandschutzgründen war seitlich im Hof ein eigenes Küchenhaus errichtet worden, das hier für Berlin zum ersten Mal einwandfrei nachgewiesen werden konnte. Wie das Haupthaus bestand es aus unverputzten, gebrannten Backsteinen. »Im Erdgeschoß des zweigeschossigen fast quadratischen Baus befanden sich in der Mitte der Herd mit dem Rauchfang, links die Vorratskammer und rechts ein abgeschlossener Raum mit einem sehr schönen Netzgewölbe, in dem die ganze Familie ihre Mahlzeiten einnahm.« (Volk, 200) Offenbar gab es auf mehreren Grundstücken freistehende Küchenhäuser.

In Köpenick fand man 1995 bei Ausschachtungsarbeiten in drei Metern Tiefe das acht mal acht Meter große Holzrahmenfundament eines aus mehreren Räumen bestehenden Hauses aus dem 14. Jahrhundert, in dem auch eine Feuerstelle nachgewiesen werden konnte. In Spandau entdeckte man in dem Haus Breitestraße 32, dessen Anfänge auf 1450 datiert werden, ebenfalls

Giebelhaus Fischerstraße 28, erbaut um 1600, 1930

Hof Fischerstraße 28 mit Pumpe und Holzschuppen, um 1920

Eßraum eines Küchenhauses aus dem 15. Jahrhundert, Hoher Steinweg 15

einen Küchenraum. »Das Haus war in drei Räume unterteilt. Über dem Tonnengewölbe des Kellers befand sich sicherlich ein gemauerter Bereich, an den die zwei Fachwerkräume, ein Küchenraum mit Herdstelle und ein Wohnraum mit Kachelofen angrenzten. Der Herd heizte auch den im Nebenraum stehenden aus Topfkacheln aufgebauten Ofen«. (Biller, 126) Kachelöfen gab es in Berlin/Cölln offenbar seit dem 14. Jahrhundert. Die plumpen, an den Ecken aus Backsteinen hochgemauerten Öfen standen auf Füßen. Ihre Kacheln glichen Blumentöpfen, waren aber viereckig. Übereinander aufgemauert boten die Kacheln zahlreiche Heizflächen, auf denen man im oberen Ofenbereich auch das Essen wärmen konnte. Über dem aufgemauerten Herd »hing an einem Kesselhaken der gewaltige Kessel, während um ihn auf Dreifüßen größere und kleinere Töpfe kochten. Die Holzscheite wurden durch Feuerböcke hohlgelegt, um besser zu brennen, ein Blasebalg war vorhanden, das Feuer anzufachen. Daneben war der Bratspieß ein nothwendiges Erforderniß.« (Görlitzer) Mühselig gestaltete sich das Anzünden des Feuers. »Das Feuerzeug, das vielfach in der Gürteltasche getragen wurde, bestand aus Stahl und Stein, sowie einer Zunderbüchse, in der die Funken aufgefangen wurden. Daran wurden Schwefelfäden entzündet, an diesen Späne, dann Kienholz, trockenes Holz oder Reisig, endlich gespaltenes Holz und die großen Holzscheite.« (ebd.)

Über die frühesten Anfänge des Berliner Hauses gibt es keine schriftlichen Quellen. Deshalb ist man auf Archäologen angewiesen, die z. B. das Haus eines Berliner Tuchhändlers aus dem Jahr 1219 phantasievoll und sachkundig beschreiben können: »Im Erdgeschoß befinden sich zwei Räume, der große Wohn- und Geschäftsraum und die Küche, beide zugänglich über den Flur, von dem auch eine einfache Holztreppe in das Obergeschoß führt... in der Küche besteht das Mobiliar aus Bänken an den Wänden, einer Tafel und aus umlaufenden Holzborden mit Eßgeschirr aus Holz und Ton. Praktisch sind die kugeligen Tontöpfe, denn ihr gerundeter Boden findet auf der unebenen Herdplatte im offenen Feuer besseren Halt als ein Gefäß mit geradem Boden... Der Tag beginnt früh, bereits morgens zwischen drei und vier Uhr, je nach der Jahreszeit. Die Morgenmahlzeit gibt es gegen sechs Uhr, das Mittagessen um zehn Uhr und schon um fünf Uhr nachmittags wird zu Abend gespeist. Der Tageslauf endet um acht Uhr abends… Nach Eintreten der Dunkelheit lassen sich beim spärlichen Licht von Kienspan, Fackel oder in wohlhabenderen Haushalten von Talg- und Wachslichtern nur mehr oder weniger mechanische Arbeiten erledigen… Die Berliner sind eine kräftige Küche gewöhnt. Das Frühstück besteht meist aus einem Brei von Hirse, dazu ein Stück Brot. Doch zum Mittag, der Hauptmahlzeit des Tages, wird jeden Tag viel Fleisch verzehrt. So ist ein Fleischverbrauch von vier Pfund am Tag für eine Person nichts Ungewöhnliches, zumal das Fleisch nicht teuer ist… Als Beilage zum Mittagsmahl ist Brot und Gemüse beliebt. Im Sommer stehen bei den vornehmen Familien Äpfel und vor allem Pflaumen als Nachspeise auf dem Tisch. Zur Hauptmahlzeit trinken die wohlhabenden Kaufmannsfamilien oft Wein, die Handwerker aber immer ein gutes Bier. Besonders begehrt sind feine, gesüßte Backwaren, die von den Bäckern zubereitet werden. Zum Süßen verwendet man im allgemeinen den Honig … von Waldbienen… Sehr viel Fisch wird in Berlin verzehrt…, man sieht auch den norwegischen Stockfisch und vor allem die gesalzenen Heringe… Der Hering wird von Stettin aus auf der Oder bis Oderberg mit dem Schiff und von dort mit dem Wagen nach hier transportiert«. (Müller, 26 ff.) Bei den wohlhabenden Bürgern waren auch Gewürze begehrt wie »Pfeffer, Ingwer, Safran, Kümmel, Lorbeer, Nelken und Zimt, dazu Baumöl (Olivenöl), Mandeln und Feigen.« (ebd., 28) Von den Ackerbürgern der Doppelstadt und den Bauern der Umgebung wurden Obst und Gemüse, Erbsen, Linsen, Bohnen, Hirse, Buchweizen und Gerste angeboten. Die Getreidesorten waren vor allem für die Grütze unentbehrlich. Hinzu kamen Kohl, Rüben, Zwiebeln, Eier und Butter. Das Fleischangebot bestand aus Rindern, Kälbern, Schafen, Lämmern und Schweinen, Hühnern, Enten und Gänsen. Fleisch und Brot waren im Mittelalter Hauptnahrungsmittel, und als Getränk stand das Bier auch für die Zubereitung von Suppen im Vordergrund.

Offene Feuerstelle mit Rauchfang und Windradmechanik am Bratspieß, 1507

Bei besonderen Anlässen wurde die alltägliche Speisepalette nicht verfeinert, aber im Umfang enorm ausgedehnt, und im Spätmittelalter waren die

Berliner Festessen so üppig geworden, daß es die Ratmannen von Berlin und Cölln 1335 für notwendig erachteten, eine Luxusordnung zu erlassen. Sie sollte übermäßigen Kleiderluxus und auffälliges Schmuckgepränge vermindern und zum anderen regeln, wieviele Gäste zu Festen geladen und wieviele Speisen ihnen aus der Küche aufgetragen werden durften. Gewöhnlich wurden vier Pfund Fleisch für eine Person zu einem Festessen berechnet, das sich bei einem bedeutenderen Anlaß über drei Tage hinziehen konnte. Frauen und Männer saßen dabei getrennt; denn die groben Tischsitten der Männer und ihre derben Witze wären wohl dazu angetan gewesen, den Frauen ein gemeinsames Mahl zu verleiden.

Zweieinhalb Jahrhunderte später wurde 1580 unter dem Kurfürsten Johann Georg, der »den Müßiggang, die Völlerey und besonders den Trunk« (König 1, 106) haßte, eine Hochzeitsordnung erlassen, die den vier Ständen der Stadt unterschiedliche Bewirtungsvorschriften machte:

»Mittags wurden vier oder fünf Essen, ohne Käse, Butter und Gebackenes, Abends aber, drey oder vier Gerichte, ohne Butter etc. zu geben zugelassen. Zu Getränke wird rheinischer und Landwein, zweierlei fremdes Bier, entweder freybergisch, Torgauisch, Orttrendisches, Zerbster oder Bernauisch, für die Frauen aber ruppinisches, sittisch etc. erlaubt, doch bei den Speisen kein süsser Wein, bey Strafe von zehen Taler.« (ebd.)

Besondere Anweisungen gab es für die Brautsuppe, für die man oft einen halben Ochsen verwandte. Das Einholen von Braut und Bräutigam sollte ganz ohne Speisen geschehen. Ferner wurde der sogenannte Brauthahn abgeschafft, der darin bestand, daß die Braut am Abend vor der Hochzeit »den versammelten nächsten Freunden und Verwandten, die sich um einen Tisch setzen, einen blanken messingenen Eimer, und eine zinnerne Schüssel aufträgt, die mit Bändern und Blumen geschmückt, und mit Pfefferkuchen, Aepfel, Nüsse etc. angefüllt sind, welche sie unter die Anwesende austeilet.« (ebd., 111 f.)

Mit der Verordnung sollte auch das Betteln bei den Hochzeiten abgeschafft werden. Die Bettler waren im 16. Jahrhundert derart zudringlich geworden, daß Türhüter die Eingänge des Festhauses für die Gäste von der Bettlerschar freihalten mußten und verhindern sollten, daß Speisen und Getränke von den Armen aus Keller und Küche weggetragen wurden.

In den Berliner Küchen der gehobenen Bürgerschicht und des Hofes holte man sich offenbar seit dem 16. Jahrhundert Anregungen aus Kochbüchern wie dem umfangreichen Werk des kaiserlichen Leibarztes Auila, das 1531 in Augsburg erschienen war. Bekannt war ebenfalls »Ein köstlich new Kochbuch« der Anna Wecker von 1598, das in der Hofküche benutzt wurde. Ein Hofkoch wurde eigens, um seine Kenntnisse zu erweitern, nach Prag geschickt, denn die böhmische Küche hatte in Berlin einen guten Ruf erworben. »Kurfürst Johann Sigismund (1608–19) wurde von seinem böhmischen Koch so exquisit verpflegt, daß er ihm später als Anerkennung seiner Künste den Gnadenpfennig gewährte! Er lieh sich auch öfter den französischen Koch des Grafen Schwarzenberg aus und belohnte ihn dann mit einem Extrasalär von 25 Talern.« (Schall, 15) Von 1682 datiert das erste in Berlin herausgegebene Kochbuch des Hofarztes Sigismund Elsholtii, der vorgab, sich auf medizinische Kenntnisse zu stützen und so ungewöhnliche Rezepte wie indianische Vogelnester für die Gesundheit empfahl.

Über die Ausstattung von Berliner Häusern und Küchen weiß man wenig. Um so bedeutsamer ist deshalb das Nachlaßinventar eines 1632 verstorbenen Berliner Amtskammerrats und Kaufmanns, der darin in anschaulicher Weise seinen Hausstand auflistete:

»In einem ›grün gemalten Spind‹ befinden sich Zinngeschirr und Gewürz für die Küche... Draußen auf dem Flur sind verschiedene Kasten und Schränke oder ›Spinde‹, wie man damals sagt, untergebracht, dabei der Mehlkasten und das ›Essenspind‹. Der Flur ist so geräumig, daß noch ein Tisch mit vier Schemeln und einer Bank Platz findet. Nach dem Hof zu liegt die Küche. Der Oberstock zeigt dieselbe Einteilung. Die Stiege führt zunächst

Gastmahl im Wirtshaus, 1532

auf eine Diele, ›Saal‹ oder ›Boden‹ genannt, mit Spinnrädern, Tischen und Kasten und einem ›gemalet Spinde, darin das Gesinde ihr Gerätlein verwahrt.‹ Am Schornstein ist eine Art Fleischkammer mit einem Vorrat an ›Eisbeinichen‹, Speckseiten, ›Ribbespeer‹ und Ochsenzungen... In der Kammer hinter dem Schornstein schlafen die drei Mägde und die Köchin... Das Getränk wird im Keller aufbewahrt, ›blanker‹ und ›roter Wein‹, auch ein Faß ›schieler‹ Wein, ›gut‹ Bier und ›Gesindebier‹, außerdem eine Tonne mit Butter und ein Faß mit Schmalz. Auf dem Hof stehen das Brauhaus, ein Holzschuppen, ein Schweinestall und ein großes Stallgebäude«. (Faden, 19 f.)

In dieser Zeit des Dreißigjährigen Krieges (1618–48) verringerte sich die Einwohnerschaft der Stadt erheblich, zahlreiche leerstehende Häuser verfielen und die Versorgungslage war äußerst schlecht. Nach dem verheerenden Krieg beschränkte man sich gezwungenermaßen auf die Brandenburgischen Landesprodukte. 1649 kamen aus Holland die ersten Kartoffeln nach Berlin und wurden im kurfürstlichen Küchengarten – im Lustgarten – angepflanzt. 1657 nannte der Leibarzt Elßholz die neue Frucht noch »Lustgartenpflanze«. Sieben Jahre später war bereits von ihr als einer Küchenwurzel die Rede, die vielseitig zu gebrauchen sei. (vgl. Glatzer, 56) Der Große Kurfürst (1640–88) holte auch holländische Viehzüchter ins Land, führte ihre entwickelte Milch-

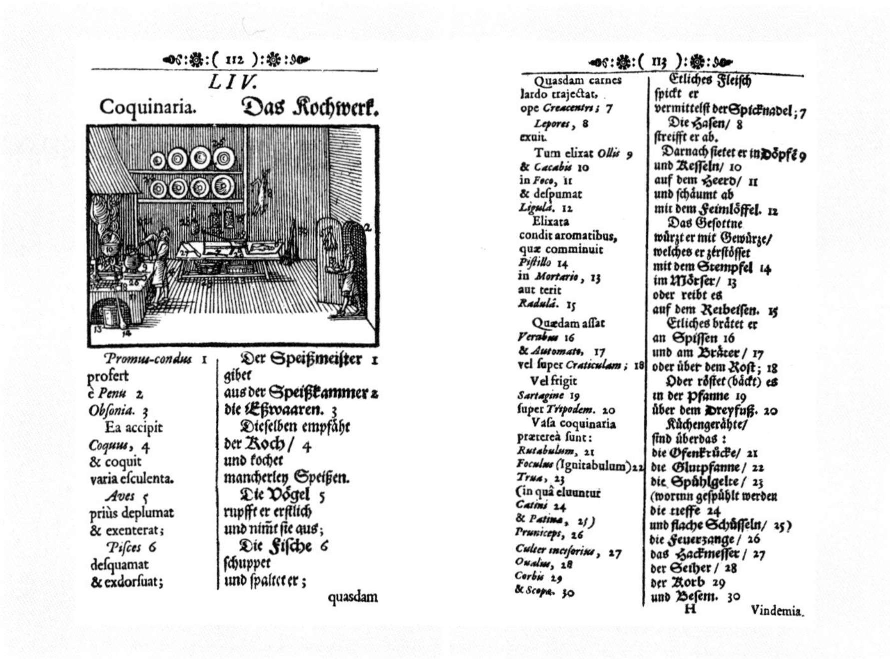
(112)

LIV.

Coquinaria. Das Kochwerk.

Promus-condus 1	Der Speißmeister 1
profert	gibet
è *Penu* 2	aus der Speißkammer 2
Obsonia. 3	die Eßwaaren. 3
Ea accipit	Dieselben empfähet
Coquus, 4	der Koch / 4
& coquit	und kochet
varia esculenta.	mancherley Speißen.
Aves 5	Die Vögel 5
priùs deplumat	rupfft er erstlich
& exenterat;	und nimt sie aus;
Pisces 6	Die Fische 6
desquamat	schuppet
& exdorsuat;	und spaltet er;

quasdam

(113)

Quasdam carnes	Etliches Fleisch
lardo trajectat,	spickt er
ope *Creacentri*; 7	vermittelst der Spicknadel; 7
Lepores, 8	Die Hasen/ 8
exuit.	streifft er ab.
Tum elixat *Ollis* 9	Darnach siedet er in Döpfe 9
& *Cacabis* 10	und Kesseln/ 10
in *Foco,* 11	auf dem Heerd/ 11
& despumat	und schäumt ab
Ligulâ. 12	mit dem Feimlöffel. 12
Elixata	Das Gesottne
condit aromatibus,	würzt er mit Gewürze/
quæ comminuit	welches er zerstösset
Pistillo 14	mit dem Stempfel 14
in *Mortario,* 13	im Mörser/ 13
aut terit	oder reibt es
Radulâ. 15	auf dem Reibeisen. 15
Quædam assat	Etliches brätet er
Verubus 16	an Spissen 16
& *Automato,* 17	und am Bräter / 17
vel super *Craticulam;* 18	oder über dem Rost; 18
Vel frigit	Oder röstet (bäckt) es
Sartagine 19	in der Pfanne 19
super *Tripodem.* 20	über dem Dreyfuß. 20
Vasa coquinaria	Küchengeräthe/
prætereà sunt:	sind überdas:
Rutabulum, 21	die Ofenkrücke/ 21
Foculus (Ignitabulum) 22	die Glutpfanne / 22
Trua, 23	die Spühlgelte / 23
(in quâ eluuntur	(worinn gespühlt werden
Catini 24	die tieffe 24
& *Patinæ,* 25)	und flache Schüsseln/ 25)
Pruniceps, 26	die Feuerzange / 26
Culter incisorius, 27	das Hackmesser / 27
Qualus, 28	der Seiher / 28
Corbis 29	der Korb 29
& *Scopæ.* 30	und Besem. 30

H Vindemia.

Küchenbeschreibung aus dem »Orbis pictus«, 1658

wirtschaft ein und verhalf der daniederliegenden Viehzucht zu neuem Aufschwung. 1660 wurde eine Brunnen- und Gassenordnung erlassen, die bewirken sollte, daß die Berliner sich mit größerer Sorgfalt um die Gassenbrunnen kümmerten und vor allem den Unrat von den Straßen beseitigten, der unter anderem von den frei umherlaufenden Schweinen herrührte und durch Haushaltsabfälle verursacht wurde. Sechzehn Jahre später wurde ein Schweinehaltungsverbot erlassen. Die vom Kurfürsten eingesetzten Gassenmeister sollten den Bürgern, die ihrer Straßenreinigungspflicht nicht nachkamen, den Kot in die Häuser werfen. Trotz aller Ermahnungen türmte sich auf dem Neuen Markt ein wahres Müllgebirge auf, das nur dadurch mit der Zeit abgetragen werden konnte, daß man die Landleute, die ihre Produkte in Berlin anboten, zwang, beim Verlassen der Stadt eine Fuhre Mist mitzunehmen.

Auf Veranlassung des Kurfürsten kam 1641 auch die erste Berliner Bauordnung zustande, die die Feuersicherheit erhöhen sollte. Die Bauherren wurden angewiesen, gefährliche Schornsteine, die damals noch häufig aus Holz bestanden, zu erneuern. Beispielhaft dafür, daß nun die Traufseite statt der Giebelseite zur Straße hin stand, waren die Häuser Petristraße 31 und 32 auf der Fischerinsel, die um 1670 gebaut wurden und von denen Grundrisse, gezeichnete Ansichten und Fotos von 1930 erhalten sind. Bei Ausgrabungen auf den Grundstücken dieser im Zweiten Weltkrieg zerstörten Häuser wurden 1960 sogar Vorläufergrundrisse aus dem 14. Jahrhundert gefunden. »Soweit die Mauerreste erkennen ließen, bestand zumindest das Haus Petristr. Nr. 31 nur aus zwei Räumen (im Grundriß). Der zweite Raum, nach den

Kurfürstenpaar bei der ersten Kartoffelernte im Lustgarten, 1649

23 *Petristraße 31 und 32, Ansicht*

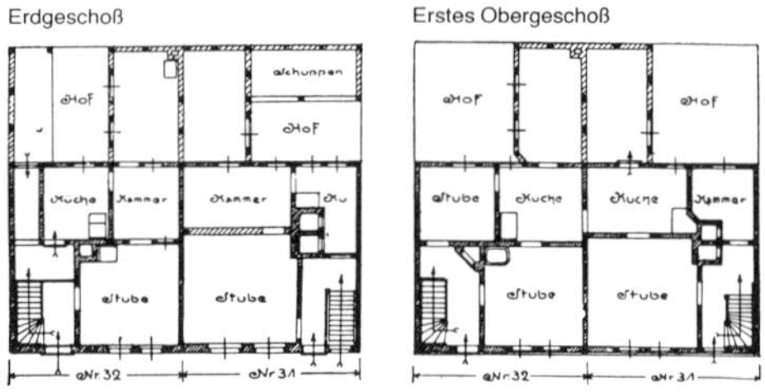

24 *Petristraße 31 und 32, Grundrisse*

Ansicht und Grundriß Petristraße 31und 32, erbaut um 1670

Petristraße 31 und 32 , 1930

starken Brandresten zu urteilen wahrscheinlich als Küchenraum genutzt, war an seiner rückwärtigen Seite von einer festeren Wand begrenzt, deren starke Fundamentreste, aus groben, zentnerschweren Feldsteinen bestehend, bis zu 1,20 m tief in den Boden hineinragten.« (Krüger, 298) Petristraße 31 und 32 hatten im Erd- und Obergeschoß Wohnungen mit Stube, Küche und Kammer. Der kleine Flur war nicht bis zum Hof durchgeführt; man erreichte ihn statt dessen durch die Küche. Von den zwei Eingangstüren der Nr. 31 führte eine ins Erdgeschoß, die andere über eine steile Stiege direkt ins Obergeschoß. Die von zwei Familien bewohnten Häuser stellten den ersten bescheidenen Mietshaustypus dar. Bei diesen kleinen, häufig vorkommenden Häusern lag der Schornstein in der Mitte. Bei anderen Hausgrundrissen lagen die Schornsteine dagegen an den seitlichen Giebelwänden. Etliche Häuser hatten eine seitliche Durchfahrt zum Hof; bei ihnen wurden die Stubenöfen bisweilen von der Durchfahrt beheizt. In diesen Fällen wurden die Züge der Stubenöfen und der Küchenrauchfänge des Erd- und Obergeschosses schräg gestützt durch den Dachboden geführt und zu einem einzigen großen Schornstein gebündelt.

Die Küche in Beziehung zu Hof, Flur und Treppe

Die Küchen hatten nahezu immer einen Bezug zum Flur und zum Hof, auf dem die Pumpe und der Holzschuppen standen. Sofern es einen Flur, eine Diele oder einen Durchgang zum Hof gab, war die Küche damit verbunden. So waren kurze Wege für die Ver- und Entsorgung gegeben. Weil vom Hof und von der Straße viel Dreck hereingetragen wurde, mußte der Küchenboden rasch und gründlich zu reinigen sein. Deshalb war er mit Backsteinen oder Bodenfliesen belegt. Treppe, Flur und Hof bildeten zusammen mit der Küche eine Einheit. Im Barock geriet die Küche durch den Drang zur symmetrischen Gestaltung mit einem in der Mitte liegenden Flur in die Mittelachse, weil sie an den Flur angebunden blieb. Bisweilen kam die Küche in den »Schatten« des hinten ausgebildeten Treppenhauses. (vgl. Gut, 107) In etlichen Kleinwohnungen hatte die Küche keine direkte Verbindung mit den anderen Räumen – Stube und Kammer -, sondern war als separater Raum nur über den Flur zu erreichen. Als Seitengebäude zum Wohnen errichtet wurden, geriet die Küche in den Winkel zwischen diesen und dem Vorderhaus und war wie das spätere »Berliner Zimmer« schlecht beleuchtet. Deshalb wurde das Seitengebäude manchmal mit einer schrägen Wand angesetzt. Als eigenständige Treppenhäuser entstanden, wurde die Küche zumindest nicht mehr unter einem Treppenlauf eingezwängt. Wenn mehrere Wohnungen an einem Flur oder Treppenhaus lagen, waren sie zu der Zeit noch nicht mit einem eigenen Flur abgeschlossen – dem sich später entwickelnden Entrée –, sondern die einzelnen Zimmer wurden über einen gemeinsamen Flur erreicht. Gelegentlich gab es auch für zwei Mietparteien nur eine Küche. In den meisten Fällen konnten Köchin und Mägde die Küche erreichen, ohne andere Räume der Wohnung durchqueren zu müssen. In den Küche/Stube-Wohnungen gab es bis zum Ende des 17. Jahrhunderts Alkoven, von dem Wohnraum abgetrennte Bettverschläge, aus denen sich später die räumlich abgetrennte Kammer entwickelte. Stube, Alkoven und spätere Kammer blieben nach Möglichkeit in unmittelbarer Nähe des Herdraumes, der Küche, und teilten mit ihr gemeinsame Wände. Die Küche war die wärmende Zelle, an die sich die anderen Räume anlehnten. In der verräucherten Küche hielt man sich nur zum Kochen oder Wäsche waschen auf und allenfalls zu handwerklichen Arbeiten, die vom Herdfeuer abhängig waren. Die Stube war der zentrale Aufenthaltsraum und ihre Seele der Ofen. In der Stube aß man am großen Tisch, verrichtete verschiedene Arbeiten und verbrachte hier bei spärlicher Beleuchtung die Abende.

Verfeinerung der Eßkultur durch die französischen Emigranten

Um 1685 spielt der Roman »Drei Fräulein an der Jungfernbrücke«. Er gibt Aufschluß über das Leben in einem Berliner Handwerkerhaus und auch über die Tätigkeiten in der Küche. Drei französische Schwestern werden als Waisen von einer Berliner Handwerkerfamilie aufgenommen. Die manierlichen Umgangsformen der drei jungen französischen Frauen stehen in deutlichem Kontrast zu der grobschlächtigen Art ihrer Gastgeber, die in einem typischen zweistöckigen Handwerkerhaus mit einer Dreifensterfront wohnen. Als die Französinnen das Haus betreten, bietet sich ihnen folgender Anblick: »Ein enger, dunkler Flurgang gähnte ihnen entgegen, erfüllt von Rauch und stechendem Kohlgeruch. Am hintersten Ende schimmerte matt ein winziges Glasfensterchen, offenbar in die Tür zum Hof eingelassen. Dieses Fensterchen wurde plötzlich verdunkelt. Von der Seite her trat eine breite Frauengestalt in den Gang und füllte ihn fast gänzlich aus. Man sah sie in der Finsternis nur deshalb, weil sie von einem seitlichen Flackerschein rötlich angestrahlt wurde. Ihr Kopf war in ein weißes Tuch geknotet. Über der Schürze hing ein klirrendes Schlüsselbund.« (Back, 109) Der Feuerschein rührt von einem Herdfeuer her. »Hier lag gleichsam in einer Nische des Flurs die völlig finstere Küche. Eigentlich war es nur ein nach hinten verbreiterter Schornstein. Hinter der Küche führte seitlich eine Treppe zum oberen Stockwerk.« (ebd., 115f.) Der Tuchmachermeister gibt Anweisung für den Gebrauch der »schwarzen Küche«: Man solle alles Waschen in der Küche besorgen, denn dort gebe es Ziegelestrich. Auch der Nachtstuhl stehe in der Küche, weil es für die Benutzung des Abtritts auf dem Hof im Winter zu kalt sei. Ihre erste Mahlzeit nehmen die frierenden Ankömmlinge zusammen mit der Handwerkerfamilie in der Stube ein, die mit ihren grün gestrichenen Möbeln und gelben Wänden einen freundlichen und etwas bäuerlichen Eindruck macht. Die weiß gescheuerte, mächtige viereckige Tischplatte ist mit Messern, Löffeln, Brotstücken und Tonkrügen gedeckt. Das Handwerkerehepaar tritt mit seiner Tochter, dem Knecht und den Gästen an den Tisch; man spricht ein Tischgebet, nachdem bereits die Suppe in einer großen dampfenden Tonschüssel aufgetragen worden ist. »Endlich setzte man sich, Meister und Meisterin auf die beiden Armstühle, die Schwestern rechts vom Hausvater und eng aneinandergedrängt auf die Bank an der Wand. Grete und der Geselle fanden an der Querseite vor dem Ofen Platz. Der Alte begann das Mahl. Er stützte sich auf den linken Ellbogen, streckte den rechten Arm weit aus und langte mit seinem Löffel in die große Suppenschüssel hinein. Die Meisterin tat ebenso. Dann durften die anderen folgen. ›In die Zwölften bis Dreikönig‹, sagte Frau Elisabeth, ›darf man keine gelben Erbsen nich essen, ansonsten bekömmt man Geschwüre. Daher wir denn heute zu Pökelfleisch Sauerkohl haben‹. Die Fleischbrocken waren erfreulich groß. Wer einen gefischt hatte, mußte oft rasch mit der Linken zugreifen, damit er nicht wieder in die Schüssel zurückfiel. Man führte ihn dann mit der Hand zum Mund, biß von ihm ab und verzehrte ihn wie ein Stück Brot, schmatzend, lutschend, kauend, und leckte sich hinterher die Finger ab. Es wurde kein Wort bei Tisch gesprochen, und trotzdem ging es recht geräuschvoll zu. Sie schlürften und schnauften, sie spritzten mit Fett um sich und bekleckten die Tischplatte. Der Sauerkohl baumelte ihnen in Strähnen an Nase und Kinn. Die Messer wurden nur zum Brotschneiden benutzt. Alle, auch Frau und Tochter, tranken unmäßig viel Bier in großen glucksenden Schlucken.« (ebd., 113) Die französischen Schwestern »saßen entgeistert da. Zuerst hatten sie erstaunt auf dem Tisch nach Tellern und Gabeln gesucht, hatten gewartet und ratlos einander angesehen«. (ebd., 114) Schließlich überwinden sie sich und fischen, um nicht unhöflich zu erscheinen, nach derben Aufforderungen des Hausherrn, Kostproben der scharf gewürzten Suppe mit ihren Löffeln aus der Schüssel. Aber ihr Hunger ist bald gestillt. Die Tochter des Hauses versucht, »den Löffel ebenso zierlich zu halten wie die drei Mädchen, kleinere Happen zu schöpfen und reinlich zu essen. Als der Geselle einen großen Klumpen Sauerkraut auf den Tisch fallen ließ und daraufhin einfach mit der Hand wegfegte, stieß sie ihn heimlich an und deutete mit Blicken auf die drei Schwestern.« (ebd., 114)

Gartenpflege Ende des 18. Jahrhunderts

Zunächst unmerklich, aber auf die Dauer wirkungsvoll beeinflußten französische Tischkultur und Gerichte im folgenden Jahrhundert die Berliner, zumal die französische Kolonie schließlich ein Viertel der Einwohner Berlins umfaßte. Die Vorliebe des preußischen Königshofes für alles Französische bewirkte in der zweiten Hälfte des 18. Jahrhunderts ein übriges. Schließlich wurden die Verdienste der französischen Zuwanderer allgemein anerkannt, vor allem der von ihnen geförderte Anbau von Gemüse und zahlreichen Gartenfrüchten. Die Berliner machten auch Bekanntschaft mit der Bouillon, jener Essenz aus vier Stunden lang gekochtem Rindfleisch, die fortan zur Grundlage zahlreicher Suppen und Saucen wurde.

Der eigene Herd als Mietsache

Der Herd war als Feuerstelle nicht nur ein Segen, sondern eine ständige Bedrohung für die ganze Stadt. Auch unter dem Soldatenkönig Friedrich Wilhelm I. (1713–40) traten neue Feuerschutzbestimmungen in Kraft. So wurden mit der Feuerordnung von 1727 die »gefährlichen Stroh-, Rohr- oder Schindeldächer« verboten. (Consentius, 42) Die Häuser sollten mit harten Dachsteinen gedeckt werden, und wichtige Anordnungen galten den Feuerstellen selbst: »Herd, Ofen und Waschkessel dürften ›nicht gegen Holz‹, sondern nur an ›tüchtige‹ Mauern, so ›zum wenigsten zwey Stein dick‹, gesetzt werden; alle Schornsteine müßten völlig von Grund an bis oben ausgemauert‹ und ›2 bis 3 Fuß aus dem Dache geführt sein‹«. Mit einer der notwendigsten Vorschriften, Brandmauern zu errichten, tat man sich aber außerordentlich schwer, weil sonst die »ganze Stadt hätte umgebaut werden müssen!« (ebd., 43 ff.) Nicht Um-, sondern Ausbau war die Devise des Königs, der die Baupolitik des Großen Kurfürsten fortsetzte und umfangreiche Mittel bereitstellte, um den Bau neuer Häuser zu fördern. Er verschenkte Bauland, trug einen Teil der Baukosten, ermutigte diejenigen, die kein Geld hatten, und wer über Geld verfügte, wurde zum Bauen regelrecht gezwungen. Im 18. Jahrhundert wurde der eigene Herd immer häufiger zur Mietsache. »Mit der althergebrachten Sitte, daß jeder Bürger in seinem Hause wohnte, daß ihm *sein* Haus gehörte, war es vorüber.« (ebd.)

Eines der großen Bauvorhaben war seit 1721 der Ausbau der Friedrichstadt, für die der Baumeister Gerlach verantwortlich zeichnete. Diese Bauten waren vorwiegend sehr einfach gehalten. Doch wurden in der Friedrichstadt auch komfortable Häuser mit großen Wohnungen und Küchen gebaut, in denen das Wasser sogar aus einer Brunnenröhre floß. »In andern Wohnungen gab es Küchen in der obern Etage ›mit Schäppen (Gitterspind für Küchengeschirr und dergleichen) und eine Brunnenröhre‹; die Speisekammern waren gelegentlich ›mit Regalen und Schub-Kästen besetzet‹, als wären sie Kaufmannsläden.« (ebd., 59) Neben den weit verbreiteten einfachen Haus- und Wohnungsgrundrissen fanden sich auch sehr individuelle Zuschnitte. Da »war z. B. eine herrschaftliche Wohnung im ›Unterstockwerk‹, dem ... Parterre, zu vermiethen... Die Wirtschaftsräume lagen nicht im gleichen Stock. In der ›Keller-Etage‹ befand sich die ›grosse gewölbte Küche, Küch-Stube und Speise-Kammer; noch eine Kammer zur Verwahrung Küchen Geräths, eine Gesinde-Stube, ein schön gewölbter Keller und verschlossene Holtz-Remise, in allen 7. Stück‹.« (ebd., 57f.) Als bequem galten Wohnungen, wenn sie reichliches Nebengelaß boten.

Die Ausstattung der Wohnungen war sehr unterschiedlich. »Kleine rote Flursteine werden 1737 in Rixdorf als Pflaster der Küche des Schulzengerichts angeführt... An sich sind damals in Berlin die schwedischen Natursteinfliesen beliebt. Mit solchen ist z. B. in dem komfortablen Haus des Dr. May 1736 die unterste der 4 Küchen nebst Speisekammer gepflastert«. (Stengel, 51) Diese Fliesen gab es in den Farben rot und blau, sie wurden 1769 von einer Madame Langner auf der Stechbahn angeboten. »Damals war ihre Einfuhr bereits seit Jahren nach dem Accisetarif verboten zugunsten der in den kgl. Steinbrüchen zu Schraplau bei Halle« (ebd.) gebrochenen. Sie waren dem weißen Marmor ähnlich und wurden zur Auspflasterung von Küchen und Fluren empfohlen.

»Zwei Hexen machen Donner und Hagel«, 1489

Geheimnisvolle Küchen

Von Küchengeistern und Hexen

In der Küche am Herdfeuer, wo die vier Elemente Feuer, Wasser, Erde, Luft zusammentrafen, wurden viele Jahrhunderte zurückreichende abergläubische Vorstellungen wirksam. Der Aberglaube kreiste vor allem um das Feuer und seine elementare Kraft, die genutzt, gehütet und gefürchtet wurde.

In der Vorstellung unserer Vorfahren brauten Hexen im Kessel über der Feuerstelle Zaubertränke und -salben, tödliche Giftmixturen wurden hergestellt und unheilbringende Wachsbilder gebacken. Könige und Fürsten ließen wegen des aus der Küche kommenden befürchteten Unheils die Speisen vorkosten, und Alchimisten versuchten über zuckenden Feuern und in brodelnden Tiegeln das Unerhörte und Unglaubliche zusammenzukochen.

In vorchristlicher Zeit entfalteten sich Haushalt und Ackerbau unter dem Schutz der Göttermütter. Die hauptsächlichen Tätigkeiten waren Spinnen, Weben, den Herd hüten, Säen und Ernten. Mütterliche Gottheiten waren in der Spindel der Feen und in dem Weben der Nornen gegenwärtig. Hinzu traten die Hausgeister, die als Elbe, Kobolde oder Zwerge überwiegend spielend, tanzend und gut aufgelegt ihr Wesen in Küche und Keller trieben. Der Kobold macht Feuer an, spült die Schüsseln aus, spaltet und trägt Holz, kehrt und fegt.« (Grimm I, 422) Er wurde nur dort zum Plagegeist, wo das Gesinde nicht richtig seiner Arbeit nachging. »Dienstboten, die sich gut mit ihm stehen, setzen von den Speisen ein besonderes Näpfchen beiseite, was wohl noch auf kleine Opfer deutet, die im Altertum erbracht wurden.« (ebd.) Zwergen wurde eine aus heutiger Sicht »ökologische« Lebensweise nachgesagt. Man nahm an, daß sie im Unterschied zu den Menschen gesunde Speisen äßen, weil sie mit den Kräften der Natur vertraut seien und schädliche Nahrung zu vermeiden wüßten. Das erklärte ihr hohes Alter. (vgl. ebd., 379) Unter christlichem Einfluß wurden aus den freundlichen heidnischen Hausgeistern ähnlich wie bei den Göttinnen und Göttern der Vorzeit Schreckgebilde, mit denen man besonders den Kindern drohen und ihnen Angst zu machen versuchte. Nun waren es »feindselige Poltergeister, Plagegeister, Quälgeister, die ein Haus« (ebd., 425) in Besitz nahmen und den Bewohnern keine Ruhe ließen. Auch das Bild der Hexe wandte sich zum ausschließlich Negativen. Seit dem Ende des 13. Jahrhunderts wurden dann leibhaftige Menschen als Hexen angeklagt, die mit dem Teufel einen »Buhlbund« eingegangen seien. In heidnischer Zeit waren bestimmte Feste auf positive Weise mit den Hexen verbunden, z. B. Opfer- und Volksfeste, die das Salzsieden betrafen. »... an gewissen Festtagen stellen sich die Hexen in dem heiligen Wald, auf dem Berge ein, wo das Salz sprudelt, Kochgeräte, Löffel und Gabeln mit sich führend; nachts aber glüht die Salzpfanne.« (ebd., 875) Das Christentum überließ das lebensnotwendige Salz nicht länger den Hexen, sondern sah es sogar als wirksames Mittel gegen sie an. Hexenküche und teuflische Mahlzeiten mußten fortan ohne Salz aus-

Küchenkobolde, E. Bauch, 1989

Hexensabbat, H. B. Grien, 1510

kommen, die »Kirche hatte jetzt die Heiligung und Weihung des Salzes übernommen. Neben das ungetaufte, ausgesetzte Kind pflegte man zur Sicherung Salz zu legen.« (ebd. II, 877) Die gewöhnliche Hexensalbe, so glaubte man, würde aus dem Fett ermordeter, ungetaufter Kinder zubereitet. Viele für Zauber und Hexerei benötigte Mittel wurden in der Hexenküche über der Feuerstelle im brodelnden Hexenkessel zubereitet. Eine der in der Volksüberlieferung umgehenden Hexensagen ist auch aus Berlin überliefert:

»Im Jahre 1553 sind zu Berlin zwei Zauberweiber gefangen worden, welche sich unterstanden, Eis zu machen, die Frucht damit zu verderben. Und diese Weiber hatten ihrer Nachbarin ein Kindlein gestohlen und dasselbe zerstückelt gekocht. Ist durch Gottes Schickung geschehen, daß die Mutter, ihr Kind suchend, dazu kommt und ihres verlorenen Kindes Glieder in einen Topf gelegt siehet. Da nun die beiden Weiber gefangen und peinlich gefragt worden, haben sie gesagt, wenn ihr Geköch fortgegangen, so wäre ein großer Frost mit Eis kommen, also daß alle Frucht verderbt wäre.« (Drewitz, 52) Hexen dichtete man alle möglichen Untaten an. Am Herd wurden Zauberbilder aus Teig und Leim zubereitet und gebacken, um sie stellvertretend für jene Personen, die geschädigt werden sollten, zu zerstören. (vgl. Grimm II, 913) Der Hexenglaube hielt sich bis ins 19. Jahrhundert, und noch in dessen erstem Drittel wurden in der Mark Brandenburg Methoden weitergegeben, wie man Hexen erkennen könne. Um zu verhindern, daß sich Hexen einstellen könnten, müsse man am ersten Weihnachtstage Feuerbrände in die Brunnen und Wassertröge werfen. (vgl. Kuhn, M, 379) Besonders um den Herd rankten sich abergläubische Vorstellungen. »Bullert das Feuer auf dem Herde, so giebts Zank im Hause, spuckt dann aber jemand hinein, so trifft ihn der Zank nicht.« (ebd., 381) In ein Haus, in dem ein Herdfeuer brenne, schlage der Blitz nicht ein. (vgl. Kuhn, N, 455) Ein wichtiger mit Aberglauben besetzter Gegenstand des Herdes war der Kesselhaken, an dem der große Topf hing und dem man nachsagte, daß auf ihm gelegentlich die Hexen zu ihren nächtlichen Treffen ritten. Mancherorts wandelten Braut und Bräutigam im neuen gemeinsamen Haushalt dreimal um den Kesselhaken. Die Braut sollte dadurch die »neue Heimat lieb gewinnen … und wird nicht davon laufen.« (vgl. Kuhn, M, 361) Bei Spielen zwischen Burschen und Mädchen im heiratsfähigen Alter mußte ein Bursche auf dem Kesselhaken reiten oder mit Kaminruß vermischtes Wasser trinken. (vgl. Kuhn, N, 407) Der Kesselhaken war für die Einrichtung eines Hausstandes äußerst wichtig, und wenn man ihn vom Herd wegschaffte, drückte das die Auflassung des Hauses aus. (vgl. Grimm II, 993) Selbst der Speiseplan war von abergläubischen Vorstellungen bestimmt. »In Berlin sagt man, Erbsen mit Speck müsse man donnerstags essen, an anderen Tagen bringen sie Schwären (Geschwüre).« (Kuhn, N, 445)

Alchimistenküche

Während die Hexenküche über Jahrhunderte durch die Gerichtsverfahren geisterte und die Volksphantasie lebhaft beschäftigte, wurde die Alchimistenküche in Berlin im letzten Drittel des 16. Jahrhunderts zu einer Stätte vorwissenschaftlicher chemischer Experimente und intensiver Erfahrungen mit elementaren Stoffen. Der Argwohn gegen die Alchimie war groß, denn die alchimistischen Träume drehten sich um die Herstellung des »Steins der Weisen«, um die Möglichkeit, unedles in edles Metall zu verwandeln und Gold zu gewinnen. Der sagenhafte »Stein der Weisen« sollte überdies jede Krankheit heilen können, seinen Besitzer verjüngen und das Leben verlängern. In den Alchimistenküchen hatte unstillbare Gier nach Gold die Experimente voran getrieben. Im Berliner Schloß umgab sich Markgraf Johann mit dem Beinamen »der Alchimist« jahrelang mit Laboranten, ohne daß die Versuche, Gold zu machen, mit Erfolg gekrönt worden wären. Erst nach dem Ableben Friedrichs II., der als aufgeklärter Monarch die Goldmacherei als eine Art Krankheit bezeichnet hatte, verlor sich die Sucht Ende des 18. Jahrhunderts.

In Berlin erhielt die Alchimie erst einen bedeutenden Namen durch den in Basel geborenen Leonhard Thurneysser (1531–1596), der 1571 vom Kurfürsten Johann Georg zum Leibarzt ernannt wurde und mit seinen alchimistischen Unternehmungen schon an der Schwelle »vom Mittelalter zur modernen Zeit und vom Aberglauben zur Wissenschaft« stand. (Heidemann, 104) Er war dem Kurfürsten durch seine Analysen der Flüsse der Mark Brandenburg aufgefallen, die er in einem Buch mit dem Titel »Pison« veröffentlicht hatte. Neben durchaus bemerkenswerten Beobachtungen enthielt das Werk viel Ungereimtes, Phantastisches und Abergläubisches z. B. über die Wirkung des Havelwassers, das faulig und ungesund sei, »davon etliche Weiber die es trinken gar boese, scharpffe, und lügenhaftige zungen uberkommen, den Leuten arges nachzureden.« (Moehsen, 80) Thurneysser beherrschten zwar

Leonhard Thurneysser als Herr des Feuers, 1570

noch die mystischen mittelalterlichen Naturdoktrinen, aber er untersuchte bereits experimentell die stofflichen Grundlagen der Naturprozesse. Von seinen Vorgängern unterschied ihn, daß er sich nicht direkt der Goldmacherei zuwandte, sondern in einem florierenden Wirtschaftsunternehmen eine sehr viel realistischere Goldgrube sah. Vom Kurfürsten erhielt er weitläufige Räumlichkeiten im Gebäudekomplex des Grauen Klosters, das nach der Reformation säkularisiert worden und 1540 in kurfürstlichen Besitz übergegangen war. Zu allererst untersuchte er in seiner Laborküche Harnproben, die ihm von wohlhabenden Personen oft von weither zugeschickt worden waren, versuchte sie zu analysieren und die von ihm erkannten Krankheiten mit von ihm selbst entwickelten teuren Arzneien zu kurieren. Thurneysser ließ auch in der Mark Brandenburg Alaun- und Salpetersiedereien anlegen und errichtete eine eigene Fabrikationsstätte für chemische Gläser und Gefäße. Die Glasfabrikation war nicht nur für den eigenen Bedarf berechnet, sondern lieferte experimentierenden Adepten für die vielen Versuche, die Thurneysser in seinem Büchern anregte, das entsprechende Material.

Thurneysser trug wesentlich dazu bei, daß in Berlin die Anfänge einer chemischen Industrie entstanden. Seine Labors wuchsen weit über das Stadium einer Alchimistenküche hinaus. 1582 wurden auf Kosten des Kurfürsten die Labors im Grauen Kloster nochmals erweitert. Am 22. Juni 1582 befahl der Kurfürst seinem Amtmann auf dem Mühlenhof, ein Kellergewölbe auf dem Klostergelände zu bauen und mit Öfen einzurichten.

Alchimistenküche, H. Weiditz, 1532

Thurneysser ironisierte in seinen Schriften drastisch die vergeblichen Versuche anderer Schwarzkünstler, in der Alchimistenküche den Stein der Weisen zu finden und die Versuche, Gold in Haufen herstellen zu wollen. Obgleich er vor Hexerei, Geister- und Aberglauben warnte und zum rechten Gottesglauben mahnte, bediente er die aus dem Aberglauben herrührenden Bedürfnisse seiner Zeitgenossen wirtschaftlich äußerst erfolgreich und stellte denjenigen, die es sich leisten konnten, auch die Nativität: Er formulierte ein Lebenshoroskop und bot wirkungsmächtige Talismane an. Sie machten einen Hauptzweig seiner Wirtschaftstätigkeit aus und wurden von zahlreichen Brandenburgern getragen. Sogar das brandenburgische Söldnerheer war damit ausgestattet. Eine weitere Erwerbsquelle waren die Gestaltung und der Druck astrologischer Kalender, die hohe Auflagen erzielten und weit verbreitet waren. Sie enthielten neben Wettervorhersagen fürs ganze Jahr, dunklen Prophezeiungen über zukünftige bedeutende Ereignisse sogar monatliche Hinweise für günstige Liebeszeiten sowie Ernährungstips. Thurneysser, der 1577 ein viel beachtetes illustriertes Kräuterbuch herausgab, regte wahrscheinlich den Kurfürsten Johann Georg dazu an, 1573 auf dem Gelände des späteren Lustgartens einen Küchen- und Obstgarten anzulegen. Im Grauen Kloster hatte der pflanzenkundige Arzt und Alchimist bereits einen botanischen Garten mit in Berlin nicht beheimateten seltenen Pflanzen einrichten lassen. Thurneysser produzierte seine Bücher und Kalender in der eigenen Druckerei in einer buchdruckerischen Qualität, die einzigartig in der Mark Brandenburg dastand.

Die in den Labors, der Druckerei und anderen Bereichen Beschäftigten wohnten fast alle im Grauen Kloster und wurden dort verköstigt – ein Hausstand von rund zweihundert Personen. Das Graue Kloster beherbergte nicht nur Alchimistenküchen, sondern auch eine Großküche, von der die ganze Belegschaft versorgt wurde und der Thurneyssers Frau vorstand. Jeden Monat schlachtete man einen Ochsen, Lämmer und Kälber. Man darf annehmen, daß hierzu die alte Klosterküche genutzt wurde, die wohl in einem im hinteren Bereich an der Stadtmauer gelegenen Gebäude untergebracht war. Zwischen diesem Haus und der Klosterkirche, deren Ruine noch erhalten ist, lag der Klosterbrunnen. (vgl. Heidemann, 28) Möglicherweise wurde in dem ehemaligen Refektorium, einem großen Saal mit zweifachem Kreuzgewölbe, gegessen. In ihm hatten sich schon früher die Mönche durch den dort mündenden Kreuzgang von der Küche her auftischen lassen. Aus Thurneyssers schriftlichen Instruktionen für die Beköstigung seiner Töchter wissen wir Genaueres über den damaligen Tagesablauf und die Essenszeiten: »Man aß des Tages viermal: des Morgens um 8 Uhr eine Suppe, um 10 Uhr die Mittagsmahlzeit, um 3 Uhr Abendbrot und um 5 Uhr das Nachtmal; um 7 oder spät-

Das Graue Kloster mit den im »Provianthaus« gelegenen Alchimistenküchen, J. Stridbeck, 1690

stens um 8 Uhr ging man zu Bette und stand des Morgens um 5 Uhr, auch wol später auf.« (Moehsen, 162)

Der äußerst erfolgreiche Thurneysser geriet bei den Berlinern schließlich in den Verdacht der Zauberei. Ein kompetenter Basler Hexengutachter hatte Thurneysser bereits »öffentlich für einen Schelm und Betrüger ausgescholten, der seine Rezepte und Arzneien aus einem alten Hexen- oder Zaubertopf herauszöge und die Kranken damit ermordete«. (ebd., 186) Erst als die durchaus berechtigten Angriffe auf seine chemischen und medizinischen Fähigkeiten immer heftiger wurden, ihn die Berliner Geistlichkeit der Schwarzkünstlerei anklagte und er durch einen Prozeß gegen seine in Basel lebende Ehefrau sein gesamtes Vermögen eingebüßt hatte, wich er 1584 verbittert dem allseitigen Druck und verschwand über Nacht für immer aus Berlin.

Küchenspuk

Einhundert Jahre später berichtete Meister Johann Dietz, Barbier des Großen Kurfürsten, über ein Küchenspukerlebnis. Er hatte 1686 in der Berliner Dorotheenstadt in einem sogenannten Brauhaus übernachtet. Er schlief in einem Bett in der Stube zwischen Ofen und Stubentür. Nachts wurde er durch ein unheimliches Gepolter im Haus in Schrecken versetzt und glaubte an ein Gespenst, das dort sein Unwesen trieb: »Aus dem Hof kam es rein in die Küche. Und war, als wie es einheizte; maßen ich das Geraschel im Ofen hörete... Endlich kam es aus der Küche, ging die Stubenthüre vorbei... Ich hörete, daß es an der Stubenthür grappelte, als könnte es den Drücker nicht finden«. (Dietz, 44) Aus diesem Bericht geht hervor, daß die Küche an der Hofseite und an dem Hausflur neben der Stube lag und daß der Stubenofen als Hinterladerofen von der Herdstelle in der Küche aus zu beheizen war.

Meister Dietz war nicht der einzige, der in Berlin Poltergeister in der Küche vernahm. Ein Chronist berichtete, »daß es beinahe zu allen Zeiten in der Residenz gewisse Häuser gegeben hat, welche man Spukhäuser nannte«, (König 3, 190) Über eine Erscheinung im Jahre 1707 in einem Haus der Heilig-Geist-Straße hieß es: »Das beste dabei war, daß der Poltergeist Niemand Schaden zufügte, sondern es nur mit einer Magd hielt, die er, wie diese angab, stets begleitete, mit ihr redete, oder in der Küche am Heerde, und bei den übrigen Hausarbeiten, ihr den Kopf durch die Arme steckte, sie knif, und am Ende gar bei ihr schlief. Ja er war auf solche ... so erpicht, daß er aus dem Hause, worinn sie sich befand, mit ihr in ein anderes zog... Indessen strömten die Berliner Haufenweise nach diesem Hause, und einer unterhielt den anderen mit dem was er gesehen haben wollte, aber sicher nicht gesehen hatte.« (ebd.)

Zur Jahreswende 1888/89 ereignete sich die letzte größere Spukgeschichte in der Umgebung Berlins, in der es um allerlei Küchenutensilien ging. Da wollte ein Zeuge gesehen haben, »wie ein Topf sich vom Fußboden hebt, ein Stück aufwärtsschwebt, dann herabfällt und in Scherben zerbricht.« (Bornemann, 108) Der benachrichtigte zuständige Pfarrer betrat die Stube des Spukhauses und hörte Kartoffeln gegen einen Milchtopf fliegen und setzte sich in einen Lehnstuhl ans Fenster. »Da kommt vom Ofen, quer durch den ganzen Raum, eine Bratpfanne geschwebt und legt sich still zu seinen Füßen nieder. Wie er erschrocken über dieses Phänomen die Pfanne betrachtet, schwirren Kartoffeln durch die Luft, und ein Donnerschlag auf dem Hausboden verbreitet neues Entsetzen. Zum Schutz gegen die Würfe hält sich der Pastor den Hut vors Gesicht, empfängt aber sofort einen sehr schmerzhaften Schlag gegen das Kinn: Ein Schinkenknochen ist aus einem Schrank des mittels einer Wand abgeteilten Nebenraumes geflogen gekommen.« (ebd., 109) Diese und ähnliche Begebenheiten klärten sich später als Taten eines jungen Mannes auf, der wegen groben Unfugs zu einer Haftstrafe verurteilt wurde.

Mit dem Ausgang des 19. Jahrhunderts nahm die Bedeutung von Küchenspuk und Küchenaberglaube so weit ab, daß sie sich nicht mehr öffentlichkeitswirksam verbreiten ließen und nur noch in Erzählungen alter Leute und in Sagenbüchern über die Schwelle zum 20. Jahrhundert gelangten.

Berliner Dienstmädchen, um 1915

Dienstbare Geister

Die Bezeichnung »dienstbare Geister« für das Gesinde, für Mägde, Knechte, Köchin, Hausmädchen oder Bediente, geht offenbar auf die Küchengeister aus vorchristlicher Zeit zurück. Die unauffällig waltenden Hausgeister verkörperten den Traum jeder Hausherrin, deren sehnlichster Wunsch war, die

Gesindetanz in der Küche, D. Chodowiecki, um 1770

ihr Untergebenen würden die ihnen aufgetragenen Arbeiten ohne Aufheben, möglichst geräuschlos und zur vollsten Zufriedenheit der Auftraggeberin erledigen. Doch die Wirklichkeit entsprach dem Wunsch kaum. Seit Luthers Zeiten rissen Klagen über das Gesinde nicht ab, der es für verdorben hielt und Prügel als Zuchtmittel empfahl. Ähnlich abfällig äußerte sich 1556 der Dresdener Prediger Glaser in einer Schmähschrift: »Und darf fast niemand dem Gesinde die Schlüssel anvertrauen, ja sie machen sich wohl selbst Schlüssel. Benaschen erstlich alles, was in Töpfen, Schüsseln und anderswo ist und verderben oft das andere, was sie lassen bleiben... Etliche stehlen sonst allerlei, was zu essen dienet, als Eier, Butter, Käse, Milch, Speck, Fleisch, Mehl, Obst u. dergl. Etliche stehlen das Getränke aus dem Keller, lassen und heben den Wein und das Bier aus dem Fasse, gießen danach Wasser hinein und verderben damit das andere übrige Getränke... wenn das Gesinde gestraft wird, schmollen und zürnen sie einen Tag oder etliche, wollen kein Wort reden, hängen das Maul, oder werfens auf, schlagen nach sich die Thüren mit Gewalt zu, werfen Krüge und Kannen, Töpfe, Tiegel und Pfannen, Schüsseln und Teller und alles über einen Haufen... etliche sind so mutwillig, wenn man sie schilt oder straft, so rächen sie sich an den armen Kindern, da kühlen sie ihr Mütlein, zwacken und schlagen sie heimlich«. (Stillich, 26 f.) Vor allem den Köchinnen verargte man über Jahrhunderte hinweg das übermäßige Putz- und Schmuckbedürfnis. »Geringer, leichter Wollenstoff, wie ›Rasch‹, war für das Gesinde gerade gut genug. Also bestimmte das Edikt vom 6. November 1731, daß den Mägden ›solche seidene Kleidung öffentlich auf den Straßen abgenommen werden‹ sollte!« (Consentius, 79 ff.)

Je niedriger der gesellschaftliche Stand der Herrschaft war, desto enger war das Gesinde in das Leben des Hauses eingebunden. Im Handwerkerhaushalt gab es fließende Übergänge zwischen Lehrlings-, Gesellen- und Gesindearbeiten. Lehrlinge wurden ganz selbstverständlich zur Küchenarbeit herangezogen.

Das Gesinde war in den verschiedenen Berliner Stadtteilen unterschiedlich stark vertreten, was nicht zuletzt auch von der Haushaltsgröße abhing.

Die innerstädtischen Haushalte waren größer als jene in den Vorstädten und in der Friedrichstadt. Wo die für Lohn arbeitenden Menschen lebten, war die Kernfamilie häufiger, innerstädtisch überwog die vorwiegend durch Gesellen und Gesinde erweiterte Familie. In den alten Wohnquartieren wohnte in nahezu jedem zweiten Haushalt ein Handwerksbursche. In den Jahren 1747/48 lebten über zwei Drittel aller Gesellen und alle Lehrlinge im Haushalt des Meisters. Dreieinhalbmal so viele Mägde, Köchinnen, Ammen und Zofen wie Knechte, Lakaien oder Kutscher taten vor allem in der vornehmen Dorotheenstadt, Unter den Linden und deren Nebenstraßen Dienst, wo Beamte und Hofleute sich eingerichtet hatten. Das dienende Berlin – Gesinde und Gesellen – umfaßte immerhin ein Fünftel der Zivilbevölkerung. (vgl. Schultz, 185) Bei zu geringem Einkommen hatte manche Familie »kein Dienstmädchen, sondern nur eine Aufwärterin, die des Morgens kam, das Frühstück, die Zimmerreinigung und das Ofenheizen besorgte und dann ging.« (Klöden, 213)

Erst Aufklärung und Französische Revolution erschütterten nachhaltig die Auffassung, daß es von Natur aus eine dienende und eine herrschende Klasse geben müsse, so daß im 19. Jahrhundert immer weniger Menschen bereit waren, sich anderen dienend zu unterwerfen und weitgehend auf einen eigenen Lebensentwurf zu verzichten. Zwar hatten sich die Dienenden seit Jahrhunderten nur widerwillig und mit zäher Passivität den Anordnungen ihrer Ausbeuter unterworfen, doch bot erst die im 19. Jahrhundert aufkommende Industriearbeit eine Alternative.

Seit 1718 war das Gesinde der preußischen Gesindeordnung unterworfen, die auch noch galt, als das bürgerliche Gesetzbuch 1900 in Kraft trat. Sie war ein Anachronismus, indem sie der Herrschaft Tätlichkeiten gegenüber den Dienenden erlaubte und diese durch das zu führende Gesindebuch unter ständiger polizeilicher Kontrolle hielt. Der Fall war einzigartig, daß ein privatrechtliches Verhältnis von einer staatlichen Behörde kontrolliert und sanktioniert wurde. Die ausreichende und reibungslose Versorgung mit Dienstboten wurde so mit staatlichen Machtmitteln abgesichert.

Für die Dienstboten, Köchin und Dienstmädchen, Magd oder Knecht, war das Küchenleben oft alles andere als lebenswert. Sie empfanden sich als Maschinen, die bis an die Grenze ihrer Leistungsfähigkeit und darüber hinaus belastet und ausgenutzt wurden. In der herrschaftlichen Wohnung waren sie zumeist auf die Küche als ihren Lebens- und Arbeitsraum beschränkt. Oft mußten sie in der Küche oder auf einem von der Küche aus erreichbaren Hängeboden nächtigen, wie ihn Theodor Fontane in seinem Roman »Stechlin« beschrieben hat. Die Hängeböden waren »in der Küche, mitunter dicht am Herd oder auch gerade gegenüber. Und nun steigt man auf eine Leiter, und wenn man müde ist, kann man auch runterfallen. Aber meistens geht es. Und nun macht man die Tür auf und schiebt sich in das Loch hinein, ganz so wie in einen Backofen. Das is, was sie 'ne Schlafgelegenheit nennen… am schlimmsten is es im Sommer. Draußen sind dreißig Grad, und auf dem Herd war den ganzen Tag Feuer; da is es denn, als ob man auf den Rost gelegt würde.« (Fontane, Stechlin, 973)

In der Küche durften die Dienstboten nur zur festgesetzten Zeit der Herrschaft genehmen Besuch empfangen, meistens Verwandte, in Ausnahmefällen den Bräutigam. In der Küche nahmen sie ihre kärglich bemessenen Mahlzeiten ein, immer wieder unterbrochen durch Aufträge, so daß sie häufig mehr im Laufen als im Sitzen aßen und ihre Mahlzeit unterdessen kalt wurde. Eine regelrechte Essenspause wurde ihnen selten zugestanden. Ausgang, der nach der Gesindeordnung vierzehntägig für einen Sonntag nachmittag vorgesehen war, wurde nicht immer gewährt. Im Streitfall wurden Bedienstete bisweilen von der Herrschaft in der Küche regelrecht eingeschlossen. Für viele Köchinnen und Dienstmädchen verengte sich das Leben auf ein Küchenleben. Dort waren sie gebunden, mußten verfügbar sein, Aufträge der Hausfrau entgegennehmen, sich demütigen und beschimpfen lassen. Im Gesindebuch wurden die Beurteilungen ihrer Arbeitgeber festgehalten. Mit jeder schlechten Beurteilung sanken die Chancen auf eine bessere Stelle. Nach einigen Jahren dieses Küchenlebens waren sie oft körperlich erschöpft und seelisch gebrochen, ausgebrannt, krank und ohne weitere Hoffnung. Ihr Abstieg war eingeleitet, wenn sie körperlich nicht mehr leistungsfähig waren. Sie landeten dann zuletzt auf der Straße. Die Küche war ein Leidensraum, und in der Mehrzahl der Fälle ließ sich nur aus der Perspektive der Herrschaft von einem fröhlichen Gesindeleben in der Küche berichten.

Köchin im Sonntagsstaat, F. B. Dörbeck, 1841

Seit der forcierten Industrialisierung im letzten Drittel des 19. Jahrhunderts mangelte es an Dienstboten, weil die Fabrikarbeit für die jungen Frauen zur Alternative geworden war. Der Lette-Verein versuchte seit 1886, diesem Trend durch eine Haushaltungsschule gegenzusteuern. Vielerorts entstanden Koch-, Haushaltungs- oder Dienstmädchenschulen, um durch eine qualifizierte Ausbildung das »In-Stellung-Gehen« wieder attraktiv zu machen. Allerdings wollten viele Hausfrauen ihr Personal selber anlernen. Das bedeutete in den meisten Fällen, daß die Mädchen wenig lernten, vorwiegend Handlangerdienste zu verrichten hatten und sich dagegen auf ihre Weise wehrten. Auf den beiden Seiten der Küchenbarrikade standen sich Frauen gegenüber, die sich oft erbittert bekämpften. Die Hausherrin argwöhnte, das Mädchen könnte faul, diebisch, ungeschickt, naschhaft und unzuverlässig sein oder gar die Ehe belasten, wenn es dem Hausherrn gefiel, sich jener auf ein- oder zweideutige Weise zu nähern. Weil Dienstboten als Menschen zweiter Klasse behandelt wurden, glaubten die Kinder der Familie, es ihren Eltern gleichtun zu können und betrachteten Dienstmädchen als willkommenes Aggressionsobjekt und Freiwild, dem man meistens ungestraft etwas antun konnte. Bisweilen entstanden aber auch intensive emotionale Beziehungen zum Personal. Die Frauen des gehobenen Bürgertums hielten sich selten in der Küche auf und gaben nur Anweisungen, während weniger gut situierte Frauen im Haushalt mit Hand anlegten. Als besonders ehrenrührig wurde es vom Dienstpersonal empfunden, wenn sämtliche Küchenschränke und die Speisekammer abgeschlossen waren und die Zutaten zum Kochen nur äußerst knapp bemessen herausgegeben wurden. Die Küchenatmosphäre war dann von vornherein durch das Mißtrauen der Hausfrau belastet, die Dienstmädchen oder Köchin keine Chance ließen, ihre Ehrlichkeit zu beweisen. Nicht selten war das Essen für die Dienstboten so knapp und schlecht, daß sie sich bei ihrer schweren Arbeit nicht einmal satt essen konnten, sondern von ihrem »Hungerlohn« noch Lebensmittel dazukaufen mußten. Die Dienenden wurden zwangsläufig »naschhaft« und versuchten, wenigstens einen Teil der herrschaftlichen Tafelfreuden zu erhaschen.

In der Kochschule des Lette-Vereins, um 1890

Kochschule, um 1930

Im Handwerkerhaushalt hatten noch alle bei den Mahlzeiten an einem Tisch gesessen; zwar gab es die Hierarchie der guten Bissen, aber das Essen fand in der gemeinsamen Arbeitspause statt. Im bürgerlichen Haushalt entstanden getrennte Eßorte bis hin zu zweierlei Essen. Letztlich bildeten sich Bereiche heraus, die die Herrschaft ganz für sich allein beanspruchte. Die Küche mit ihren Zugängen und Nebengelassen, Hintertreppe, Flur, Speisekammer, Hängeboden, Mädchenkammer, separater Toilette wurden zum eingeschränkten Lebensraum der Dienstboten. Die Wohnung außerhalb der Küche blieb fremdes Territorium, das sie in Ordnung zu halten und auf dem sie ein großes Laufpensum zu bewältigen hatten und das sie nur mit ausdrücklicher Genehmigung oder auf Geheiß der Herrschaft betreten durften und unverzüglich wieder verlassen mußten. Die Küche war das Scharnier zur Außenwelt. Die Herrschaft konnte durchaus kontaktarm und abgeschieden leben, solange die Küche als Nabelschnur der Versorgung funktionierte. Das Gesinde schuf die Grundlage dafür, daß sich die Herrschaft satt und zufrieden zu »höheren« Lebensäußerungen vor allem kultureller Art emporschwingen konnte. Der Köchin und anderen Dienstboten blieb die »niedere« Kultur wehmütiger Küchenlieder oder die Lektüre von Hintertreppenromanen, jenes massenhaft verschlungenen Literaturgenres, das eigens auf die Bedürfnisse, Erfahrungen und Träume des Heers der Dienenden zugeschnitten war. Billiger Sonntagsputz gehörte ebenso zu der Dienstbotenkultur wie ein gelegentliches Tanzvergnügen oder rare Sonntagsausflüge ins Grüne.

Für die Dienstmädchen war die Küche zugleich Warteraum. In Geduld oder Ungeduld wachten sie über das Klingelbrett, die Signale aus der Wohnung als Zeichen aus einer anderen Welt. Die auf dem Brett erscheinenden Zimmernummern konnten zu Angstziffern werden, wenn sich dahinter Zudringlichkeiten des jungen Herrn verbargen, der es verstand, das Dienstmädchen kontinuierlich mit fadenscheinigen Aufträgen zu beschäftigen, um seine anzüglichen Bemerkungen anzubringen. Von der Klingelanlage kamen außerdem die Impulse zur Beschleunigung des Küchenlebens. Sie hatten Vorrang, unterbrachen die übrigen Tätigkeiten und gaben zu »laufender« Arbeit Anlaß. Das durchdringende Klingelzeichen beendete mögliche Tagträume. Viele Herrschaften suchten ihr Personal unter dem Gesichtspunkt aus, daß die Mädchen ein angenehmes Äußeres und eine freundliche Art hatten, auch um Gästen zu imponieren. Die »Perle« stand für die Art des Hauses, hatte zu repräsentieren, sich als flinke, umgängliche Visitenkarte, als liebenswürdig eindrucksvolles Geschöpf darzustellen. Die Leistung gleichbleibender, launenfreier Liebenswürdigkeit war unter den schweren Arbeitsbedingungen am wenigsten zu erbringen. Denn die überwiegend vom Land kommenden Mädchen hatten keinerlei Erfahrungen mit den in der Weltstadt gängigen gesellschaftlichen Konventionen. Außer ihrer Arbeitskraft sollten sie noch Animationsfähigkeiten in das Dienstverhältnis einbringen. Die Küche diente dabei als Hinterbühne, auf der der eigentliche Auftritt sorgfältig vorzubereiten war. Nichts war folgenschwerer, als wenn diese Auftritte vor Gästen mißrieten, wenn die Geladenen falsch bedient, durch unglücklich patzige Bemerkungen irritiert oder sogar durch umgestoßene Gläser oder ins Rutschen geratene Speisen malträtiert und geschädigt wurden. Strenge Verwarnung bis zur Entlassung waren die Folgen, wenn sich die Hausherrin durch das Dienstmädchen blamiert sah. Das Verhalten der Dienstboten fiel immer auf den Haushalt zurück und erregte Schadenfreude, obgleich jeder wußte, wie schwierig es war, geeignetes Personal zu finden, mit dem sich die Hausfrau schmücken konnte. Geschick oder Ungeschick der Dienstboten wurden zu einem unerschöpflichen Thema der Konversation.

Clara Viebig stellte 1900 in ihrem Dienstbotenroman »Das tägliche Brot« die Berliner Küche eindringlich als Drehscheibe des Dienstbotenlebens dar. Das lebenslustige Küchenmädchen Bertha hat sich bei einer älteren Dame verdingt, war bis dahin in keiner Stellung längere Zeit geblieben, immer im Unfrieden und mit schlechten Zeugnissen geschieden und versucht nun nach kontinuierlichem Abstieg, die neue Stellung unbeirrt zu halten. Die Küche wird für sie zum tapfer erduldeten Gefängnis, in dem sie weitgehend

Die Herrschaft wird bedient, 1909

ohne soziale Kontakte allmählich verkümmert und zur Alkoholikerin wird. Da die alte Dame fast alles Notwendige selbst einkauft, kommt Bertha selten aus der Küche heraus. Da Besuche unerwünscht sind, bleibt ihr die Hintertreppe als einziger Ausweg, der ihr gelegentlich unerlaubt das Verlassen der Wohnung ermöglicht – mit der Konsequenz, daß sie die Stellung wie alle vorherigen verliert. Die größte Belastung besteht für sie in der Kücheneinsamkeit, in dem ausweglosen Vor-sich-hin-Brüten, in der Ereignislosigkeit einer angehaltenen Zeit. »Das Schweigen um sie her, mächtig das ewige Einerlei der Tage beherrschend, drückte auch ihr den Mund zu. Die Lautlosigkeit kam aus den Ecken auf sie zugekrochen, legte ihr die schweren Tatzen auf die Schultern und drückte sie nieder. Eine grenzenlose Hoffnungslosigkeit hatte sich ihrer bemächtigt. Es konnte ja nie besser werden! Auch nie anders«. (Viebig, 323) Gegen die erdrückende Leere der Abendstunden sorgt Bertha auf ihre Weise vor: »Hinter der Kiste mit der Feuerung, die in der Küche aufgestellt war, richtete sie sich eine eigene, kleine Speisekammer ein; da hielt sie sich, je nach Gelüst, Schokoladentafeln, Bonbontüten, Stachelbeertörtchen, Windbeutel mit Schlagsahne und dergleichen mehr. Auch eine Flasche süßen Likörs war dort verborgen. Die Abende waren so einsam. Um acht schloß Fräulein Haberkorn selber die Tür, die nach der Hintertreppe führte, zu, legte die Riegel vor und nahm den Schlüssel mit in die Stube. An ein Hinunterhuschen und ein abendliches Schwätzchen vor der Haustür war nicht zu denken. Bertha kam sich vor wie eine Gefangene. Einer stillen, stetigen Handarbeit war sie längst entwöhnt, sie hatte nie zu ihren besonderen Liebhabereien gehört... So saß sie untätig am Küchentisch... wäre ›der Süße‹ nicht gewesen! Von dem nahm sie dann ein Schlückchen und noch einen, bis eine angenehme Empfindung des Fliegens sie überkam, ein Gefühl des Enthobenwerdens; sie war der Umgebung entrückt... wie ein Schleier fiel es über ihre Gedanken, zarte Rosen blühten auf ihren Wangen auf, und ihr Mund lächelte«. (ebd., 318) Als eines Abends der Dachstuhl eines benachbarten Hauses brennt, verfolgt sie in »grauenvollem Entzücken« diese Unterbrechung der Monotonie. Doch die Feuerwehr löscht den Brand schnell, und die einförmige Stille ist wieder da. Die alte Dame legt dem Küchenmädchen Erbauungsbücher in die Küchenschublade zur Lektüre, denen Bertha aber kein Interesse abgewinnen kann. Irgendwann nimmt die Bedrückung vor Berthas Augen Gestalt an: »Auf der weißen Küchenwand zog's an ihr vorüber: Schatten, Schatten, müde Schatten... Mit einem tiefen Seufzer schlug sie die Hände vors Gesicht und bebte in fröstelnden Schauern. Wie die Schatten sie quälten! Sie sah sie auch bei geschlossenen Augen. --- Sie reichten sich die Hände, sie schlossen einen Kreis um sie. ›Dienen, dienen, ewig dienen‹ ächzten sie in ihr Ohr. --- Nein! Sie schrie laut auf! Nicht mehr dienen! Auch einmal herrschen, wie andre herrschen! Sich einmal nicht mehr schinden, sich nicht mehr hin- und herjagen lassen, sich nicht mehr ducken, um das bißchen tägliche Brot!« (ebd., 367)

Beim Abschmecken, um 1930

Die Hoffnung der Dienstmädchen, daß die Stellung eine Lehrzeit wäre und sie auf die eigene künftige Familie vorbereite, erfüllte sich selten. Statt dessen wurden sie von der Arbeit aufgezehrt, verloren ihre jugendliche Kraft, alterten frühzeitig und gaben unter dem Druck der Verhältnisse ihre Wünsche auf. Ebensowenig lebten die Hausfrauen ihr eigenes Leben, sondern wirkten unauffällig für den Hausherrn und seine Zufriedenheit. Trotz der gegenseitigen Antipathien waren Hausfrauen und Gesinde als Frauen in der Küche in einer Schicksalsgemeinschaft verbunden. Während den Dienstbotinnen im 20. Jahrhundert die Flucht gelang, blieben die Hausfrauen mit den stummen Küchenmaschinen als Gesindeersatz zurück. Während die Unterdrückung der Dienstbotinnen offen und ungeschminkt war, wurde die der Haus›herrin‹ drapiert durch Etikette und gesellschaftliche Konvention. Schließlich wurde die »Dienstbotenfrage« nicht sozial, sondern technisch – durch Küchenmaschinen – gelöst, und erst mit der Mechanisierung der Küchenarbeit begann sich der Mann für die Küche zu interessieren.

Hausfrau und Dienstmagd, Titelkupfer eines Haushaltungsbuches, Berlin 1828

Küchenleben aus zwei Jahrhunderten

Was im 18. Jahrhundert in die Küche und auf den Tisch gelangte

Wenn man seit der Mitte des 18. Jahrhunderts frühmorgens das Feuer schürte, so galt es zuallererst, den Kaffee zu kochen, und der Kaffeetopf gehörte zu den unverzichtbaren Küchenrequisiten. Vergeblich versuchte Friedrich II., selber süchtiger Kaffeetrinker, seinen Untertanen den Kaffee zu verleiden und an seine Stelle allerlei Surrogate zu setzen. Gerade die ärmsten Schichten aber wollten auf ihren Kaffeegenuß nicht verzichten. »Wenn sich der gemeine Mann im Winter etwas zugute tun will, so macht er sich eine recht heiße Stube und trinkt einen erbärmlichen, mit Syrup versüßten Kaffee. An diesem kleinen Feste nehmen Frau und Kinder Anteil und es wird dazu Butterbrot im Übermaß gegessen.« (Formey, 86) Man machte sich zunutze, daß der Kaffee die Erschöpfung überwinden half und den Hunger zeitweise vergessen ließ. Mit Brot ergab er eine rasch zubereitete Mahlzeit.

Das Brot blieb in Berlin während des 18. Jahrhunderts das wichtigste Nahrungsmittel. Für die Mehrheit der Bevölkerung bestand es als grobes »Hausbackenbrot« aus Roggen, dem Kommißbrot der Soldaten ähnlich. Durchschnittlich verzehrte der Berliner 1 Pfund täglich. Weizenbrot – auf dem Tisch der Wohlsituierten bereits vorher als Semmeln vertreten – erreichte wohl durch den Einfluß der französischen Kolonie gegen Ende des 18. Jahrhunderts einen Anteil von 40 %. (vgl. Schultz, 236 ff.) Die Kartoffel gewann in Berlin nur langsam an Boden und ersetzte im 18. Jahrhundert eher die Hülsenfrüchte als das Brot. Die meisten Bewohner verzehrten in gekochter Form nur Grobgemüse, Rüben, Kohl und Mohrrüben. »Die zahlreichen Gärtner der französischen Kolonie bauten zwar in größerer Menge feine Gemüse an, wie Blumenkohl, grünen Salat, Spargel und Gurken. Aber in der Küche des berlinischen Handwerkers oder kleinen Beamten fanden sie nur zögernd Eingang. Reiner Luxus war das importierte Obst... Vitaminmangelkrankheiten wie Skorbut oder englische Krankheit tauchen daher in den Beerdigungsregistern der zweiten Hälfte des 18. Jahrhunderts häufig auf.« (ebd., 239) Der Fleischverbrauch, der immer als Anzeichen für die Güte der Lebensmittelversorgung galt, ging im 18. Jahrhundert auf 40–50 kg pro Kopf zugunsten der zunehmenden Getreidenahrung zurück. Getreideanbau hatte sich als wirkungsvoller erwiesen, weil auf der gleichen Fläche mehr und billiger produziert werden konnte. »Für die Handwerker und Gewerbetreibenden war eine vitaminarme, aber kalorienreiche Kost kennzeichnend, in der Rindfleisch,

Morgenkaffee in der Hausmannsstube, 1847

Morgenkaffee der Vornehmen, 1847

Roggenbrot und Weizenmehlspeisen, Suppen, Bier, Grobgemüse und Kaffee vorherrschten. In den Lohnarbeiterfamilien aß man mehr Hülsenfrüchte und Kartoffeln, weniger Brot, viel weniger und minderwertigeres Rindfleisch und zu wenig Fett. Lohnarbeiter tranken täglich Bier, Branntwein und Kaffee.« (ebd., 246)

Was die Soldaten in der Garnisonstadt kochten und aßen

Nach dem Dreißigjährigen Krieg wurde ein stehendes Heer aufgestellt und Berlin Garnisonstadt. Etwa 1.500 Soldaten mußten mit 400 Frauen und 500 Kindern in Privatquartieren ihr Unterkommen finden. Der Kurfürst erließ eine »Verpflegungsordinanz nach welcher die Wirthe verbunden waren, denen Unteroffiziere Betten zu geben, sie in ihren Stuben zu wärmen, und bei ihrem Feuer das Kochen ihrer Speisen zu verstatten.« (König 2, 98) Die Bürgerhäuser erhielten im Dachbereich Zwerchgiebel, hinter denen Soldatenstuben eingerichtet wurden. Noch 1737 ordnete der Soldatenkönig Friedrich Wilhelm I. an, daß »alle Bürger ohne Unterschied Soldaten aufzunehmen und diese nach vorn, d.h. nach der Straße zu, unterzubringen hätten.« (Gut, 111) Erst Friedrich II. begann in den 1750er Jahren mit dem Kasernenbau, so daß die private Einquartierung nach und nach aufgehoben wurde.

Der in die preußische Armee gepreßte gebürtige Schweizer Ulrich Bräker berichtete, wie 1756 zu Beginn des Siebenjährigen Krieges das Berliner Garnisonleben aussah und welche Probleme die privat oder in Kasernen untergebrachten Soldaten mit ihrer Verpflegung hatten. Zunächst wurde Bräker ein Quartier in der Friedrichstädter Krausenstraße zugewiesen, und er bekam als erstes mit zwei anderen Soldaten eine »stockdicke Erbsenkost« (Bräker, 125), ein Kommißbrot und ein Sechsgroschenstück, mit dem er sich die nächsten Tage verpflegen sollte. Nachdem er den Fahneneid geleistet hatte, verspürte er großen Hunger, begab sich in eine Garküche und ließ sich dort für zwei Groschen ein Mittagessen mit einem Krug Bier geben. Von den anderen Soldaten erfuhr er, wie sie mit dem geringen Essensgeld auskamen: »Da heben's drei, vier bis fünf miteinander an, kaufen Dinkel, Erbsen, Erdbirnen (=Kartoffeln) und kochen selbst. Des Morgens für einen Dreier Fusel und en Stück Kommißbrot. Mittags holen sie in der Garküche für en andern Dreier Suppe und nehmen wieder ein Stück Kommiß. Des Abends für zwei Pfennig Kovent oder Dünnbier und abermals Kommiß... So kommt man aus und anders nicht.« (ebd., 130) Bräker besserte seine Versorgung durch Kneipengesang auf: »Etliche Herren sogar ließen uns oft expreß in eine Garküche rufen, ihnen den Kuhreihen zu singen. Meist bestand der Spielerlohn bloß in einer schmutzigen Suppe; aber in einer solchen Lage nimmt man mit noch weniger vorlieb.« (ebd., 136) Bald darauf tat sich Bräker mit zwei Soldaten zusammen, die als gelernter Schuster und Zimmermann über gute Nebenverdienste verfügten. Sie pflegten einen bekömmlichen Bauerntisch: »Suppe mit Fleisch, mit Erdäpfeln und Erbsen. Jeder schoß zu einem Mittagsmahl zwei Dreier; abends und zum Frühstück lebte jeder für sich. Ich aß besonders gern eine Ochsenpfote, einen Hering oder einen Dreierkäse.« (ebd., 140)

Ob bei ihren Märschen über Land oder einquartiert in den Bürgerhäusern der Stadt verursachten Soldaten zahlreiche Probleme, die sich mit dem Bau der Kasernen dann in diese Wohnstätten verlagerten. In den Kasernen mußten sich zwei Soldatenfamilien oft eine Küche teilen. Das war besonders schwierig, wenn sich wie im Falle von Karl Gutzkows Eltern die beiden Ehefrauen der aufs Zusammenleben angewiesenen Familien feindselig gegenüberstanden. »Brunhild und Kriemhild in einer einzigen Küche! Zwei Feuerflammen vor einem und demselben Feuerherd. Beide auf einem und demselben steinernen Estrich ihre Gemüse putzend, ihre Kartoffeln schälend, ihre Erbsen, Linsen verlesend! Und Gemüse, Kartoffeln und Erbsen auf einem und demselben Herd zu kochen! Es ist wahr, eine kleine Scheidewand von Backsteinen trennte den Topf Brunhildens vom Topf Kriemhildens. Links knisterte an seltenen Tagen der Speck der einen, rechts brotzelte die gebackene Leber der andern. Die Kartoffeln, die Bohnen, die Erbsen dampften sich dicht nebeneinander in dieselbe Esse aus, in dieselben schwarzglühenden Wände, auf deren rußige Kristalle immer gleich kalte, gleich starre Mienen des Hasses und des verweigerten guten Morgens fielen. Durch die kleine Küche war eine Demarkationslinie der Neutralität gezogen, die nur beim Eintreten durch die Tür von beiden Parteien überschritten werden durfte. Sonst standen Eimer und Scheuerfaß, Schrank und Holzklotz, Hackebrett und Marktkorb in mathematischer Genauigkeit so gestellt, daß eins nicht um die Linie in das Gebiet des andern rückte... Ein Scheitholz, das der einen im Wege liegt, wurde mit dem Fuß zur andern hinübergeschleudert wie eine giftige Otter. Ein kostbares Gericht, das die eine Mutter zum Sonntag ihren Kindern bescheren will, wird bei der Enthüllung aus dem sonnabendlichen Marktkorbe von der andern mit lauter Lache begrüßt... Dieser schlimme Krieg der Küche, dessen Schlachtfeld zuweilen auch der große, mit Steinen gepflasterte Hausflur war, dauerte während des ganzen großen, heiligen Befreiungskrieges fort«. Doch dann stirbt das kleine Mädchen der einen Familie. »Die eben entschlummerte Kleine bedurfte einer Ruhestätte noch vor dem Grabe. Irgendwo mußte die Leiche doch noch drei Tage außerhalb des Zimmers stehen... Wo anders war sie unterzubringen, als in der Küche? Diese Küche... sonst ein Tummelplatz des Hasses, wurde nun die Versöhnungsstätte der Liebe... Der enge Raum konnte zur Errichtung eines Katafalks für die kleine Leiche – zwei Stühle und ein Strohsack genügten – nur dann ausreichen, wenn von beiden Frauen eine jede etwas von ihrem Gebiet hergab. Und so geschah es... Die Demarkationslinie wurde aufgehoben. Das Kind mit dem Lockenhaupte lag halb im Gebiet seiner Mutter, halb im Gebiet der Nachbarin, hier das Haupt, da die Füße, der Feuerherd wurde zum wirklichen Altar. Über dem endlich dann nach zweimal vierundzwanzig Stunden, zum Tage der Bestattung weißgeschmückten, rosen- und myrthenumkränzten kleinen Kinde reichten sich die Mütter weinend die Hände und blieben ihr Leben lang verbunden«. (Gutzkow, 44ff.)

Karl Friedrich Klöden – Koch und Goldarbeiterlehrling

Karl Friedrich Klöden wurde 1786 als Soldatenkind in einer Kaserne in der Holzmarktstraße geboren. Die Wohnung in der Kaserne bestand aus Stube, Kammer und Küche. Beim damaligen Kasernenbau lagen die Wohnungen alle an einem langen Korridor aufgereiht, der nur an den Stirnseiten Licht durch jeweils ein Fenster erhielt. (vgl. Geist, 83f.) Die Küche war mit der Wohnung nicht verbunden, nur vom Korridor aus zu betreten und völlig lichtlos. Jedem Unteroffizier waren in seine Kammer noch zwei nicht aus Preußen stammende Soldaten als Schlafburschen gelegt, für deren Tun und Treiben er verantwortlich war. Zuallererst hatte er zu verhindern, daß sie desertierten.

Der 15jährige Klöden trat 1801 bei seinem Onkel in Berlin eine Goldarbeiterlehre an. Er beschreibt ausführlich, wie man ihn dort über seine Lehrlingstätigkeiten hinaus in der Küche beschäftigte: »Die Familie hatte nämlich kein Dienstmädchen, sondern nur eine Aufwärterin, die des Morgens kam, das Frühstück, die Zimmerreinigung und das Ofenheizen besorgte und dann ging. War sie nicht mehr da und es wurde irgend etwas gebraucht, so ward ich dazu beordert. War das Feuer ausgegangen, so hatte ich es wieder anzuzünden; wurde des Tags zweimal geheizt, so hatte ich es das zweitemal zu besorgen; wurde mehr Wasser als ein Eimer voll gebraucht, so mußte ich ihn drei Treppen hoch hinaufschleppen; ich hatte alles Nötige für die Tante und ihre Mutter einzuholen: Kaffee, Syrup, Bäckerwaren, Fleisch, Gemüse etc., ... ich hatte des Mittags Messer und Gabeln zu putzen sowie das Essen für die Mutter – gewöhnlich die Großmama genannt – in einem Menagekorbe von einem Koch zu holen... Von Zeit zu Zeit hatte ich auch die Tanten mit einem großen Korbe auf den Markt zu begleiten und das Eingekaufte nach Hause zu tragen, was mir oft blutsauer wurde.« (Klöden, 213)

»Gearbeitet wurde im Sommer von des Morgens sechs Uhr bis abends sieben Uhr, im Winter von des Morgens um sieben bis abends acht Uhr, also dreizehn Stunden ohne Unterbrechung. Des Morgens erhielt ich zwei Tassen Kaffee, mittags um zwölf Uhr wurde *ein* Gericht, meistens mit etwas Fleisch, genossen; doch öfters mußte ich mir, um satt zu werden, noch ein Stück Brot erbitten, das mir sehr unwillig und meist mit spitzen Bemerkungen über meinen guten Appetit gereicht wurde. Um vier Uhr durft ich mir zur Vesper ein Stück Brot abschneiden und Salz darauf streuen. Um acht Uhr wurde zu Abend gegessen, zwei Stullen (Schwarzbrot) mit wenig Butter oder Pellkartoffeln mit einer Probe von Butter und Salz. Nur beim Mittag- und Abendbrot saß ich am Tisch, doch nicht früher, als bis das Essen darauf stand, und sobald der letzte Bissen genommen war, ging es wieder an den Werktisch. Frühstück und Vesper wurde an dem Werktische verzehrt, ohne die Arbeit zu unterbrechen.« (ebd., 215) Ostern 1802 verzog Klöden mit seiner Lehrherrnfamilie in die Scharrnstraße, zwei Treppen hoch. Ihm wurde eine Schlafstelle auf dem Hausboden zugewiesen, neben dem aufsteigenden Schornstein. In diesem Dachraum lagerte auch der Wintervorrat an Torf. »Die Wohnung bestand aus einer Stube vorn heraus, in welcher gearbeitet wurde und welche zugleich Wohnzimmer der Familie war, und einer Stube nach dem Hofe, in der die Großmutter wohnte. Zwischen beiden lag die kleine Küche, welche ihr Licht mittels eines Zwischenfensters aus dem Zimmer der Großmutter empfing und daher sehr dunkel war, zumal der Rauch die Fensterscheiben weit öfter trübte, als sie gereinigt wurden. Dicht unter jenem Zwischenfenster stand der große Amboß und an der Seite die Ziehbank. Der Tür gegenüber lag der Feuerherd, gänzlich im Finstern.« (ebd., 222) Zum Verrichten der Goldarbeiten brannte »meist auf dem Herde Kohlenfeuer oder auch die daneben hängende Lötlampe und neben dem Kohlenfeuer Holz und Torf zur Bereitung der Speisen. Bei dem Lichte dieser Feuer mußten die Arbeiten verrichtet werden, was in dem Rauche und der nie weichenden Dämmerung oft kaum möglich war. Meine Tante … kam nach und nach auf den Einfall, mich zu beauftragen, da ich doch einmal am Feuer stehe, zugleich die Sorge zu übernehmen, die Kasserolle abzuwarten, in welcher das Mittagessen brodelte; es sei wenig mehr nötig, als das Überlaufen, das Anbrennen und das Ausgehen des Feuers zu verhüten. Das Fleisch kochte in einem Topf daneben. Erst würden die Gemüse im Wasser gekocht, dann, wann sie weich geworden, würden sie abgegossen, nun würde das Fleisch und die Brühe dazugetan, Salz und etwas Gewürz nach Erfordern, auch wohl einiges Grüne; das würde mir keine Mühe machen und könnte ich nebenher sehr wohl abwarten, ohne meine Arbeit zu unterbrechen. So wurde ich auch noch Koch, ich wußte nicht wie, und jahrelang habe ich auf diese Weise das Mittagessen besorgen müssen. Nur wenn es einmal Braten oder sonst etwas Besonderes gab, legte meine Tante die Hand an«. (ebd., 225) Die Großmutter horchte von der benachbarten Stube aus, ob Klöden in der Küche auch fleißig arbeitete.

Sein Leben an fremden Tischen ging 1809 mit seiner Verheiratung zu Ende, als er mit seiner jungen Frau eine kleine Wohnung in der Alten Grünstraße bezog, »wo von nun an der Herd unseres häuslichen Glückes stand.« (ebd., 312)

Die Karschin – lieber dichten als kochen

Die 1722 geborene Anna Louisa Karsch – genannt die Karschin – verdingte sich mit zwölf Jahren als Wasser schleppende Magd und war zweimal mit gewalttätigen Männern verheiratet, von denen sie sich aber lösen konnte. Noch während ihres traurigen Hausfrauendaseins begann sie in der Küche mit dem Verse schmieden. 1761 gelangte sie auf Veranlassung eines adligen Gönners nach Berlin und ließ sich hier mit ihren Kindern nieder. Ihre Gedichte – eine Auswahl erschien zuerst 1763 – wurden von Friedrich Nicolai und Moses Mendelssohn überschwenglich gewürdigt. Die Tochter Caroline, wie die Mutter eine eigenwillige, literarisch begabte Persönlichkeit, kehrte nach ebenfalls zwei gescheiterten Ehen in den Haushalt der Mutter zurück. Der Lebensalltag dieser beiden Frauen ohne Männer war für das 18. Jahrhundert durchaus nicht untypisch. »Unzählige ledige Frauen – denn nur gut die Hälfte der Bevölkerung heiratete – und viele Witwen waren ausschließlich auf ihre Arbeitskraft und ihr Organisationstalent angewiesen, um sich und ihre Familien durchzubringen. Sie arbeiteten als Mägde oder Tagelöhnerinnen. Sie handelten mit Kleinkram oder führten den Handwerksbetrieb ihres Mannes weiter.« (Beuys, 15f.) Andere machten Heimarbeit, arbeiteten in den Manufakturen, und die Kinder halfen häufig mit. Ein großer Teil der Bevölkerung lebte also schon damals in »unvollständigen« Familien.

Den Widerstreit zwischen Haushaltsführung und schriftstellerischer Tätigkeit verstand die Karschin immer aufs Neue zu lösen. Sie sparte an Brennholz, setzte sich bitterer Kälte aus und wußte, wenn die Mittel fehlten, auf jede Bedienung zu verzichten. »...ich muß allein meine wenigen häuslichen Geschäfte besorgen. Dies wird mir nicht beschwerlich werden: Ich finde einen Brunnen in dem Hofraum des Hauses... Ich koche meinen Kaffee selbst bei einem kalten Herde und ich bereite mir zum Neujahrsabend mein Leibessen, Kohl und Speck, so gut, als nur immer eine Köchin vermögend ist.« (ebd., 114) Zeitweilig aß sie bei Gönnern, erstrebte für sich möglichst viele Freitische (Mahlzeiten, zu denen sie regelmäßig von Freunden und Gönnern geladen wurde) und wollte die verbleibende Hausarbeit durch ein arme alte Näherin erledigen lassen. Seit 1767 führte Tochter Caroline den Haushalt. Das Verhältnis zwischen Tochter und Mutter wurde allerdings mit den Jahren zerrüttet, und als die von sich steigerndem Haß erfüllte Tochter die Mutter grün und blau geschlagen hatte, trennte sich die Karschin von ihr schweren Herzens, stattete sie aber dennoch mit dem Nötigsten aus: »Ich will dir monatlich acht Taler geben und Schulgeld und Aufwartung bezahlen, auch ein Viertel Holz ... und all dein Silberzeug und allen Hausrat, den du brauchst... Ich will mir das gute alte Mütterchen hernehmen, das wird noch Kraft genug haben, Teewasser und Suppen für mich ans Feuer zu setzen. Ich geb ihr freie Wohnung und alle Tage einen Groschen, da lebt sie wieder auf. Meine Wäsche geb ich der Schwägerin zu waschen und meine paar Kopfzeuger laß ich auf der Breiten Straße machen. Und du wirst alsdann dich recht glücklich fühlen nicht mehr zu hören und zu sehen – Deine sehr unglückliche Mutter.« (ebd., 206)

In ihren Gedichten, die vom Alltag inspiriert waren, wurden auch das beschwerliche Holzsammeln, kärgliche Mahlzeiten und das Küchenleben zum Thema.

»Viel Kälte stand ich aus, als Armuth mich gejagt
Früh morgens aus dem Bett, sobald es nur getagt,
Wie ängstlich lief ich da nach Holze...
Ich schleppte mühsam mich und brach das Reisicht klein,
Saß vor dem Ofen hin, und heitzte zittern ein,
Die Kinder vor dem Frost zu schützen;
O Dein Gedanke sieht mich bei dem Ofen sitzen,
Ein Topf mit Wasser steht bei trockner Fichtengluth;

Er kocht, ich heb ihn ab, um Mehl darin zu schütten,
Die Suppe, schlecht und ohne Schmalz, war gut.
Jetzt dürfte keiner mich darauf zu Gaste bitten.
Seit dem berühmten Sieg bei Leuthen tadle ich,
Den Kaffee, wenn er nicht so kräftig ist, daß mich
Sein wärmend Oehl beschützt vor einen bösen Husten,
Den alle Suppen mir nicht zu vertreiben wusten…« (Wolf, 27 f.)

Ihre lyrischen Ergüsse streiften immer wieder Essen und Trinken, die für sie mehr als nur metaphorische Bedeutung hatten. So lobte sie in einem Gedicht ausdrücklich schlichte einheimische Früchte wie die schwarzen Kirschen und kritisierte, daß in der Dichtung gewöhnlich nur herausragende Früchte wie die Reben besungen würden. Sie würdigte dichtend dagegen alles, was ihr schmeckte, wie Apfel, Kürbis oder Pfirsich.

Ernst Ludwig Heim – Arzt und Protokollant guter Küche

Der anekdotenumrankte, 1747 geborene »alte Heim« war ein großer Freund guten Essens und Trinkens und bestritt einen Großteil seiner Tagebücher damit, akribisch festzuhalten, mit wem er im Laufe seines langen Lebens zu Tische saß und welche köstlichen oder weniger gelungenen Speisen ihm aufgetragen worden waren. Als vielgerufener Arzt hatte er zahlreiche Hausbesuche zu machen, anläßlich derer er sich gern vor allem in wohlhabenden Häusern zum Mittagessen einladen ließ. Die Vorliebe für eine gute Küche erhellt sich vor dem Hintergrund seiner entbehrungsreichen Kindheit im Kreise vieler Geschwister, die »zufrieden waren, wenn sie sich nur satt im Brode eßen konnten. Bloß gedünstes Fleisch, äußerst selten frisches bekamen wir zu eßen«. (Heim, 244) Die Küche seiner Kindheit haftete nicht nur wegen ihrer Kargheit in seinem Gedächtnis, sondern weil dort auch die Instrumente aufbewahrt wurden, mit denen er von seiner ansonsten sanften Mutter gezüchtigt wurde. »Denn zuweilen glaubte sie auch mich strafen zu müssen – und schlug sie nun mit dem Rührlöffel oder mit dem umgekehrten Quirl oder mit der Elle so hilt ich ganz stille, und bat sie nur noch besser zu schlagen, denn das fühle ich gar nicht. Sie hörte dann zu schlagen auf und weinte.« (ebd., 245) Wie seine Geschwister war er mit Küchen- und Feldarbeiten betraut. »Alles Holz was zum Brennen verbraucht wurde, mußten die Kinder sägen und kleinmachen… Im Winter des Abends mußten wir Aepfel schälen, jeden in 5. Theile brechen u. an Fäden zum Troknen hängen.« (ebd., 241 f.) Angenehm war dagegen der Fisch- und Vogelfang.

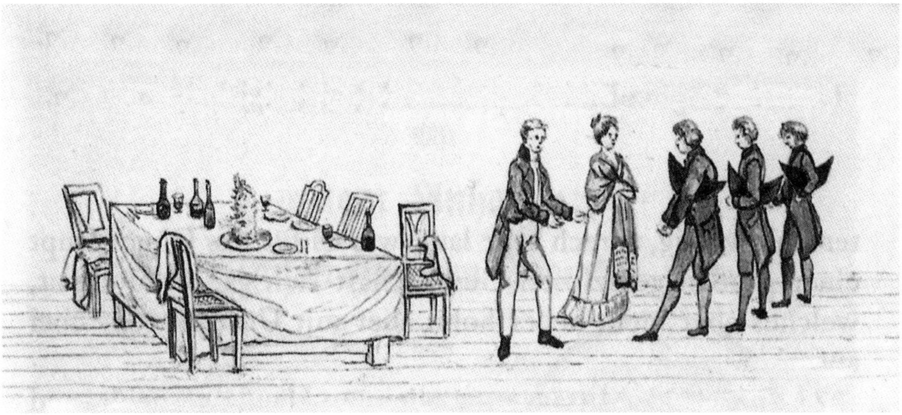

Mittagessen im Haus des Berliner Arztes Heim, Laterna Magica-Bild, 1822

Heim, der als Arzt sieben Jahre lang in Spandau gelebt hatte, bevor er 1783 nach Berlin übergesiedelt war, fühlte sich wegen seiner Herkunft an den Tischen der vornehmen Haushalte zunächst unwohl, weil er sich für einen »homo naturalis« und die meisten Berliner für »homines artificiales« hielt. (vgl. ebd., 64) Daß es sogar in adligen Kreisen nicht immer nur gesittet zuging, stellte Heim verwundert fest, als ihm die Prinzessin Ferdinand, Königliche Hoheit, an ihrer Mittagstafel drastisch erläuterte, über welch ungemein feines Geruchsvermögen sie verfügte: »Wenn Sie sich den Arsch nicht rein abgewischt haben, so kann ich es riechen«. (ebd., 124)

Heim aß selten mittags zu Hause, und geschah dies einmal, so lud er Freunde dazu ein. Dann bestellte er tüchtiges Pökelfleisch mit Sauerkraut und dicken Erbsen, frische Bohnen, Sauerkraut mit Spargel, Karpfen, frische Heringe und Teltower Rübchen. Sein Leibgericht war Kliepfisch mit Schoten. Er liebte offenbar ungewöhnliche Kombinationen, wobei die Menge nicht unwichtig war. »Mittags zu Hause gespeißt und zwar auf meine Bestellung, eine Rindfleischsuppe, Hammelfleisch mit Zwiebeln und einen in Wasser gesottenen Karpfen. Meine Frau lachte über diese Gerichte, ich habe sie mir aber recht gut schmekken lassen.« (ebd., 115) Ein anderes Mal aß er zu Hause »Hammelfleisch mit Bollen zusammengekocht, welches Gericht meiner Frau nicht behaget – mir aber ganz vortrefflich geschmekt hat«. (ebd., 208)

Zu den Ausnahmen gehörte, daß er abends ein kaltes Souper für 120–130 Personen gab. Über die Begleiterscheinungen einer solchen Bewirtung mit kalter Küche hatte er 1795 notiert: »Am Morgen sahe ich mit Betrübnis wie sehr der Boden meines Zimmers durch Kirschkuchen, Schniten, Butterbrod, Bier und Wein verunreinigt war! So leicht werde ich nicht wieder eine so große Gesellschaft bei mir sehen.« (ebd., 93) Heim speiste bei nahezu allen bedeutenden Familien Berlins, bei Prinzen ebenso wie beim Ofenfabrikanten Höhler (später Feilner) in dessen Ofensaal. Andernorts gab es im Beisein des Fürsten Hardenberg »Austern, Pariser Pastichs, geräucherten Lachs, Spargel, Fasan ... zu schmaußen.« (ebd., 145) 1808 machte Heim diese opulente Speisenfolge zu einer Zeit äußerster wirtschaftlicher Not Gewissensbisse: »Recht vergnügt ist man aber doch nicht bei solchen Festen, da die allgemeine Noth sehr groß ist.« (ebd., 145) 1828 hielt Heim in besseren Zeiten fest: »Mittags beim Banquier Wagener in großer Gesellschaft von Künstlern gespeist. So wie gestern saß man bis 7 Uhr zu Tische. Rauch, Diek, Schinkel, Beuth, pp. waren hier. Austern, Champagner im Überfluß.« (ebd., 223) Darauf: »Mittags beim Fürsten v. Wittgenstein gespeist. Für den sehr guten Tisch, den man hier findet, ißt man viel zu geschwinde, so daß ich kaum satt werden kann, und nur wenig zu trinken bekomme. Nur zwei Gläser Rheinwein hatte ich Zeit gehabt zu trinken und 3 Gläser Champagner.« (ebd.) Bisweilen wurde sogar dem eßfreudigen Heim der getriebene Aufwand zu groß – so beim englischen Gesandten, der 50 »Schüsseln« (Gänge) auftragen ließ. Die Tafelfreuden wurden manchmal sogar über den ganzen Tag ausgedehnt. »So ist Rauch einmal in seiner Ungeduld von einem Mittagessen einfach davongelaufen, weil man um 7 Uhr noch nicht an den Braten gelangt war, obwohl um 4 Uhr schon das Rindfleisch gereicht wurde.« (Mackowsky, 181)

Teltower Rübchen für Goethe

Heim speiste auch zu seiner großen Zufriedenheit als Hausarzt in der Familie des Berliner Verlegers Sander. Dessen Frau Sophie führte einen zu Unrecht in Vergessenheit geratenen Salon, in dem regelmäßig eine Vielzahl prominenter Vertreter des Berliner geistigen Lebens ein und aus ging. Aus dem umfangreichen Briefwechsel des Hauses Sander läßt sich erschließen, was man am Ende des 18. Jahrhunderts unter einfacher bürgerlicher Gastlichkeit verstand. Über ein Taufessen mit 18 Gästen schrieb Sander 1797: »Die Mahlzeit bestand aus nicht mehr als sechs Schüsseln (doch einige, die Vorkost und die Braten doppelt); der Nachtisch aus zwei Kuchen, acht Desserttellern und zwei Körben mit Apfelsinen.« (Lüders, 25) Der Hausherr legte ebenso großen Wert darauf, die verschiedenen Weine genau aufzuführen, um damit die Güte seines Kellers hervorzuheben. Dem Freunde der Familie, dem diese Mitteilung galt, stellte Sander auch geistige Genüsse an der Tafel in Aussicht, die wie im Hause Nicolai oder Heim immer gesellig zu sein pflegte. »Große Gesellschaften versprechen wir Ihnen höchstens zweimal, dagegen aber, so oft Sie bei uns essen, einen runden Tisch mit acht bis neun guten und zum Teil auch klugen Menschen.« (ebd., 26) Sogar Goethe blieb von Sanders

»Die meisten Arten der Nahrungsmittel«, D. Chodowiecki, 1774

gastlichen Bemühungen nicht verschont, die schließlich einen aufdringlichen Charakter annahmen. 1800 hatte Goethe die charmante Sophie Sander kennen- und schätzen gelernt, woraus der Ehemann als Verleger vergeblich Nutzen zu ziehen versuchte. Um die einmal angebahnte Bekanntschaft mit Goethe nicht abreißen zu lassen, schickte Sophie Sander im Herbst 1801 als Berliner Küchenspezialität »›16 Metzen Teltower Rübchen‹, da sie gehört hatte, daß dieses einzige ein wenig ausgezeichnete Produkt unseres Sandbodens in Weimar geliebt wird!« (ebd., 86) Sander legte ein von ihm verlegtes Buch bei, und Goethe bedankte sich schriftlich dafür: »Für die doppelte Attention, womit sie sowohl meine Küche als meine Büchersammlung versorgen, bin ich Ihnen zum schönsten verbunden«. (ebd., 88) Daraufhin ließen die Sanders dem verehrten Dichterfürsten neben Teltower Rübchen Fische aus Brandenburgischen Gewässern zukommen. Goethe schätzte die trefflichen Leckerbissen mit gewissen Einschränkungen: »...nur wollte der erste Fisch, wahrscheinlich weil ich ihn noch nicht zu essen verstand und er wegen seiner Vortrefflichkeit mit einigem Heißhunger genossen worden, mir nicht zum besten bekommen. Bei dem zweiten bin ich nun schon mehr in Übung, und die dazu servierten geschärften Soßen werden ihn schon zu bändigen wissen.« (ebd., 91) 1802 wurden von den Sanders statt der üblichen Teltower

Rübchen und Fische nunmehr Ananas nach Weimar expediert, darauf wieder Rübchen, 1803 wieder Fische. Obgleich Sanders Freund Karl Friedrich Zelter äußerte, daß »sie sich bei seiner letzten Anwesenheit in Weimar der berlinischen Fische erinnert haben« (ebd., 102), war Goethe die Verbindung eher lästig geworden, und er ließ sich durch die Fische zu keiner Antwort mehr ködern.

Kinder in der Küche

Als erster Berliner berichtete der 1758 geborene Karl Friedrich Zelter über Küchenerlebnisse aus der Kindheit. Im Hause seines Vaters, des Baumeisters Zelter, besorgte die Tante Rosine Küche und Haushalt. Mit ihr lag der Junge im Dauerstreit, wobei seine Streiche die Glut des schwelenden Konflikts ständig neu entfachten.

Als die Tante einst in der Küche Seife kochte, nahm Karl Friedrich eine aus Wachs gefertigte Maus, setzte sie in der Stube »unter dem Fenster an die Erde, wo eine kleine Öffnung in der Diele war, und rief sachte die Tante, es sei eine Maus in der Stube. Sogleich kam sie mit der Seifkelle und schlug auf ihre Maus, daß solche in hundert Stücke flog... Unter dem Wortwechsel war ihr die Seife angebrannt, worüber sie denn wieder von meiner Mutter gescholten wurde«. (Schottländer, 11) Ein anderes Mal war »geschlachtet worden, und die Tante kochte in der Küche Wurst. Sie wollte mir ihr Wohlwollen bezeigen und machte mich zum Hüter des Wurstkessels, bei dem sie ab und zu ging, indem sie mir nicht trauete, welches ich wohl merkte. Um meinen Appetit zu stillen, hatte ich bald Würste genug gegessen; doch um ihr Mißtrauen zu bestrafen, aß ich noch so viel, daß mir übel davon ward. Meine Mutter fand bald die Ursache; ich erhielt Ohrfeigen und die Tante ihre gehörige Schelte. Ich hatte aber weit mehr Würste genommen und sie in eine Schublade einstweilen hingelegt, worin die Tante Weißzeug hatte. Doch dachte ich nicht wieder daran. Lange nachher entdeckte meine Mutter diese Würste und bezichtigte die unschuldige Tante der Untreue. Dies war mir denn doch zu arg, und ich bekannte, daß ich die Würste verborgen hätte, um sie für ihr Mißtrauen zu bestrafen. Das Spaßhafteste bei der Sache war endlich, daß der Geruch der Würste kaum noch zu vertilgen war: die ganze Lade mußte öfter gewaschen und gebrüht werden, welches ich mit Vergnügen zusahe.« (ebd., 11f.) Im Gegensatz zu Karl Friedrich Zelter, für den die Küche zwar ein nahrhaftes, aber wegen der Streitereien mit seiner Tante Rosine auch feindliches Territorium blieb, fand Henriette Herz, geboren 1764, bei der in ihrer Familie wirtschaftenden Tante Zuflucht vor der ihr nicht gewogenen scheltsüchtigen Mutter. »Oft schützte mich die alte Tante, die mich liebte und verzog, vor ihrem Zorne – ich schlief bei dieser und war immer um sie, und war sie in der Küche, so verließ ich sie, wider den Willen meiner Eltern, auch dort nur selten – da ich lieber kochen und scheuern als Handarbeiten machen mochte, so half ich ihr und der Köchin oft tüchtig und fleißig nach meinen Kräften«. (Herz, 18) Henriette trug am liebsten Kleidungsstücke, in denen sie scheuern und kochen konnte. Ansonsten war die Kinderstube der alleinige Aufenthaltsort der Kinder. Sie »durften nur selten im Lauf des Tages zur Mutter kommen, und sie selbst kam noch seltener zu ihnen.« (ebd., 8)

Nicolais Suppen

Seit 1787 hatte der Berliner Buchhändler und Aufklärer Friedrich Nicolai in der Brüderstraße 10 sein Domizil genommen und saß dort jeden Mittag nach altväterlicher Manier pünktlich um 12 Uhr mit seinem großen Hauswesen zu Tische. Die Mahlzeit vollzog sich in dem im ersten Stock gelegenen Speisesaal wie ein ehrwürdiges Ritual: »Alsobald öffneten sich zwei entgegengesetzte Thüren; aus der nach hinten gelegenen trat eine stattliche Magd, in dem damals noch allgemein geltenden Mägdeanzug, die dampfende Suppenschüssel in beiden Händen tragend, die sie alsbald in mitten des großen Eßtisches niedersetzte. Aus der nach vorn gelegenen Thür traten die Kinder ein und stellten sich hinter ihre Stühle am Tisch, worauf Herr Schelling seinen Untergebenen einen Wink gab, die, wie Soldaten unterm Gewehr, antraten und sich ebenfalls hinter ihre Stühle am unteren Ende des Tisches stellten ... da trat auch die stattliche Matrone ein... Die Großmutter setzte sich in den gepolsterten Stuhl am oberen Ende des Tisches; nun trat auch die Frau des Hauses, eine Dame von hoher schlanker Gestalt, ein und setzte sich neben die Großmutter. Zuletzt erschien der gestrenge Hausherr und nahm auf der anderen Seite der Matrone Platz, worauf auch die Kinder und die Ladenherren sich setzen durften... Das Gespräch während des Tisches führte Herr Nicolai; die Großmutter und auch Madame gaben zustimmende Bemerkungen darein, während die Kinder und noch mehr die Handlungsherren, von Ehrfurcht gefesselt, schwiegen. Nach Tisch empfahlen sich die Letzteren mit den gewöhnlichen tiefen Verbeugungen und verließen im Gänsemarsch, nach der Anciennität den Speisesaal.« (L. Parthey, 9)

Das Nicolaische Haus galt um 1800 in aufgeklärten Kreisen als der gesellschaftliche Mittelpunkt des geistigen und kulturellen Lebens Berlins. Nicht zuletzt die Nicolaische »Küche«, die vorzügliche Bewirtung der in Berlin weilenden Persönlichkeiten des damals noch in zahlreiche Kleinstaaten zerrissenen deutschen Kulturraumes, war weit über die Berliner Grenzen hinaus bekannt geworden, vor allem die »Suppen« und die Tatsache, daß es an der

»Üble Gewohnheiten der Kinder bei Tische«, D. Chodowiecki, 1774

Tafel des Hauses scharfe Messer gab, was offenbar eine Seltenheit darstellte. Wer nach Berlin kam und Friedrich Nicolai zu besuchen wünschte, gab nach der Ankunft in der Stadt seine Visitenkarte in der Nicolaischen Verlagsbuchhandlung ab und wartete darauf, am folgenden Sonntag an die Tafel des kommunikationsfreudigen Hauses gebeten zu werden. Aus den eingehenden Visitenkarten wurden der Teilnehmerkreis des sonntäglichen Gastmahls zusammengestellt und je nach Wirkungskreis der erwarteten Gäste entsprechende Berliner Lokalgrößen hinzugezogen, um auf diese Weise eine kompetente Gesprächsrunde zusammenzubringen.

1806 trafen nach der Niederlage Preußens gegen Napoleon französische Besatzungstruppen als ungebetene Gäste in der sonst so gastfreundlichen Brüderstraße 10 ein. War die Verpflegung den einquartierten Franzosen nicht genehm, so wurde sie zurückgeschickt, und es kam vor, »daß ein Diner, welches dem französischen General nicht gut genug war, aus den Fenstern in den Hof geworfen wurde! ... In vielen Fällen brachten die fremden Generale nicht nur ihre Adjutantur, sondern auch die ganze Dienerschaft mit ins Haus. Dem Koch mußte die Küche eingeräumt werden, und unsere Köchin«, erinnerte sich Nicolai-Enkel Gustav Parthey, »bereitete die Speisen für den Hausherrn auf einer Ecke des Herdes. Um den Verkehr der fremden Dienerschaft mit den Hausleuten zu ermöglichen, mußte Nicolai einen Bedienten annehmen, der französisch sprach... Die übermäßige Einquartierung, mit der die Stadt belastet war, trieb die Preise aller Waren und besonders der Lebensmittel auf eine unglaubliche Höhe... In unserem Hause waren die täglichen Ausgaben an Fleisch für die Tafel der Generale so bedeutend, daß es sehr bald als das geratenste erschien, einen ganzen Ochsen zu kaufen und einzuschlachten, um wenigstens für einige Zeit Vorrat zu haben.« (ebd., 40 f.)

Sorge um Küche und Keller in der Arnimschen Hauswirtschaft

Suche nach der geeigneten Küche

Die Qualität einer Wohnung hing nicht unwesentlich davon ab, wie die Koch- und Heizgelegenheiten beschaffen waren. Um die Küche bewirtschaften und einen größeren Haushalt mit Kindern und Gesinde führen zu können, waren Nebengelasse erforderlich. Dazu gehörten eine begehbare Speisekammer, verschiedene trockene Kellerräume, ein Dachboden, ein Holzlagerraum und möglichst noch eine Stallung, in der man Pferd, Kuh, Esel oder Ziege unterbringen konnte. Neben diesen Wirtschaftsräumen waren ein Obst- und Gemüsegarten wünschenswert.

In dieser Hinsicht äußerte sich Bettine von Arnim 1818 erfreut darüber, daß bei ihrer neu angemieteten Wohnung der Vormieter im zugehörigen Gemüsegarten die Steckzwiebeln zurückgelassen hatte. In dem Garten reservierte sie ihrem Mann den besten Fleck für Gurken, Salat und Erbsen.

Die Küchen waren häufig schlecht ausgestattet, weil sich schon damals viele Hauseigentümer nicht sonderlich um das Wohl ihrer Mieter kümmerten. Ausnahmsweise ließ einmal ein Hauswirt eine Küche umbauen, nachdem ihm Bettine lange genug in den Ohren gelegen hatte. Ein anderer Hauswirt beteiligte sich an den Kosten eines neu zu errichtenden Bratofens. Offenbar war es nicht ungewöhnlich, daß man die wertvollen Eisenteile der Brat- und Backvorrichtung beim Umzug mitnahm, wenn man sie auf eigene Kosten hatte installieren lassen. Zu der Küche einer anderen Wohnung fehlte die Speisekammer; darum forderte Bettine von ihrem Mann, der auf dem Gut Wiepersdorf lebte, einen alten Speiseschrank an. Für das Weißzeug und andere Sachen fanden sich in der Wohnung genügend eingebaute Wandschränke. Bisweilen war die Küche weitab im hintersten Teil der Wohnung gelegen, oft hinter einer Flucht ineinander übergehender Zimmer. In einem besonderen Falle war Bettine das gerade recht, weil sie eine Köchin angenommen hatte, die möglichst wenig mit den Kindern zu tun haben wollte. Küche und Vorratsräume waren vollgestopft mit Vorratsbehältern, Töpfen,

Flaschen, Kisten und Fässern, die zum Arnimschen Landgut nach Wiepersdorf zurücktransportiert werden mußten, um aufs Neue gefüllt zu werden. Arnim ließ es an Ermahnungen nicht fehlen, weil dieser Kreislauf fortwährend ins Stocken geriet.

Was in der Küche verbraucht wurde

Im Arnimschen Haushalt wurden verschiedene Grützearten von Hafer, Hirse und Buchweizen in der alten Tradition der Brei- und Muszubereitung verzehrt. Als Abendmahlzeit wurde viel Brot mit Butter gegessen und selbst eingelegter Käse dazu. Arnim hatte eine Vorliebe für Kartoffeln, die sich erst ein halbes Jahrhundert zuvor in der Mark Brandenburg durchgesetzt hatten. Neben Kartoffeln und Grütze blieb das Brot ein Grundnahrungsmittel, das meist auf dem Landgut gebacken, nach Berlin transportiert wurde und für längere Zeit reichen mußte. Bettines Hauptsorge galt dem Rindfleisch, aus dem nahezu täglich eine kräftige Bouillon bereitet wurde. Welchen Stellenwert die Rindfleischbrühe hatte, läßt sich daran ermessen, daß Achim von Arnim sich Bettine scherzhafterweise als Rindfleischersatz anbot: »...ich wollte, daß ich mich könnte kochen lassen damit Du meine Bouillon tränkst, ich bin immer noch so gut wie Rindfleisch, das Dir fehlt.« (Achim, 26) Der Genuß des Rindfleisches hing davon ab, ob es schmackhaft zubereitet wurde, was nicht immer gelang. »Die vorige Köchin kochte zu schlecht, als daß ich alle Tage hätte Rindfleisch essen können. Jetzt wird jeden Tag 3 Pfund Fleisch für uns geholt und 2 Pfund für die Leute, von weniger kann ich nicht leben, wir sind zu 13 Menschen im Hause.« (ebd., 712)

Bereits 1824 wurde in einem in Berlin verlegten Hauswirtschaftsbuch ein Verfahren empfohlen, wie sich die begehrte Rindfleischbrühe auf Vorrat herstellen ließ, um sie in Tafelform sogar auf Reisen mitnehmen und bei Bedarf mit Wasser zu einer kräftigen Suppe aufkochen zu können. Rind- und Schweinefleisch konnten auch in Essig eingelegt werden, um sie haltbar zu machen. Die verbreitetste Methode der Fleischkonservierung war das Pökeln oder das Räuchern von Schinken und Speckseiten, die zusammen mit Würsten in der Küche in den Rauchfang gehängt wurden. Aß man sich das Rindfleisch über, weil es nicht weich wurde, so bestand die von den Kindern bevorzugte Alternative aus Hühnern, Enten, Gänsen und Puten. »Federvieh schicke ja mit nächster Gelegenheit, die Kinder essens gern, auch seh Dich nach Federn und Daunen um, die letzteren brauch ich zum neuen Bettchen fürs neue Kindchen.« (ebd., 215) Für die Weihnachtszeit konnte Arnim eine erfreuliche Putensendung ankündigen: »Zwei alte Puten mit zwölf Jungen habe ich gekauft Dir zu Ehren, wenn der Winter kommt, daß Du mit ihnen auf der Tafel prangen kannst.« (ebd., 119) Das war mehr Wunsch als Wirklichkeit,

Die
besorgte Hausfrau
in
der Küche und Vorrathskammer,
oder
deutliche und gründliche Anweisung,
Erstens:
wie ohne alle Vorkenntniße, mit vorzüglicher Rücksicht auf Wohlfeilheit, Wohlgeschmack und zierliches Ansehen, alle Arten der ausgesuchtesten Speisen, Backwerke, Compots, Crème's, Gelée's, Gefrornen, Eingemachten, Marmeladen, Säfte, warmer und kalter Getränke und Liqueurs zu bereiten und anzurichten sind; und
Zweitens:
wie das Brotbacken, das Milchwesen, nebst Butter- und Käsebereitung, das Einschlachten, Einpökeln und Räuchern aller Fleischarten, die Zubereitung aller Arten Würste, das Einsieden und Aufbewahren aller Arten zahmen und wilden Fleisches und Geflügels, nebst dem Mariniren der Fische und dergleichen, das Aufbewahren aller Arten Zugemüse, das lange Frischerhalten aller Obstarten und das Abbacken derselben, die Zubereitung verschiedener Obstweine und Essige, die Zucht des Federviehes und ein sehr vortheilhaftes Mästen mehrerlei Geflügels, die Behandlung des Garns, das Bleichen, Waschen der Wäsche und Betten, Stärkemachen, Seifesieden, die Verfertigung der Lichter und das Reinigen des Tafel- und Küchengeschirrs, allerlei Haushaltungsvortheile, die Bestellung des Küchengartens und Erziehung der Gewächse, wie auch des Samens, zu besorgen und anzuziehen sind.

Ein Handbuch
für
angehende Hausfrauen und Wirthschafterinnen,
vorzüglich
in mittleren und kleineren Städten und
auf dem Lande;
in zwei Theilen.
Von
Caroline Eleonore Grebitz.

Berlin, 1824.
Druck und Verlag von Carl Fr. Amelang.
(Brüderstraße Nr. 11.)

Die
besorgte Hausfrau
in
der Küche und Vorrathskammer.

Ein Handbuch
für
angehende Hausfrauen und Wirthschafterinnen,
vorzüglich
in mittleren und kleineren Städten
und auf dem Lande;
von
Caroline Eleonore Grebitz.

Erster Theil.
Enthaltend:
eine deutliche und gründliche Anweisung,
wie ohne alle Vorkenntniße, mit vorzüglicher Rücksicht auf Wohlfeilheit, Wohlgeschmack und zierliches Ansehen, alle Arten der ausgesuchtesten Speisen, Backwerke, Compots, Crème's, Gelée's, Gefrornen, Eingemachten, Marmeladen, Säfte, warmer und kalter Getränke und Liqueurs zu bereiten und anzurichten sind.

Berlin, 1824.
Druck und Verlag von Carl Fr. Amelang.
(Brüderstraße Nr. 11.)

Titelseite eines Haushaltsbuches, 1824

denn Bettine hatte weder einen Freundeskreis in Berlin noch die Mittel, um Gäste im großen Stil bewirten zu können. Das zeigte sich, als aus Weimar Frau von Heygendorf, die vormals berühmte Schauspielerin Karoline Jagemann, zu Besuch kam und Bettine ihrem Mann klagte: »Da ich außer Stand war, ihr ein Souper zu geben, schon weil ich keine Freunde habe, so hab ich ihr mehreremal die Abende, die sie allein war, ein Gericht geschickt, welches sie selbst kochte; ich aß mit, da hat's dann allerlei Spaß gegeben.« (ebd., 700) Manchmal machte Bettine allen vom Landgut angelieferten Küchenvorrat bis auf das Brot zu Geld, das ihr ständig fehlte.

Häufiger gegessen wurden frische Heringe und Stockfisch, den eine polnische Köchin besonders schmackhaft zuzubereiten verstand und den Bettine als Hauptstück katholischer Kochkunst bezeichnete. Eine andere Köchin fabrizierte hervorragende Fischpasteten. Um das eigene Fischangebot zu vergrößern, kümmerte Arnim sich mit Elan um seine Fischteiche und traf weitere Maßnahmen, um den Küchenzettel zu bereichern: »Meine Teiche habe ich mit einer Tonne kleiner Schleie und Karauschen besetzt, in diesen Tagen kommen auch die Karpfen an. Die Hasen schone ich auch, und sie rammeln schrecklich. Lämmer werden täglich zu Dutzenden geboren, so auch Kälber... Pflaumenbäume und Kirschbäume habe ich gepflanzt zu Hunderten, auch Abreschen (Ebereschen), um Krammetsvögel zu fangen. In ein paar Jahren ist die Küche vortrefflich besetzt.« (ebd., 581) Etliche Gemüsesorten wurden konserviert: Kohl, rote Rüben, Pfeffer- und Salzgurken, Saubohnen, Erbsen, ebenso Champignons und Steinpilze. Blumenkohl gab es und reichlich Spargel. An Obst wurden Kirschen, Stachel-, Johannis- und Himbeeren, Äpfel und Birnen eingemacht, Pflaumen im Backofen gedörrt. Erdbeeren, mit Schlagsahne gereicht, gab es saisonal im Überfluß. Am meisten aßen die Kinder wohl Äpfel, weil Bettine sie für sehr gesund hielt und sie den Winter am ehesten überdauerten. Das wichtigste Hausmittel gegen Erkältungskrankheiten war das Fliedermus, der eingedickte Saft der Holunderbeeren, und gegen verschiedene andere Krankheiten wurden Unmengen von Kamillentee getrunken.

»Gesindeelend«

Die Dienenden waren in der Arnimschen Haushaltsführung, ob in Berlin oder auf dem Landgut, in vieler Hinsicht eher »Objekte«. Wenn von ihnen als »Subjekten« die Rede war, dann in der abschätzigen Bedeutung dieses Wortes. Zum schlechten Verhältnis zwischen Herrschaft und Gesinde trug bei, daß Bettine von Arnim ihren Haushalt mit den sieben Kindern ganz und gar lustlos betrieb, obgleich sie alle Tätigkeiten erlernt hatte und gut kochen konnte. Ihre Interessen lagen im künstlerischen Bereich, und durch die Anforderungen des Alltags sah sie sich nur gedrückt und an ihrer Entfaltung gehindert. Ihre Abneigung gegen das tägliche Allerlei steigerte sich bis zur Todessehnsucht: »...wenn das Kleine denn noch an der Brust liegt, wenn das Essen noch verbrennt oder verdorben ist, wo ich denn keine Milch für das Kind habe, dann denke ich auch als an die Zeit, wo man schläft und nicht wieder aufwacht.« (ebd., 77 f.)

Die wichtigste Person unter dem Gesinde blieb letztlich die Köchin, und um ihre Fähigkeiten drehte sich alles. Küche und Köchin stürzten Bettine fortwährend in Wechselbäder der Gefühle. Sie nahm manche Köchin erst hoffnungsfroh auf, versuchte euphorisch das Gute an ihr zu finden, teilte es ihrem Mann umgehend mit, um alsbald Unzulänglichkeiten zu entdecken und an ihnen zu verzweifeln. Einmal hatte sie eine Köchin der »allerbesten Art« gefunden: »...sie versteht die feinsten Speisen und vorzüglichsten Saucen zu machen, dabei packt sie alle Hausarbeit an und die Kinder hat sie auch den ganzen Tag auf dem Halse... Deine Stiefel hat die Köchin alle schon geputzt

Bürgerliche Berliner Küche, C. Wilke, 1839

und auch versprochen Deine Röcke rein zu halten, beim Umziehen hat sie sehr fleißig gearbeitet, so hat sie mir auch ohne alle Beihülfe einer Waschfrau oder Mamsell die ganze große Wäsche gewaschen.« (ebd., 112) Aber Bettine hatte sie nur für einen Monat genommen. Eine andere Köchin vertrug sich mit der Mamsell nicht: »...kurz eine ewige Zänkerei ist durch diese Person ins Haus gekommen; sie weint und brüllt den ganzen Tag, verachtet alles, klatscht mit allen Leuten«. (ebd., 30) Bisweilen begnügte sich Bettine mit einer nicht ausgelernten Köchin, wenn sie nur gute Hausmannskost zustande brachte, und tröstete sich mit anderen Eigenschaften. Immerhin »hat sie ein Talent mit dem Holz zu sparen, zweitens ist sie ungemein ökonomisch und zu jeder Arbeit bereit, auch läßt sie sich schelten, steht alle Morgen vor 5 Uhr auf, backt sehr gutes Brot mit wenig Umständen... kauft sehr billig, die Armut hat sie darin belehrt... die Köchin übernimmt gern zwei Kinder, sie schleppt sie immer mit auf den Markt und giebt sich viel mit ihnen ab.« (ebd., 136) Vielseitigkeit war gefragt und wurde von Bettine dankbar vermerkt.

Bettine verlor bisweilen die Übersicht über ihren Haushalt, und Wilhelm Grimm, ein Freund der Familie, urteilte: »Dabei wird sie betrogen und bestohlen von allen Seiten.« (ebd., 37) Der Ehegatte mahnte in dieser Hinsicht eindringlich: »Suche Dich mit Deinen Launen und Aufwallungen möglichst abzufinden, so wird es mit den Kindern und dem Gesinde besser gehen, insbesondere denke recht oft an die eigene menschliche Existenz des Gesindes, und daß sie durchaus nicht wie Maschinen zu dressieren sind, insbesondere wenn die Werkmeisterin zuweilen wieder auf längere Zeit alles vergißt und ihnen alles in Freiheit überläßt. Ein Tröpflein Vernunftöl wirkt mehr als ein Anblasen mit Scheltworten, um die Hauslampe brennend zu erhalten.« (ebd., 415 f.) Erst Jahre später scheint Bettine die organisatorischen Konsequenzen gezogen zu haben: »Was Dein Kapitel über die Köchin betrifft, so hab ich mirs ad notam genommen und den Mut gehabt, Speisekammer und Alles selbst unter Schlüssel zu nehmen, es kann also nicht mehr betrogen werden«. (ebd., 647) Um die Übersicht über die vom Landgut Wiepersdorf angelieferten Naturalien zu behalten, war es notwendig, beim Auspacken anwesend zu sein. Arnim warnte: »Die mitgeschickten Gartenfrüchte sind alle gut und lasse Dir darüber von den diebischen Köchinnen nichts einreden, die sich das Gesandte gewiß manchmal haben bezahlen lassen, indem sie jenes als unbrauchbar angaben.« (ebd., 779) Bettine überprüfte im Winter nur wider-

Berliner Küche um 1850, F. Kobes

willig und gab zu bedenken: »Du überlegst aber nicht, daß ich in der Kälte, in der furchtbaren Zugluft der Speisekammer mir den Tod hätte holen können, wenn ich lange drinnen blieb und es ebenso vorteilhaft war, erst nach dem Auspacken das Ganze zu übersehen, was ich auch nie unterließ«. (ebd., 651) Nicht nur das Heizmaterial und die Lebensmittel waren vor dem Zugriff des Gesindes zu schützen, sondern auch das Geld.

Bettine beklagte sich außerdem über schlecht zubereitete Speisen – »als ob der Teufel aus der Hölle wäre zu Gast geladen gewesen, zwei Mal bekam ich abends Suppen, worin stinkige Eier gewesen waren und einmal eine Biersuppe, da hatte sie das Bier in eine Ölflasche gefüllt, diese war nun ganz teuflisch, ich hielt förmlich die Nase zu und schluckte sie herunter, denn ich war zu müde, um auf eine andere zu warten, dabei habe ich mir den Magen verdorben und kann nichts mehr essen, nur noch trinken«. (ebd., 24) Lief es mit der Köchin gut, so war es wieder Ärger mit der Küchenmagd, der Bettine in Atem hielt: »Die Hauptursache, weswegen ich sie fortschickte, ist wegen ihrer *Nascherei*. Sie hat immer ein fettes Maul, lappert das Fette von den Gänsebraten, so daß die Jette immer noch Butter zutun mußte, bis wir endlich dahinter kamen, denn einmal wie sie Hühner ausbacken sollte, kam ich dazu, wie sie eben die zweite Brust verzehrte; wir waren immer in Sorge, wovon sie sich ernähre, indem sie nie mit den andern Leuten aß, und glaubten sie sei krank. Die Arbeit, die ihr zugeteilt ist, besteht lediglich darin, zu bereiten, entweder eine Milchsuppe oder eine Brühsuppe, dann: einen Ofen heizen. Der Bediente, der sehr ordentlich ist, putzt Messer und Gabel, wäscht Silber, Tassen und Gläser, reinigt und putzt alle Lampen, trägt mit der Bonne (Kinderfrau) und der Küchenmagd zusammen alle zwei Tage mein Bad, wozu nur 4 bis 5 Trachten Wasser gehören und welches immer Morgens um 8 Uhr schon fertig ist und daher auf jeden Fall ihr nicht zuviel Last macht. Auf den Markt geht allemal die Jette, die Kleinigkeiten holt der Bediente, die Stuben scheuert die Bonne, und ihr bleibt nichts als die Treppen alle Woche 1 mal zu scheuern. Sie liegt von allen zuerst im Bette; wenn es 9 geschlagen, so sind ihre Ohren unter den Federn begraben. Im Anfang stand sie früh auf, jetzt nicht vor 7 Uhr; dabei hat sie eine Ruhe; wenn man ihr einen Verweis giebt, als ob sie kein Deutsch verstände«. (ebd., 517 f.)

Bei der Küchenarbeit, Th. Hosemann, 1860

Beide Arnims sahen sich während des sechzehn Jahre dauernden Briefwechsels zwischen 1815 und 1831 als Opfer ihres Gesindes, schimpften bisweilen maßlos über ihre Untergebenen, sprachen von der »Gans«, von »Bestien« oder verzweifelten so tiefgründig, daß Achim von Arnim darüber heiße Tränen vergoß und annahm, das »Gesindeelend« ihrer Berliner Haushaltung stünde einzig in Berlin da. Nirgends ist anschaulicher beschrieben worden, wie auch die Herrschaft unter dem Gesinde litt, wie das Wohlbefinden abhing von glücklichen Treffern bei der Vermittlung. Trotz allen Verständnisses für die unteren Schichten, das vor allem Bettine aufbrachte, blieben die Dienenden im Arnimschen Haushalt Menschen zweiter Klasse, wie aus einer Anweisung des Hausherrn an Bettine für einen Bettenkauf ersichtlich wird: »Kaufe doch noch von der gröbsten und wohlfeilsten Art ein paar Gesindeoberbetten, und ein paar Kopfkissen, es kann von der schlechtesten Art sein, denn die Leute sind es nicht besser gewohnt, auch schaden die Flicken nichts darauf, wenn es nur noch zusammenhält.« (ebd., 120)

Bettines Handel mit Lebensmitteln

Bettine war durch die Gutswirtschaft in Wiepersdorf mit allen Problemen der Hauswirtschaft, der Ökonomie des »ganzen Hauses« befaßt. Sie vertrieb sogar in ihrem Berliner Bekanntenkreis Butter, Eier, Geflügel und gelegentlich Getreide. Häufig gab es Probleme mit der Butterqualität. Nur frische Butter war den Kunden zuzumuten. Alte Butter wurde als Kochbutter nach und nach für die Zubereitung von Speisen verbraucht. Frische Butter war dagegen als Brotaufstrich morgens und abends beliebt, und es wurde darauf geachtet, daß die Kinder sie nicht zu dick auftrugen.

Zu dem weiten Feld der Tätigkeiten gehörte auch die Sorge um die Flachsverarbeitung, daß er gesponnen und anschließend von Webern in Jüterbog zu Leinwand gewebt, daß Seife und Lichter hergestellt oder Nudeln für die Putenaufzucht fabriziert wurden. In Wiepersdorf saß Bettine selber am Webstuhl. Den Umfang ihres Hauswesens beschrieb sie in einem Brief an ihren Mann, als es um die Einstellung einer neuen Hauswirtschafterin für das Landgut ging: »...ich habe die Bedingung mit ihr eingegangen, daß sie mit *einer* Magd, die ganz unter ihrem Befehl steht, die *Küche* und das ganze *Hauswesen*, auch wenn Gäste da sind, besorgt; zweitens die ganze Flachswirtschaft, welches eine Lieblingsbeschäftigung von ihr ist, obschon sie sich keine Leinwand ausbedungen, 3tens die Besorgung des *Federviehs*, 4tens den Küchengarten anzugeben, 5tens die Wäsche zu besorgen, sowohl die von Dir wie von mir. Dies wünscht sie alles unter sich zu haben und mit einer Hausmagd zu besorgen. Ich halte es auch für das Beste, indem sie ausgezeichnet kocht und mit dem Einmachen sehr gut Bescheid weiß; sollte dies Dir jedoch nicht recht sein, so will sie die Molkerei, die Kühe und Kälber nebst Schweinemast und Zucht unter sich haben, auch mit *einer Magd*.« (ebd., 590)

Achim von Arnim brannte Rum, stellte selber Bier her und stand mit Lust an der Braupfanne. »Wenn ich über dem Dampfe der Braupfanne stehe, daß mir in Dunst und Wohlgeruch die ganze Welt wie im Morgennebel steht, und über die bessere Einrichtung der Flüsse nachdenke, welche diese Brauwelt befruchten, es hat etwas von einem Schöpfer.« (ebd., 136) Einen Teil des gebrauten Bieres schickte er nach Berlin, wo es die Kinder gern tranken oder es zur Biersuppe diente. Allerdings mußte es noch weiter behandelt werden.

Sein Bruder hatte, was für damalige Zeiten außergewöhnlich war, eine besondere Vorliebe für Hauswirtschaftsangelegenheiten, worüber Arnim seiner Frau bewundernd schrieb: »Mein Bruder wäscht, scheuert, schneidet Fleisch ab, mahlt den Kaffee, will ein Inventarium über die Kochtöpfe machen, kurz er hat von dem allem viel zu viel, von dem wir zu wenig haben, nämlich von häuslichen Förmlichkeiten.« (ebd., 103)

Abrechnende Köchin, D. Chodowiecki, um 1770

»Der Engel mit dem küchenfeurigen Schwert«

Anders als die Arnims hatte die befreundete Familie des Generaldirektors der Berliner Museen von Olfers keine finanziellen Probleme, konnte ein großes Haus führen und stellte mit den Festlichkeiten in ihrem »gelben Salon« einen der glanzvollen Mittelpunkte der Berliner Gesellschaft vor der 1848er Revolution dar. Die Hausherrin Hedwig von Olfers hatte sich als ledige Neunzehnjährige ihr Leben noch anders vorgestellt und 1818 einer Freundin anvertraut: »Für mein Glück und meinen Charakter ist dieser Müßiggang im Häuslichen und dieses unstete Leben in Gesellschaften der Tod«. (Olfers, 50) Küchenglück konnte sie mit ihrer Freundin Laura allenfalls spielerisch empfinden, wie sie an eine andere Freundin schrieb: »Einen Abend, wo wir ganz allein im Hause waren, band sie mir eine Küchenschürze vor, und ich mußte das Abendbrot kochen helfen, welches wir nachher mit vielem Appetit verzehrten. Ich kann dir nicht sagen, wie behaglich mir in der kleinen, reinlichen Küche am Feuer zu Mute ward. Sie kam mir vor wie ein niederländisches Bild, und alles darin wie blankes Spielzeug, ich mir selbst wie ein Kind.« (ebd., 27) Fünf Jahre später war durch die Heirat aus der gespielten Idylle tägliche Notwendigkeit geworden, ihre Hauptlektüre waren nun Kochbücher, und ihr Ehrgeiz ließ sie bald besser kochen als ihre Köchin. Obendrein meinte sie, daß »kein Ding so prosaisch ist, daß man ihm nicht eine geistige und wissenschaftliche Seite abgewinnen könnte«. (ebd., 140)

Frauen, die gründlich, wenn auch nur über ihre Küchenexistenz, nachdachten und darüber gar allgemeine Betrachtungen anstellten, waren der Männerwelt verdächtig. Hedwig von Olfers glaubte sich dagegen zur Wehr setzen zu müssen: »Die guten Autoren haben wirklich Unrecht, soviel gegen Frauen zu deklamieren, welche gern ein Buch in die Hand nehmen und am Ende selbst eins schreiben können. Ein erweiterter Ideenkreis ist zu allem nütze, zum Kochen, Nähen, besonders zum Kinderwarten – und Erziehen, unsern eigentlichen Berufsgeschäften. Warum mißgönnen sie uns die Blüte der Kultur? Blühen doch auch Kartoffeln.« (ebd., 140f.) Selbst ihrem Mann gegenüber entschuldigte sie sich für ihre Interessen und nahm sich in ihrem Anspruch zurück: »Indem ich Deinen Brief wieder lese, fällt mir die Stelle auf, wo Du von der Neigung gebildeter Frauen sprichst, ›wichtige, ins innerste Leben eingreifende Fragen beim Teetisch abzuhandeln‹. – Weil ich mich selbst von dieser Neigung nicht ganz freisprechen kann. Der Grund liegt wohl darin, daß wir, die wir unsere ganze Weisheit weniger aus Büchern als aus dem Umgang mit Menschen herholen, jede Gelegenheit benutzen, um jene Aufschlüsse zu bekommen, welche Männer in ernsten Studien, im Nachdenken und durch die Wissenschaften gewinnen. Freilich tut uns das nicht not, allein Belehrung und Mitteilung ist ein großer Genuß. Wir nähen den Tag über, besorgen das Haus, warten die Kinder, tritt dann eine Stunde der Muße und geselligen Vergnügens ein, so nimmt der Geist sein Spielwerk vor – ein Spielwerk ist es nur, das gebe ich Dir zu... Doch ist es nicht ein großes Vergnügen, auch einmal mit gescheuten Menschen über etwas anderes als gewöhnliche Dinge zu sprechen?« (ebd., 125f.) Sich dem täglichen Einerlei zu entziehen, war ihr kaum möglich, denn die »ganze häusliche Maschine kommt ins Stocken, wenn der Mutter Stimme nicht gleich von Anfang an schallt: Jetzt dies, nun das!« (ebd., 189) Wie Bettine von Arnim blieben ihr nicht die Querelen mit den Köchinnen erspart. Die Arbeitsbelastung war für Hedwig von Olfers oft unerträglich und wurde mit den Jahren nicht geringer, so daß sie 1852 schrieb: »...ehe ich mich's versehe, kommt Enne und verlangt Mittagessen. Ich treibe die Köchin an, daß sie's schafft, hole ihm noch einen gewünschten Leckerbissen; kaum ist er fertig, so erwacht Annerle – zweite Mittagsszene, zu der ich ebenfalls notwendig bin, und gegen vier Uhr ißt Papa, und wir trinken Kaffee. So schleppt sich die Esserei durch vier Stunden beinah, und etwas in Ruhe schreiben oder lesen zu können, habe ich mich umsonst gesehnt.« (ebd., 328f.) Der Haushalt hinderte sie immer wieder daran, kulturellen Interessen in gewünschtem Umfang nachzugehen, häusliche »Geschäfte, die das ideale Leben vollständig umkrempelten, und der Engel stand mit dem küchenfeurigen Schwert vor dem Paradiese«. (ebd., 358) Manchmal waren es Sauerkirschen, die günstig zu haben waren und unter ihrer Aufsicht in die Einmachgläser mußten, oder andere außerordentliche Küchenangelegenheiten an Fest- und Gesellschaftstagen. Das brachte sie besonders herunter, »so daß ich wie zerschlagen in allen Knochen bin, ein rechter Beweis, wie sehr selbst der Körper das Seelenleben braucht.« (ebd., 409)

Für die Olfers bestand die Gesellschaft ganz traditionell aus der Herrschaft und den Dienenden, die zu gehorchen hatten. Die Küche war für sie der geeignete Ort, wo das Gesindeleben stattfinden konnte, und Hedwig von Olfers schilderte 1870 aus dieser Perspektive eine Küchenszene: »Ich wollte für Ernst etwas Gutes kochen, aber er aß doch nur einen Teller Brühe. In der Küche ging es sehr lustig zu, denn meine Königsbergerin singt und lacht den ganzen Tag, was Hannes offenbar amüsiert, und nun war Ernstens Bursche, Karlchen, auch zur Erheiterung da, und der Krankenwärter Johann, ein Jüngling von neunzehn Jahren, so daß ich glaube, das Essen hat draußen noch mehr Anklang gefunden wie drinnen. Es ist ein großes Vergnügen, Vergnügte zu sehen, und ich beneide oft darum die dienende Klasse, denn es ist keine Frage, daß eine gewisse Art von körperlicher Tätigkeit erheitert und für jeden Spaß empfänglich macht.« (ebd., 491 f.)

Eßzwang und Suppennot der Kinder

Vom Schicksal des Suppenkaspars im 1845 erschienenen »Struwwelpeter« mögen sich manche Eltern wohl wirksame Erziehungshilfe für die Eßprobleme ihrer Kinder versprochen haben, denn viele Kinder waren Suppenfeinde, und keine Küche kam damals ohne Suppe aus. Im bürgerlichen Haushalt war die Suppe der erste Gang des Menüs. In den unteren Schichten blieben Suppen, Breie und Grützen oft das Hauptgericht, schon allein, weil sie »als nahrhaftes Essen preiswert, brennstoffsparend und mit einfacher Küchenausstattung herzustellen« (Ruf, 56) waren. Eine besonders minderwertige Kategorie war die »Waschfrauensuppe«, wie sie Hedwig Dohms Mutter in den 1830er Jahren zu kochen pflegte. An den Waschtagen »gab es immer miserables Essen, alles war für die Waschfrauen berechnet, die, wie es schien, Feines nicht vertragen können. Und alles roch: die riesigen Butterbrote mit Kuhkäse oder ordinärer Leberwurst rochen, mittags der Kohl, die Zichorien, der Kümmel rochen. Meine Mutter hatte eigens eine, wie sie behauptete, sehr wohlschmekkende Waschfrauensuppe ersonnen. In eine

Kind beim Suppeessen, 1929

Kasserolle kochenden Wassers wurden eine kleine Quantität Zucker und Butter getan und eine größere Quantität in Scheiben geschnittener Semmeln, wohlgemerkt alter Semmeln, und die Suppe war fertig.« (Dohm, 17) Wie für andere Kinder seiner Zeit war für den jungen Theodor Fontane das Abendbrot aus Milchsuppe für gewöhnlich nicht nach seinem Geschmack. »Ich aß aber ein gut Teil, und mein Vater sagte schmunzelnd: ›Das ist recht. Wer lange suppt, lebt lange.‹« (Fontane, Kinderjahre, 34) Besonders die Sommertage standen »wegen überreichen Milchertrages wochenlang im Zeichen der Milchsuppe... Alles streikte dann, Appetitlosigkeit vorschützend.« (ebd., 89) Max Kruse, geboren 1854, erhielt morgens, bevor er zur Schule ging, eine Mehlsuppe und abends nur Milch- und Klibensuppe. (vgl. Kruse, 79) Bei dem im gleichen Jahr geborenen Adolf Erman gab es Suppe zum Mittagessen. Adelheid Mommsen wuchs in den 1870er Jahren gleichfalls mit Suppe auf: »...zum Abendbrot habe ich bis zu meinem vierzehnten Jahr, d.h. bis ich in Pension kam, nur an hohen Festtagen etwas anderes bekommen als einen Teller Milchsuppe und ein Stück trockenes Brot. Wer ein zweites Stück Brot haben wollte, mußte unbedingt einen zweiten Teller Suppe essen, der nicht beliebt war. Sonnabends ... gab es Schokoladensuppe; das war ein Fest! Aßen wir im Sommer an unserem grünen Gartentisch, so stellten sich unsere Alters- und Spielgenossinnen dann bald auf der andern Seite des Zaunes auf. Sonst sahen wir mit Erstaunen, vielleicht gelegentlich mit Neid das Ei und die belegten Brötchen, die ihr Abendbrot bildeten; Sonnabend erhielt jede March (Töchter des Tonwarenfabrikanten March aus Charlottenburg) von jeder Mommsen einen Löffel Schokoladensuppe; zum Glück waren es nur zwei Marchs.« (Mommsen, 50) Manchmal hing das Urteil über die Suppe davon ab, mit welcher Laune der Hausherr von der Arbeit nach Hause kam. Valeska Gert, 1892 geboren, erinnert sich an ihren jähzornigen Vater, den gelegentlich Wut wegen der Suppe überkam: »›Das ist Abwaschwasser!‹ brüllte Papa. Nun wurde Schmorfleisch mit Eiergraupen aufgetragen. ›Das Fleisch ist zäh wie Leder!‹ schrie er und warf den Teller im weiten Bogen ins Zimmer. Dann schmiß auch ich meinen Teller, und meinte ihn … das wußte er. Er sagte nichts. Ich fürchtete ihn und liebte meine Mutter; die ging in den Salon und weinte. Ich brachte ihr ein Glas Wasser, um ihr zu zeigen, daß ich auf ihrer Seite stehe. Mein kleiner Bruder saß stumm und ernst hinter seinem leeren Teller. Er hatte die Eiergraupen unter das Sofa geschoben. Jedesmal beim Großreinemachen fand Agathe unter der Chaiselongue kleine Häufchen Kohl, Spinat und Mohrrüben.« (Gert, 8)

Im 19. Jahrhundert wurden Kinder der gehobenen Schichten wie der 1830 geborene Sebastian Hensel mit dem Essen knapp gehalten, »weil man damals meinte, das sei gesund für die Kinder. Häufig fand ich mich daher zu der Mittagszeit bei Clements ein (dem Gärtner), es gab dort so göttlich gemeines Essen: sauere Stinte schweben mir noch heute als große Delikatesse vor«. (Hensel, 17) Bei Adolf Erman, gab es zum »Kaffee und zum ›Mitnehmen‹ in die Schule … nie etwas anderes als trockene Semmel« (Erman, 56) Sabine Lepsius, geboren 1864, bekam zum Frühstück nur trockenes Brot. Ihre Mutter hielt das »Essen als solches für unmoralisch und gab den Kindern daher nur das Notwendigste und vor allem nie einen Leckerbissen. Wenn ich aber Rieke (die alte Amme) besuchte! Da gab es fette Butterschrippen, soviel ich wollte, dazu Milchkaffee mit Zucker, eine mir sonst unbekannte Würze«. (Lepsius, 25) Auch Adelheid Mommsen kannte nur ein karges Frühstück. »Manchmal hieß es in der Schule: Mommsens haben nie Fettflecke in Heften und Büchern. Wir dachten wohl, hätten wir doch! – gaben aber weiter keine Erklärung. Unsere trockene Schrippe, die noch dazu meist schon auf dem fünf Minuten währenden Schulweg aufgezehrt wurde, konnte freilich keine Fettflecke machen.« (Mommsen, 50) Daß bei den Mommsens allerlei auf den »Tisch kam, was nur für die Eltern oder den Vater bestimmt war, erregte nicht einmal Erstaunen und blieb auch so, als wir die Kinderschuhe ausgetreten hatten. – Gebettelt werden durfte nicht; das hätte uns unfehlbar an den Klapptisch verwiesen, bei dem das Unangenehmste war, daß er sich vor der Glastür auf dem Flur befand und man den Blicken jeden Besuches oder Boten ausgesetzt war.« (ebd.) Wie beim alten Nicolai hatten die Kinder noch immer still zu sitzen und zu schweigen. Gegessen werden mußte, was auf den Tisch kam. Bis zum Rande füllte die Mutter Hedwig Dohms den Teller mit Speisen, die »verhaßt waren. Ach ihr guten Erbsen und ebenso guten Brühkartoffeln, mit wieviel Tränen habe ich euch hinuntergewürgt!« (Dohm, 28) Charlotte Berend, Jahrgang 1880, kritisierte im nachhinein das Eßritual anders als viele Erwachsene, die ihre strenge Erziehung später mit der Bemerkung bagatellisierten, daß sie ihnen nicht geschadet habe: »Bei Tisch durften wir nicht sprechen. ›Ein Kind spricht nur, wenn es gefragt wird.‹ ›Grade sitzen, nicht anlehnen. Halte den Löffel so‹ … Hat es nun Sinn, die Kinder so zu disziplinieren? Ich verneine es… Mit welcher Würde alles gehandhabt wurde. Der Braten wurde von Papa tranchiert, Minna hielt die Teller hin, setzte sie leise vor jeden Platz, servierte dann Sauce, Gemüse, Kartoffeln, Salat. Wir lachten und schwatzten nicht bei Tische. Doch um wieviel ist es bekömmlicher, wenn man bei Tisch fröhlich ist! Es wurde nie berücksichtigt, ob ein Kind etwas nicht gern aß, es mußte ›aufgegessen‹ werden. Wenn es Suppenfleisch gab und Mohrrüben, war ich schlimm dran. Ich kaute und kaute, aber statt sich zu vermindern, schwoll der Bissen im Munde. Ich konnte es nicht herunterwürgen und dachte oberschlau zu sein, indem ich's vorsichtig aus dem Munde unter den Tellerrand praktizierte. Der Teller leerte sich und Papas Blicke fielen zufrieden aus. Beim Tellerwechsel lag ein Kranz ekelhaften Zeugs auf dem Tischtuch. Ich lief schon angstvoll aus dem Zimmer, ehe des Vaters Zorn losbrach. Auf Süßspeisen hatte ich nicht zu rechnen für diesen Tag, das wußte ich.« (Berend, 19 f.)

Vor den Eßschikanen flohen die Kinder gehobener Schichten oft zum Gesinde in die Küche, suchten und fanden dort Verständnis und blühten wie Valeska Gert erst bei der Köchin auf, wenn die Eltern das Haus verlassen hatten. »Kaum waren sie weg, gingen wir in die Küche und tranken Malzbier, das die Köchin aus einem kleinen Faß laufen ließ. Dazu aßen wir saure Gurken. Die Köchin nahm uns auf ihren Schoß. Sie war dick, ich wollte ihre grau-blau karierte Bluse aufknöpfen. ›Gebt mir ein Dittchen‹, sagte sie, ›dann könnt ihr anfassen.‹ Wir hopsten zu unseren Sparbüchsen, holten einen Groschen und durften berühren, was da so dick aus der Bluse quoll. Manchmal waren wir noch auf, wenn die Eltern nach Hause kamen.« (Gert, 9)

Einkauf in Neukölln, um 1915

Von der Hauswirtschaft zum Hausfrauendasein

Durch den wirtschaftlichen Wandel im 18. und zu Beginn des 19. Jahrhunderts konnte sich das Hausfrauendasein herausbilden und allmählich durchsetzen. Die Hauswirtschaft als »Ökonomie des ganzen Hauses« verlor an Bedeutung, als sich in Berlin im 18. Jahrhundert die Manufakturen ausbreiteten und die Bevölkerung sprunghaft zunahm. Seit dem ersten Drittel des 18.

»Die Frau, welche durch ihre Freundlichkeit die verdrießliche Laune ihres Ehefreundes überwindet.«, D. Chodowiecki, 1774

Jahrhunderts war Berlin nicht mehr nur eine Stadt der Beamten, Kaufleute, Handwerker und Ackerbürger, »sondern auch eine Stadt der Manufakturarbeiter und Soldaten geworden.« (Schultz, 161) Viele Leute mußten außerhalb des Hauses für Lohn arbeiten, wohnten zur Miete und kauften sich die Lebensmittel, statt sie selbst herstellen zu können. Der Aufgabenbereich vieler Frauen schrumpfte von ihrer Stellung als Organisatorin des ganzen Hauses mit vielgestaltiger Produktion wie Spinnen, Weben, Vieh- und Gartenwirtschaft zur bloßen Hausfrau in der Mietwohnung mit Stube, Küche und Kammer. Gekaufte Lebensmittel wurden höchstens noch konserviert oder direkt zu Mahlzeiten verarbeitet. Der Wirkungskreis verengte sich von Acker, Wiese, Garten, Haus und Werkstatt auf die vier Wände der Mietwohnung. Unter Familie verstand man häufig nicht mehr das gemeinsame Dach, unter dem zahlreiche Menschen als hauswirtschaftliche Einheit lebten, arbeiteten und an einem Tisch aßen, sondern es blieb die durch das Band enger Verwandtschaft zusammengehaltene Kernfamilie von Vater, Mutter und Kindern und oft nicht einmal diese. Der Anteil der Stammfamilien, jener Familienform, in der drei Generationen zusammenlebten, war ohnehin gering. Die Mehrheit der alten Leute, der Großelterngeneration, wohnte seit der Mitte des 17. Jahrhunderts im eigenen Haushalt. Wegen der beengten Wohnverhältnisse und der geringen Einkommen fehlten bei der Mehrzahl der Stadtbewohner die Voraussetzungen für das Zusammenleben mehrerer Generationen in einem Haushalt.

Um 1800 wohnten die meisten Handwerker schon zur Miete. Nur jene besaßen ein Haus, die »eine vom Wohnraum getrennte Werkstatt und/oder einen Laden benötigten wie die Bäcker, Schlächter, Schmiede, Tischler, Gerber und ähnliche Berufe. Der Schuster, Schneider, Posamentier oder Weber ... hauste oft unter erbärmlichen Bedingungen«. (zit. n. ebd., 307) In einer zeitgenössischen Schilderung heißt es über den Handwerker: »Er schränkt sich daher immer mehr ein, und behilft sich mit einem einzigen Zimmer, worinnen er nicht allein sein Handwerk treibt, sondern auch mit seiner ganzen Hausgenossenschaft wohnt und schläft. Bei dem hohen Preise des Brennholzes versperrt er nun im Winter der äußern Luft allen Zugang aufs sorgfältigste, und so leben diese Menschen in einer Atmosphäre, die beim Eintritt in ein solches Zimmer jeden Fremden zu ersticken droht.« (ebd.) Adlige, Intellektuelle und Beamte besaßen noch weniger Häuser als die Handwerker. Sie wohnten entsprechend ihren Repräsentations- und Bequemlichkeitsbedürfnissen im Obergeschoß umgebauter Häuser der Innenstadt, die ausreichend Raum boten. Für die Arbeiter und mittellosen Handwerker entstanden in den alten Stadtteilen »auf ehemaligen Hof- und Gartenplätzen Seiten- und Hintergebäude mit den typischen Berliner Kleinwohnungen jener Zeit: Stube, Kammer und außen auf dem Treppenflur befindliche dunkle Kochstelle.« (ebd., 310) Von Küchenleben konnte in diesen nur mit Kochstellen ausgestatteten Wohnungen nicht die Rede sein.

Die allgemeinen Menschen- und Bürgerrechte, die von der Aufklärung propagiert wurden, kamen keiner Frau zugute – egal, aus welcher Schicht sie stammte. Frauen blieben Anhängsel der Männer. Obgleich die Französische Revolution von 1789 die Zivilehe einführte und sich daher beim Vorgang der Eheschließung zwei gleichberechtigte Individuen – Mann und Frau – zusammenfanden, verblaßte der Gleichheitsgrundsatz hinter der Lebenswirklichkeit der Frauen. Nur in den höheren Schichten konnte sich die Frau als »Dame« der Gesellschaft mit literarischen und künstlerischen Ambitionen in gewissem Umfang profilieren. Waren in der bürgerlichen Familie des späten 18. Jahrhunderts Küche und Haushalt überwiegend Wirtschafterinnen, Köchinnen, ledigen Tanten und Großmüttern überlassen, die Säuglinge den Ammen, die heranwachsenden Kinder Hauslehrern, Kindermädchen und Bedienten, so begann im 19. Jahrhundert zunehmend die Hausfrau zu walten. Um 1800 befestigte sich in den Kreisen der Romantiker das Hausfrauenideal, die Familie wurde Zufluchtsstätte und Rückzugsraum in den Umwälzungen und Wirren der Zeit. Viele Frauen kamen dem gewachsenen Bedürfnis nach einem gemütlichen Zuhause entgegen und unterwarfen sich den Interessen des sich in der Außenwelt erschöpfenden Mannes. Sie blickten zu ihm auf und begriffen sich nach dem Vorbild des »Käthchen von Heilbronn« ganz als dienende Magd. Jene jungen Frauen, die sich dem Zeittrend widersetzten, wurden wie Fanny Mendelssohn gemahnt, an die der Vater 1820 schrieb: »Du mußt Dich ernster und emsiger zu Deinem eigentlichen Beruf, zum *einzigen* Beruf eines Mädchens, zur Hausfrau bilden.« (Heilborn, 143) In der Gestalt der Königin Luise und in dem nach ihrem Tode aufblühenden Mythos fand das Hausfrauentum seine Idealisierung: »Nur als ein großer Haushalt erschien dem Romantiker der Staat: als Hausfrau waltete die Königin.« (ebd., 139) Viele Hausfrauen und Mütter suchten sich an dem königlichen Vorbild von Mütterlichkeit und hausfraulicher Pflichterfüllung zu orientieren. Sie kümmerte sich verstärkt um Küchenangelegenheiten und das Wohl der Kinder. In dem gefühlvollen und nach außen abgeschirmten Binnenraum der biedermeierlichen Familie fand die Konfrontation zwischen Mutter und Kindern nun auch auf dem Küchenboden statt. Hatte man aufsässige Kinder zuvor aus der Eßstube verwiesen oder sie dort erst gar nicht zugelassen, fühlte sich nunmehr die verantwortungsbewußte Mutter verpflichtet, unmittelbar am Kind zu wirken, ihm das Essen zu versagen oder das kleine widerspenstige Wesen zum Essen zu nötigen. Essen, Zuwendung oder Versagung gingen eine innigere Verbindung ein als zuvor. Die Tendenz, Gefühle durch die Versorgung mit Speisen oder durch deren Entzug auszudrücken, wurde zu einer starken Strömung. Liebe und Haß gingen gleichermaßen durch den Magen. Manche Ehe, manche Mutter-Kind-Beziehung reduzierte sich so auf Kochplan und Eßritual.

Küchenferne und Rückzug in den Salon

Vergleichbar konsequent wie die dichtende Karschin widerstand die 1811 geborene Fanny Lewald dem gesellschaftlichen Druck, der im Biedermeier auf den Frauen bürgerlicher Schichten lastete. Anders als Henriette Herz, die als Kind die Küche zum Lieblingsplatz erkoren hatte, wehrte sich Fanny Lewald bereits in ihrer Kindheit dagegen, sich in Küche und Haushalt nützlich zu machen. Sie las lieber Bücher und erweiterte ihre Kenntnisse in anderer Richtung. Aber was »meine Mutter auch tat, mich von der überwiegenden Neigung zum Lernen und von der Unlust an jeder häuslichen Arbeit, ja von jeder Arbeit, die nicht geistig war, zu heilen, es schlug alles fehl... Wenig Tage vergingen, an denen mir die Mutter nicht vorhielt, daß nichts widerwärtiger und unbrauchbarer sei als ein gelehrtes, unpraktisches Frauenzimmer und

Rückzug aus dem Haushalt im Biedermeier, A. Adam

daß ich alle Aussicht hätte, ein solches zu werden«. (Lewald, 68 f.) Was lag für Fanny daher näher, als sich zu wünschen, kein Mädchen zu sein.

Die Geringschätzung gegenüber den Erscheinungsformen weiblicher Existenz teilte die 1786 geborene Malerin Louise Seidler, die es bei Tischgesellschaften vorzog, Männergesprächen zuzuhören. »An einem ovalen Tische saßen auf einer Seite die Frauen und auf der anderen die Männer; diese führten gewöhnlich die bedeutendsten Gespräche. Mir war ein Platz in der Mitte der Frauen angewiesen, wo die lebhafte älteste Schwester… die das Regiment im Hause führte, besonders Wirtschaftsangelegenheiten aller Art besprach. Diese ewigen Küchen- und Gartengespräche wurden mir bald sehr langweilig; vergebens strengte ich mein Gehör an, um etwas von der Unterhaltung der Männer zu erfahren; das Kreuzfeuer der weiblichen Geschwätzigkeit ließ mich von den Gesprächen jener keinen Nutzen ziehen. So verlor ich die Freude an diesen Abenden«. (Uhde, 126 f.)

Männer fanden ohnehin selten Interesse an Frauenäußerungen jenseits von Courtoisie und Liebeswerben. Friederike Volkmann beklagte 1808 mit großem Bedauern: »…selten finden wir armen Frauen ein männliches Ohr, das sie unseren Plaudereien freundlich leihen, u. dadurch unsere Kräfte zu einem Aufschwunge über Spinnstube u. Küche stärken mag.« (Volkmann, 202) Viele Frauen zogen daraus die Konsequenz und schwiegen, womit sie durchaus den gängigen Normen entsprachen. Über Sophie Sander, die erfahrene Salongastgeberin, sagte 1802 der Schriftsteller Friedrich Laun:

»Von dem richtigsten Takte für alles Schickliche durchdrungen, hielt sie außerordentlich Haus mit der Rede, was Frauen gewiß zu jeder Zeit wohl ansteht. Dabei war aber ihre Rede in der Regel so klug und bedeutend, daß man der großen Tugend des weiblichen Schweigens an ihr zuweilen hätte feind werden können.« (Lüders, 46)

Der Salon wurde sowohl räumlich als auch gesellschaftlich ein Zufluchtsort für die Frauen, denen jenseits von Küche und Kindern befriedigendere Aufgaben verwehrt waren. Fontanes Mutter gehörte zu den Frauen, die sich nicht nur in den Salon, sondern auch in Krankheiten flüchteten, eine gewisse Küchenferne hatten und sich auch nicht übermäßig für die Kinder interessierten. Vormittags saß sie in einem Maroquinlehnstuhl und war mit Häkelarbeiten beschäftigt, während sie hin und wieder einen Blick durch das Fenster auf die draußen spielenden Kinder warf. »Kam dann zwölf Uhr heran, so gab sie diesen Beobachtungsposten am Fenster auf, aber nur selten um an dem Mittagessen teilzunehmen, sondern um sich in den Garten oder noch lieber in die stille Giebelstube des Hauses zurückzuziehen. Erst um die vierte Stunde kehrte sie wieder an ihren Lieblingsplatz zurück. Und nun kam für sie die schönste Zeit des Tages, die Zeit, wo Besuch kam und die Vorbereitungen zum Kaffee getroffen wurden.« (Fontane, Kinderjahre, 46) Tassen und Kuchenkörbe wurden von der Mamsell hereingetragen, und die Damen begannen mit einer lebhaften Unterhaltung. Auch für Hedwig Dohms Mutter bedeutete um 1840 die Nachmittagskaffeezeit die Überhöhung ihres Hausfrauendaseins. »Mit dem Negligé wechselte sie auch ihre Laune. Das Zanken und Poltern hörte auf… wenn sie im Garten bei der Kaffeemaschine mit einer Handarbeit saß«. (Dohm, 17f.)

Feuerstelle mit Räuchervorrichtung, H. Wertinger, 1525/1530

Küchenelemente

Das Feuer – im Brennpunkt des Geschehens

Dem Feuer galt als dem Zentrum der Küche seit jeher die größte Aufmerksamkeit. Am Morgen mußte es entfacht werden, sofern nicht die Glut über Nacht durch eine Feuerstülpe vor dem Verlöschen bewahrt worden war. In Berlin heizte man bis ins 19. Jahrhundert überwiegend mit Holz und Torf.

Der Tag, an dem das Holz besorgt wurde, war für die Hausfrau einer der bedeutendsten im Jahreskreislauf. Der zu kaufende Holzhaufen wurde auf einem der um 1834 etwa dreißig vorhandenen Holzplätze ausgesucht und durch einen Holzwagen angefahren. Das ganze Unternehmen wurde von einem Holzhauer mit seinen zahlreichen Mitarbeitern, meistens Mitgliedern seiner großen, verzweigten Familie, durchgeführt. Der Holzhauer war nächst dem »Droschkenkutscher, dem Eckensteher und der Gemüsehändlerin auf dem Wochenmarkt die am meisten berlinische unter den Berliner Erschei-

Holzhauer zerkleinern angeliefertes Holz für das Kochen und Heizen, 1845

»Torfweiber« liefern Torf als preiswerten Brennstoff, F. B. Dörbeck, um 1830

nungen.« (A. Meyer, 90) Der Holzkauf erforderte besondere Anstrengungen: »Schon vor vier Uhr muß die Hausfrau aus den Federn. Sie muß zur Stelle sein, wenn mit dem Aufladen des Holzes begonnen wird, denn in diesem Augenblicke ist die Gefahr, bestohlen zu werden, am größten. Sie eskortiert den ersten Wagen, während die gleichfalls mobil gemachte Köchin den zweiten begleitet. Ist dann die Ladung im Hause glücklich abgeliefert, so beginnt ein reges Treiben. Die Säge ächzt, die Axt schallt; unaufhörlich sind die Treppen von den auf und ab gehenden Trägerinnen mit ihren Kiepen besetzt«. (ebd., 88) Für die ärmeren Familien war Brennholz zu teuer, sie heizten mit Torf, der in Berlin seit 1763 als Brennmaterial benutzt wurde und aus den sich von Linum und Kremmen bis nach Fehrbellin erstreckenden Torfstichen mit Schiffen in die Stadt gebracht wurde. 1840 wurden 60.777 Klafter Torf in Berlin angelandet. (vgl. Brandler, 82) Der Brennstoff wurde auf Wochenmärkten und von Hausierern angeboten. Torffrauen waren an der Friedrichsgracht und der Jungfernbrücke tätig; sie trugen den Torf von den Schiffen herunter in Kiepen auf die Straße. Torf wurde auch in Kachelöfen verfeuert, ließ sich jedoch in feuchtem Zustand nur schwer anzünden und erzeugte leicht Rauchschwaden. Man lagerte ihn wie das Brennholz auf Dachböden. (vgl. Klöden, 221) Auch in der bescheidenen Berliner Haushaltung der Arnims wurde seit 1820 mit dem preisgünstigen Torf geheizt und mit Holz gespart. Bettine von Arnim teilte 1827 ihrem Mann mit: »...ich gehe täglich nach dem Herde, nehme das überflüssige Holz zurück, lehre die Leute, wie man wenig Holz bei dem Einheizen braucht.« (Achim, 713)

Kohlenhandlung, um 1910

Das Ende für den ehrwürdigen Stand der Holzhauer und die hausierenden Torffrauen kam mit der Einfuhr der Steinkohle und den eisernen Öfen. Der Übergang vom Holz zur Kohle – Briketts gab es erst seit der Mitte der 1830er Jahre – ging für die Berliner Kachelöfen sehr langsam vonstatten. Nur »allmählich wurde das Vorurteil überwunden, daß Kohlenheizung sich mit bürgerlicher Solidität nicht recht vertrage und daß birkene Knüppel das naturgemäße Erwärmungsmaterial für den bescheidenen Mittelstand, buchene Kloben für den reichen Mann seien. Und während diese Wandlung sich vollzogen hat, ist das Geschlecht der Holzhauer ausgestorben.« (A. Meyer, 89) In der nachfolgenden Kohlenzeit machte die Beschaffenheit des Brennmaterials keine besonderen Umstände mehr. »Wenn das Hausmädchen ansagt, das Brennmaterial gehe zur Neige, so nimmt man eine Korrespondenzkarte, schreibt auf dieselbe, wieviel Steinkohlen man zu haben wünscht, in einer Nachschrift vermerkt man, daß eine Kleinigkeit kleingehauenen kiehnenen Holzes (vierschnittig) hinzugefügt werden möge, adressiert die Karte an eines der zahlreichen Geschäfte« (ebd., 84) und bezahlte am anderen Morgen die Rechnung, wenn alles im Keller abgeliefert wurde.

Das Wasser

Bis über die Mitte des 19. Jahrhunderts hinaus mußte jeder Eimer Wasser vom Brunnen in die Wohnung gebracht und das Abwasser hinausgetragen werden. Da war es schon etwas Besonderes, wenn ein 1742 zu vemietendes

Große Wäsche am Brunnen, F. B. Dörbeck, um 1840

Haus nahe dem Königlichen Schloß den Luxus eines Brunnens in der Küche hatte. (vgl. Stengel, 30) Die erste Wasserleitung, die der Berliner Bürgermeister Johann Blankenfelde 1570 aus hölzernen Röhren anlegen ließ, hatte nur etwa dreißig Jahre Bestand. Spätere Instandsetzungsversuche scheiterten am Dreißigjährigen Krieg. Solange es in der Küche keine Wasserleitung gab, stand auf einer Wasserbank ein Eimer mit frischem und ein Eimer mit gebrauchtem Wasser.

Die beiden Wassereimer in der Küche führten hin und wieder zu Verwechslungen wie 1850 beim kleinen Sohn des Museumsdirektors von Olfers: »Gestern abend hatten wir Besuch, Hete ist zum Glück in der Küche und sieht, wie ganz schwarzes Teewasser eingegossen wird. Enne hat sein Tintfaß in dem zum reinen Wasser bestimmten Eimer ausgewaschen, weil Papa ihn nach der Küche mit der Mahnung geschickt, sein Tintfaß anständig zu halten. Und nun kommt er nichtsahnend und ganz tugendspieglich mit dem reinen Tintfaß in die Stube. Unser Erstaunen, wenn wir schwarzen Tee bekommen hätten!« (Olfers, 264 f.) In der Küche wurde aber nicht nur das Trink- und Kochwasser bereit gehalten, sondern auch das Wasser für das Reinigen von Händen, Gesicht und Körper. Man füllte das Wasser in Krüge um und wusch sich aus kleinen Waschnäpfen. Kinder wurden sonnabends im Badezuber in der Küche abgeseift. Hedwig Dohm bemerkte rückblickend für die 1830er Jahre: »Wenn wir Kinder sonnabends gebadet wurden – hoffentlich nicht alle 16 in demselben Wasser – musste das kalte Wasser eimerweis ... aus dem Hofbrunnen geholt werden. In großen Kesseln wurde es auf dem Herd heiß

An der Hofpumpe, um 1895

gemacht.« (Korsch, 47) Das Baden der Kinder war nicht ganz ungefährlich. Die Floskel, jemand sei wohl zu heiß gebadet, erlangte manchmal dramatische Aktualität und wurde in Bettine von Arnims Bericht aus dem Jahre 1827 zur schmerzlichen Wirklichkeit: »Max und Armgard sollten, weil sie sehr schmutzig waren, gestern am Sonnabend statt meiner baden. Die lange Gans von Mamsell, die die Pflege der Kinder unter sich hat, steht bei den Kindern an der Wanne. Das Hausmädchen hatte das Bad ganz kalt eingetragen, wahrscheinlich aus Ärger, denn sie war nicht geneigt dazu gewesen. Die Kinder verlangen noch etwas wärmer, da gießt sie den kochenden Teekessel der Max über die Hüfte und das dicke Fleisch, das nun Blase an Blase ist, wo die Haut nicht ganz ab war... ich habe die ganze Nacht an ihrem Bette zugebracht ... und wechselte ihr die Umschläge und so ward es Tag, ohne daß ich ein Auge zugetan hätte«. (Achim, 688) 1817 hatte Achim von Arnim seiner Frau

Am Waschtrog, um 1900

vorgeschlagen, sich aus gesundheitlichen Gründen eine Badewanne zu kaufen oder zu leihen. Das gelegentliche Leihen von Badewannen war durchaus üblich; Badezimmer gab es noch nicht. 1820 hatte sich Bettine trotz einiger Bedenken dazu durchgerungen, regelmäßig zu baden. Sie schrieb ihrem Mann: »Ich habe mir, seit Du fort bist, eine Badewanne besorgt und bade jetzt immer ein um den andern Tag, es schwächt mich, indessen ist es möglich, daß es doch gesund ist.« (ebd., 194)

Einhundert Jahre später besaßen die allermeisten Berliner immer noch kein eigenes Badezimmer, holten sonnabends eine Zinkbadewanne vom Dachboden oder aus dem Kellerverschlag, erhitzten Wasser in Töpfen auf dem Küchenherd und tauchten der Reihe nach – die Kinder zuerst – in die sich trübenden Fluten, um der Körperhygiene Genüge zu tun.

Ähnlich wie der Holzhauer für die Feuerung, war der Wasserträger für den Wasserverbrauch eine markante Figur des Berliner Straßenlebens. Er brachte den Hausfrauen das Spreewasser zur großen Wäsche in die Küche, »weil das harte Wasser der Hausbrunnen für die Wäsche … nicht geeignet war… Die Wasserträger hatten auf einem Handwagen eine große Wassertonne und zwei kleine Tonnen mit Handgriffen, worinnen den Hausfrauen das Wasser zugetragen wurde und mit einem Silbergroschen pro Tonne bezahlt werden mußte.« (Köhler/Richter, 139) Erst nach 1856 gab es die ersten Wasserleitungen, und der Erwerbszweig des Wassertragens wurde nach und nach überflüssig. Zum Wäschewaschen gehörte bis weit ins 19. Jahrhundert hinein, die Seife selber herzustellen. Wäsche wurde abends in einem Faß mit Lauge eingeweicht und über Nacht stehen gelassen. Die Lauge wurde zubereitet, indem man einen Beutel über einem Faß aufhängte und unten etwas reines Roggenstroh hineinlegte, rein gesiebte Asche darauf schüttete und darauf kochendes Wasser goß, das langsam hindurchlief und im Faß die Lauge entstehen ließ. (vgl. Grebitz 161) Wollte man die Lauge schärfer haben, so sollte die Asche aus hartem Buchenholz sein. Wollte man Seife herstellen, benötigte man ebenfalls Asche aus hartem Holz, gebrannten frischen Kalk und Fett. (vgl. ebd., 177) Das in der Küche tätige Gesinde hatte daher beim Kochen und Schüren an die Asche zu denken, die als Rohstoff gesammelt werden mußte.

Das Abwasser

Das im Haushalt anfallende Abwasser stank bis zum letzten Drittel des 19. Jahrhunderts buchstäblich zum Himmel. Das verbrauchte Wasser floß mit dem Regenwasser in mit faulendem Unrat angefüllte Rinnsteine, die sich an den Bürgersteigen sechzig Zentimeter und tiefer hinzogen. »Da ihr Gefälle zur

Parochialstraße mit offenen Rinnsteinen und Holzhauertätigkeit, E. Gaertner, 1831

»Tragbares Gas«, Karikatur auf die Fäkalienbeseitigung durch die »Nacht-Emmas«, F. B. Dörbeck, um 1830

raschen Ableitung der ihnen zufließenden Wassermengen nicht hinreichte und ihre Wandungen, die meist aus rohen, lose aneinandergefügten Pflastersteinen bestanden, nicht fugendicht waren, drang das fäulnisfähige, mit fettigen und sonstigen organischen Bestandteilen aller Art gesättigte Brauchwasser in den Untergrund ein und vergiftete das zur Bereitung von Speisen und Getränken dienende Grundwasser.« (Hahn, 15) Die hier und da systemlos angelegten Kanäle glichen den nur schwer zu reinigenden Dunggruben, sofern nicht die Abwässer direkt in öffentliche Wasserläufe mündeten.

Urin und Fäkalien wurden in Senkgruben aufgefangen und von Zeit zu Zeit abgefahren, was für die Anwohner eine unvorstellbare Geruchsbelästigung bedeutete. Erst 1878 wurde diesem Zustand durch eine zentrale Kanalisation ein Ende bereitet. Mit der Wasserleitung verschärfte sich die Berliner Abwassernot zunächst noch, »denn der durch die bequeme Wasserentnahme gesteigerte Wasserverbrauch und insbesondere die nunmehr in großer Zahl auftauchenden Wasserklosetts lieferten Abflußmengen, die weder die bestehenden noch die neugebauten, immer tiefer in den Boden eingeschnittenen, oft bis 1 m breiten Rinnsteine bewältigen konnten.« (ebd., 22) Bis 1871 waren 9% der Berliner Grundstücke mit WC ausgestattet. Zuvor hatte es bis zur ersten Hälfte des 19. Jahrhunderts die »Nacht-Emmas« gegeben, jene Frauen, die aus den Wohnungen, nicht selten aus den Küchen, die Nachteimer abholten, sie entleerten und in gereinigtem Zustand wieder zurücktrugen. Von 1632 stammt ein Hinweis, daß »Nachtscherben« in der Speisekammer zwischen Butterfaß und Reibeisen aufbewahrt wurden. (vgl. Stengel, 174) So schloß sich der Kreislauf von Ver- und Entsorgung über Jahrhunderte hinweg in der Küche. Noch 1879 wurde aktenkundig, daß in der Petristraße 28 kein Abort vorhanden war, sondern »daß jeder Mieter einen Nachtstuhl in der Küche hat und der Geruch so stark ist, daß leicht Krankheiten dadurch entstehen können... Auf diese Beschwerde hin wurde damals ein ›Apartement‹ für sämtliche Mietparteien angelegt.« (Gut, 244)

Sand

Den für die Reinigung des Haushalts erforderlichen Sand lieferten Sandjungen in der Küche an. Sie handelten mit ihrer Ware ohne Gewerbeschein und gewannen den Rohstoff ganz unentgeltlich vor dem Kottbusser Tor, in den Rehbergen, vor anderen Toren der Stadt oder in den Rollbergen. Sie transportierten ihre Handelsware mit einem klapprigen Bretterwagen, den sie von einer ausgemergelten Mähre ziehen ließen. »In der Stadt selbst halten die Sandkutscher vor jedem Hause still, der eine bleibt auf dem Sande sitzen, der andere aber nimmt die gefüllte Molle auf die Schulter und bietet schreiend den Inhalt feil. ›Kooft Sand, Sand! Madamken, heute keenen Sand?‹« (Brandler, 92) Der Sand diente außer zum Reinigen der Küchengerätschaften in erster Linie zum Scheuern der Dielen, die nach dem Reinigen zudem mit frischem Sand bestreut wurden. Erst die Sitte, die Fußbodenbretter mit Ölfarbe zu streichen, machte dem Sandjungengewerbe ein Ende. Die letzten ärmlichen Sandkutscher sollen um 1900 gesichtet worden sein.

Sandjungen liefern das unentbehrliche Scheuermittel, Th. Hosemann, 1847

Fensterlose Berliner Küche, um 1915

Mietskasernenküchen

Der Kochofen macht große Mietshäuser möglich

Die ersten großen Berliner Mietshäuser entstanden im Vogtland im Berliner Norden als sogenannte »Familienhäuser«. Schon zuvor hatte man Kasernen so genannt. 1820–24 war ein Familienhaus mit zwanzig Wohnungen errichtet worden, zunächst mit großer Stube, einem Alkoven und einer Küche. Bei den nachfolgenden Massenquartieren bestand die Wohnung jeweils nur noch aus einem Zimmer. Später wurden weitere Häuser gebaut, bei denen zu dem einzigen Zimmer noch eine Kammer hinzukam. Zu diesen an langen Fluren gelegenen Wohnungen gehörten dunkle, an den Korridoren eingerichtete Kochgelegenheiten. In einem Bauantrag zu den Familienhäusern ist eine gemeinschaftliche Etagenküche vorgesehen, die »wahrscheinlich nur die Funktion hatte, möglichen Einwänden gegen die 1-Stuben-Haushalte vorzubeugen.« (Geist, 85) Tatsächlich hausten die Bewohner in einer einzigen Kochstube, die Werkstatt, Wohn-Schlafstube und Küche zugleich war. In die Keller der noch im Bau befindlichen Gebäude zogen die ersten »Trockenmieter« schon ein, als nicht einmal die Schornsteine hochgemauert waren und deshalb die Öfen wegen der kurzen Schornsteinstümpfe unerträglich qualmten.

In diese Kochstuben wurde ein geschlossener Stubenofen eingebaut, der erst im letzten Drittel des 18. Jahrhunderts entwickelt worden war und mit dem geheizt und gekocht werden konnte. Wegen der neu entwickelten Stubenöfen, die ein geschlossenes System darstellten, konnten alle in den verschiedenen Etagen übereinander liegenden Öfen an einen Schornstein, einen Zug angeschlossen werden. Damit waren Schornsteinbatterien überflüssig geworden, wie sie bis dahin das Erscheinungsbild der Dächer geprägt hatten.

Die von der Küche aus beheizten Stubenöfen hatten etwa bis zur Mitte des 18. Jahrhunderts keine Feuerzüge, sondern das Brennmaterial – Holz oder Torf – wurde wie bei einem alten Backofen hineingeschoben. Der Rauch quoll aus dem gleichen Feuerungsloch wieder heraus und wurde in die Küchenesse abgeleitet. Bei dieser nicht besonders effektiven Heizmethode wurden große Holzmengen verbraucht, so daß um Berlin herum schließlich weite Flächen abgeholzt und in die Öfen und Herde der Berliner gewandert waren. Friedrich II. regte daher 1763 einen Wettbewerb an mit dem Ziel, einen Holz sparenden Stubenofen zu entwickeln. Der 1764 preisgekrönte Stubenofen des Johann Paul Baumers fand sich zu Beginn des 19. Jahrhunderts in zahlreichen Kochofen-Varianten wieder. Das Leben in einer dieser Kochstuben wurde 1860 durch einen Augenzeugen folgendermaßen geschildert: »In der übrigens mit großer Sauberkeit und Ordnungsliebe aufgeräumten Stube war jedes Plätzchen und jeder Winkel ... besetzt. Zwei große Webstühle nahmen den Raum an beiden Fenstern und die Hälfte der ganzen Stube ein. Hinter jedem Stuhle saß ein junger Mann in Hemdsärmeln und arbeitete tätig drauf los. Zwischen beiden Webstühlen saß ein Kind von vielleicht sieben Jahren und war emsig mit dem Haspeln von Garn beschäftigt... Neben ihm saß eine Frau und drehte das Spinnrad... Eine Kommode, ein Tisch und einige Stühle von Birkenholz, zwei Betten und allerlei Gerümpel nahmen den übrigen Teil der Stube ein, den ein großer Ofen übrig ließ. Dieser Ofen diente zugleich als Feuerherd, Küche und zur Erwärmung der Stube... es war Mittagszeit, und es mußte gekocht werden. Die Hitze und der Dunst in der Stube waren fast unerträglich, obschon beide Fenster geöffnet waren. Keine Stube im Familienhaus hat nämlich eine Küche, die Küche würde ja Raum wegnehmen«. (ebd., 109) In diesen Kochstuben wurde sogar noch untervermietet.

Mit der Erfindung des Kochofens war ein wesentlicher Schritt hin zur »Kochmaschine« getan, mit der die seit den 1850er Jahren errichteten Massenquartiere ausgerüstet wurden. In diese Zeit fielen die ersten Versuche, mit Gas zu kochen. Zunächst wurden die Gaskochvorrichtungen auf die Herde gestellt, später in die Kochmaschinen integriert. Das Kochen mit Gas war um die Jahrhundertwende allgemein verbreitet und blieb bis in die 1930er Jahre unangefochten.

Küche als Endpunkt der Leitungsnetze

Seit der Industrialisierung legte sich ein dichter werdendes Netz von Versorgungssträngen über das Land. Vom verbesserten Straßen- und Eisenbahnnetz über die Gasleitung bis zur Wasserversorgung und Kanalisation, vom elektrischen Strom bis zu den heutigen Fernheizungsleitungen. Die Versorgungsnetze schufen Bequemlichkeit und machten abhängig. Jede Wohnung war im Netzplan verortet, dessen Endpunkte sich vor allem in der Küche bündelten. Um wichtige Grundstoffe der Küchenversorgung zu beschaffen, bedurfte es nur noch eines Knopfdrucks oder der Drehung eines Hahnes oder Schalters: Schon waren Gas, Wasser, Wärme oder elektrischer Strom verfügbar. Das Abwasser verschwand gurgelnd in dem in der Küchenwand eingelassenen Loch. Der Küchennutzer war nicht mehr Produzent seiner Küchenverhältnisse, sondern nahm die bearbeiteten Elemente als Konsument in Empfang. Störungen in Kriegs- und Notzeiten zeigten, wie fatal die

Küche im »böhmischen Dorf«. Ursprünglich mit offener Feuerstelle und noch erhaltenem Rauchfang, später mit Kochmaschine und schließlich mit Gasanschluß ausgestattet, 1955

Einkauf am »Bolle«-Milchwagen, 30er Jahre

Buttergeschäft, um 1915

vollständige Vernetzung sein konnte. Denn die Endpunkte des Netzes waren auf ständige Zulieferung und Entsorgung angewiesen. Gab es eine Netzstörung, waren oft ein ganzes Haus, eine ganze Straße oder gar ein Stadtteil von der Versorgung abgekoppelt. Der Endverbraucher war an die Anschlüsse in seiner Wohnung, die Wasserzapfstelle, die Glühbirne oder die Kloschüssel, gebunden. Vorbei die Zeiten, wo man seinen Durst an einer Quelle oder einem Brunnen stillen oder seine Notdurft unter freiem Himmel hinter einem beliebigen Busch verrichten konnte. Nun hatte alles seinen Ort oder sein »Örtchen«. Jeder war angehalten, seine ganz persönlichen Orte der Ver- und Entsorgung zu benutzen. Das Zentrum dafür waren Küche und WC bzw. später das Bad. Mit der Vernetzung der Küche-Stube-Einheit fand eine Verinselung und Isolierung der Haushalte statt – subjektiv unabhängig voneinander, objektiv durch ein System von Röhren und Leitungen miteinander verbunden.

Auch die täglichen Nahrungsmittel waren nur noch in einem Versorgungsnetz zu haben. Aus Lebensmitteln waren Eßwaren geworden. Ein Netz von kleinen Läden überzog die Stadt. Feldfrüchte, Obst und Gemüse waren zum Teil bearbeitet und konserviert. Die im Massenmietshaus lebende Lohnarbeiterfamilie hatte weder Zeit noch Platz, um eine breite Palette von Nahrungsmitteln zu verarbeiten, wie das im bürgerlichen Haushalt mit Hilfe von Hausangestellten geschehen konnte. Im Arbeiterhaushalt beschränkte sich das Einmachen auf Sauerkohl, vielleicht noch Bohnen und Marmeladen sowie wenige Obstsorten. Die Vorratshaltung blieb gering. Weil das Geld fehlte, war man gezwungen, von der Hand in den Mund zu leben, oft reichte es nur für die nächste Mahlzeit. Arbeiterfrauen waren häufig darauf angewiesen, daß ihnen die kleinen Läden Kredit gewährten und die Schuld bis zum nächsten Lohntag »anschrieben«. Das Geld, das man auf dem Lande so sehr begehrt hatte und um dessentwillen man unter anderem in die große Stadt gezogen war, regulierte nun alle Beziehungen. Hatte man keinen Groschen für den Gasautomaten, wurde nichts aus der warmen Mahlzeit. Blieb man die Miete schuldig, war man sogar den »eigenen Herd«, der nur ein gemieteter war, wieder los.

Nur die umfassende Vernetzung erlaubte es, diese vielen Menschen auf engstem Raum in kleinen Stube-Küche-Einheiten zu beherbergen; die Wohn- und Küchenverhältnisse glichen in der Arbeiterschicht um die Jahrhundertwende einer Massenmenschenhaltung. Dabei erschien dieses Leben gegenüber demjenigen auf dem Lande, das viele erleichtert hinter sich gelassen hatten, noch als Fortschritt, weil die relative Unabhängigkeit und die Vernetzung mit Gas, Wasser und Kanalisation geradezu komfortabel anmuteten. Jeder der vielen in den 1870er Jahren in die neue Reichshauptstadt Berlin Zugewanderten suchte zunächst einen »Netzanschluß«, eine zumindest

Seifen- und Haushaltswarenhandlung, 1930

vorübergehende Bleibe bei Freunden oder Verwandten zu finden. Der nächste ersehnte Schritt war, über einen »eigenen Herd« zu verfügen, Endverbraucher und Teilnehmer am Netzsystem zu werden.

Proletarisches Küchenleben mit Schlafstelle

Oft bestand das erste Obdach in Berlin aus einem Schlafplatz in der Küche. Als Schlafbursche brauchte man sich keinen Illusionen hinzugeben: Man war im Prinzip unerwünscht und nur wegen des zu zahlenden Mietanteils geduldet, den die Wohnungsinhaber zum Überleben brauchten.

Zwischen 1880 und 1890 gab es in Berlin in den am Rande der Stadt gelegenen Arbeiterwohnquartieren eine starke Zunahme des Schlafstellenwesens, das nach 1890 wieder stetig abnahm. In mancher Stube-Küche-Wohnung hausten über zehn Personen. Die Küche wurde vor allem dann zum Nächtigen genutzt, wenn sie groß war. »Wir hatten eine Riesenküche. Unter dem Fenster stand Mutterns Nähmaschine, rechts und links davon ein Bett, da haben mein Bruder und ich geschlafen. Neben dem Bett stand ein Sofa (hier schlief der Schlafbursche), und dann kam eine Kleiderablage. Auf der anderen Seite kam nach dem Bett ein kleiner Schrank, dann ein großer Schrank, dann Ausguß und Waschbecken, dann ein Tisch und schließlich der

Geselligkeit beim Kartenspiel, 30er Jahre

Herd. Und in der Mitte der Küche standen Tisch und Stühle... Wenn Vaters Skatkollegen kamen, dann wurde in der Küche ein großer Vorhang zugezogen, hinter dem wir Kinder schliefen und Muttern nähte, und auf der anderen Seite des Vorhangs saßen die Männer, rauchten Pfeife und kloppten Skat.« Der Schlafgänger war »meist auch dabei, war ja'n Arbeitskollege von meinem Vater.« (Beier, 253)

Clara Viebig beschreibt in ihrem Dienstbotenroman »Das tägliche Brot« eindringlich die Küchenverhältnisse in einer Kellerwohnung. »In der winzigen Küche schlief die älteste Tochter, Trude, die bei Wertheim Verkäuferin war. Siebzehn Jahre war sie, und obgleich sie im Küchentisch schlief, der nachts zu einem Bett auseinandergeklappt wurde, und obgleich sie sich unter der Wasserleitung waschen mußte, sah sie aus wie eine kleine Dame... Morgens stand sie eine gute halbe Stunde früher als nötig auf, obgleich sie wer weiß was drum gegeben hätte, noch neben der Schwester Grete im Küchentisch weiter zu schlafen. Sie war immer müde; aber es half nichts, das Haarbrennen dauerte lange. Da lag sie, zähneklappernd im kurzen, roten Wollunterröckchen, auf den Knien vor dem kleinen Stehspiegel, den sie auf den Herdrand plaziert. Zwanzig-, dreißigmal mußte sie die Brennschere in den Zylinder der Küchenlampe stecken«. (Viebig, 26f.) Etwas später war die Küche »voll von Men-

Heimarbeit am Herd, 30er Jahre

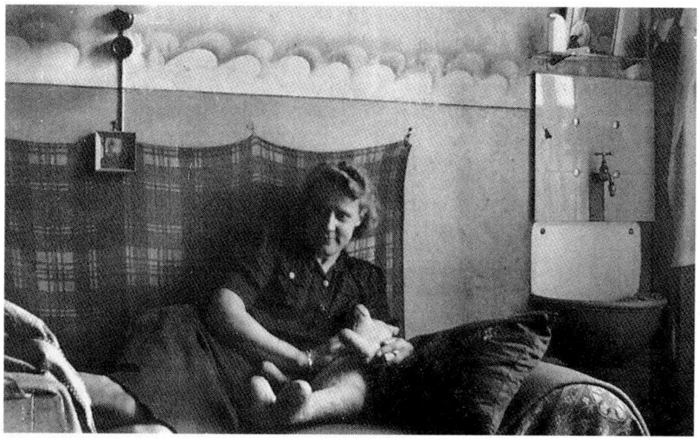

Auf dem Küchensofa, 40er Jahre

Küche mit Bettstelle, 30er Jahre

Am Waschbrett in einer Kellerküche, 1932

schen. Arthur stand an der Wasserleitung und ließ Wasser in seinen Krug plätschern; Elli sprang im Hemdchen um ihn herum und trieb allerlei Faxen… Arthurs Krug lief über, das Wasser plätscherte auf den Boden, er hatte nicht acht darauf, seine Augen richteten sich starr auf das hübsche Mädchen und verschlangen dessen Gestalt.« (ebd.)

Proletarisches Leben war in Berlin Küchenleben. Die Küche war der Aufenthaltsraum vor allem für Frauen und Kinder, während sich die Männer dem Versorgungszentrum am liebsten fernhielten, wo durch Kochen und Wäschewaschen Dunstschwaden hingen, der Essensgeruch die Kleider durchdrang, die Heimarbeit der Frauen am Lebensnerv nagte und nicht zuletzt Streit und Geschrei der Kinder den ruhebedürftigen Männern zusetzten. Der Mann trat oft die Flucht in seine Stammkneipe an, die »Wohnstube« der Arbeiter. In den Hinterzimmern versammelten sich die in der Sozialdemokratie Organisierten, und die politische Arbeit mußte häufig als Alibi für die Küchenflucht herhalten. Bei den Stube-Küche-Wohnungen waren die Geräusche und Gespräche aus der Küche auf dem Treppenpodest zu hören. Das Familienleben fand halböffentlich statt, denn im Treppenhaus konnte man mit lauschenden Nachbarn rechnen, die über alle Angelegenheiten auf dem Laufenden waren. Wer hier wohnte, tat sich im Benehmen wenig Zwang an. Im Sommer drangen bei geöffneten Küchenfenstern Talggeruch und Ranzigkeit, die Prügel, die die Kinder bezogen, die Gefühlsausbrüche, Gesang, Gebrüll, das unartikulierte Gelalle betrunkener Männer oder kräftiges Aufstoßen bei den Mahlzeiten in den einen großen Hof. In der Küche machte man es sich bequem, streifte einengende Kleidung und gezwungenes Verhalten ab, fühlte sich wohl in Hauskittel, mit umgebundener Schürze, in ausgebeulten Hosen oder abgetragener Hausjacke. Man aß mit den Ellbogen aufgestützt und am liebsten mit dem Löffel statt mit Messer und Gabel. Bei den vorherrschenden suppenförmigen Speisen war ohnehin nicht viel zu schneiden oder aufzugabeln. Zwanglos gekleidet trat man auch auf die Straße, um Milchprodukte am Bollewagen oder Zutaten für die täglichen Mahlzeiten beim Kaufmann nebenan einzuholen. Trotz oder gerade wegen der beengten Wohnverhältnisse war aber in der Regel alles sauber und auf-

Kaffeetafel vor dem »Küchenrahmen«, 40er Jahre

1930

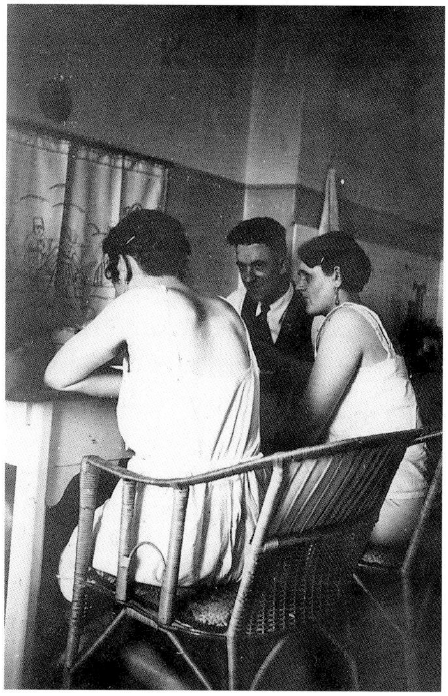

Zwanglosigkeit beim Essen, 30er Jahre

40er Jahre

Schusterarbeiten am Küchentisch, 1916

geräumt. In diesem Milieu hatten Wandsprüche wie »Ordnung ist das halbe Leben« durchaus tiefere Bedeutung. Beschriftete Porzellantöpfe mit verschiedenen Vorräten wurden nebeneinander im Küchenrahmen aufgereiht und schmückten so das bescheidene Interieur. Wenn Amtspersonen aus der Fürsorgeverwaltung einen Besuch abstatteten und feststellen konnten: »arm, aber ordentlich«, war das eine befriedigende Aussage über die in dieser Küchenordnung lebenden Personen. Wurde noch eine vollständige Familie vorgefunden und Personen, die einer regelmäßigen Arbeit nachgingen, konnte von »geordneten Verhältnissen« gesprochen werden. In der Gesellschaft der Jahrhundertwende erzog man regelrecht zur »Ordnungsliebe«. Wenn noch etwas »Ordentliches« zum Essen auf den Tisch kam, war die Welt vorübergehend »in Ordnung«.

Auch in kleinbürgerlichen Haushalten, die sehr wohl über Schlaf- und Wohnstube verfügten, wurde oft in der Küche gegessen. Die Wohnstube wurde nur bei besonderen Anlässen wie jahreszeitlichen Festen, Geburtstagen, Taufe, Konfirmation, Hochzeit und Jubiläen zum Essen hergerichtet. Im Wohnzimmerbuffet mit glasverkleidetem Vitrinenaufsatz bewahrte man das gute Service und das Silberbesteck auf. Dort standen neben Nippes und anderen Schaustücken die Sammeltassen, jene aus Tasse, Untertasse und Frühstücksteller bestehenden Garnituren aus farbig bemaltem dünnen Porzellan mit üppigem Goldrand, jedes Gedeck anders gestaltet. Hier hatten die Weingläser ihren Platz, Likörgläser samt Karaffe, über lange Jahre zusammengetragene Geschenke, Zierde jedes kleinbürgerlichen Haushaltes. In diese Stube wurde »Besuch« geführt, das heißt all jene Leute, die nicht zum Familienkreis gehörten und denen man den Anblick der guten Stube schuldig zu sein glaubte.

Köchin und Hausfrau, um 1910

Aus bürgerlichen Küchen

Das Küchenleben einer gut situierten bürgerlichen Familie der 1880er Jahre hat der Schriftsteller Julius Stinde in seinen Berlin-Romanen über die »Familie Buchholz« lebendig wiedergegeben. In jenen Jahren wurden während des Winterhalbjahres »Gesellschaften gegeben«, die darin bestanden, den Bekanntenkreis zum Essen einzuladen und selber geladen zu werden. Durch ein gelungenes Menü mehrte man den guten Ruf des Hauses, pflegte bestehende Kontakte und bahnte neue an. So hat die Hauptfigur der Stindeschen Romanfolge, Frau Wilhelmine Buchholz, den adretten Hausarzt als geeigneten Bräutigam für ihre Tochter Emmi auserkoren und versucht, die Partie mit einem schmackhaften Essen einzufädeln. Sie lädt den Doktor »zum Sonntag auf einen Löffel Suppe ein. Daß er bloß auf Suppe kommen würde, durfte ich nicht erwarten, und deshalb fügte ich hinzu, daß wir aus Mecklenburg eine Kalbskeule von zwanzig Pfund geschenkt erhalten hätten, die nur von Kennern gewürdigt werden könnte. ›Wilhelmine, was ist das für

Karikatur auf die Dienstbotenliebe

ein Schwindel mit der Kalbskeule?‹ fragte mein Karl, als ich ihm die Einladung zur Begutachtung vorlegte. ›Sie wird schon dasein, wenn es so weit ist‹, entgegnete ich, ›und nachgewogen braucht sie nicht zu werden.‹« (Stinde, 135) Frau Buchholz schiebt am vorgesehenen Sonntag die Keule in den Bratofen. Sie versteht es, die Teilnahme an dem Essen so zu organisieren, daß endlich nur noch Emmi und der ausersehene Doktor übrigbleiben werden, um sich aussprechen zu können. »Erst hatten wir eine einfache Hausmannsbouillon mit Marx und Portwein dazu, den der Doktor ausgezeichnet fand. Dann gab es Zander mit Austernsauce (natürlich nur amerikanischen Dosenaustern), und dann kam der Kalbsbraten… Die Keule war delikat und ward denn auch sichtlich kleiner. Ich hatte die schwache Seite des Doktors getroffen… Als ich alle entfernt hatte, bat ich selbst den Doktor um ein Viertelstündchen Urlaub, auf einen kurzen Sprung in die Nachbarschaft. Ich verließ das Haus aber gar nicht, sondern kehrte von der Haustür auf den Zehen leise zurück und verbarg mich in der Speisekammer… Vor mir auf dem Tisch stand eine Schale mit weißen Bohnen. Ich nahm eine Hand voll heraus und sagte: ›Ist die Zahl paar, dann werden die beiden heute noch richtig miteinander.‹ Ganz vertieft in das Bohnenorakel hörte und sah ich nichts von der Außenwelt, als mich plötzlich zwei kräftige Arme faßten und mir jemand einen Kuß aufdrückte«. (ebd., 139) Der Bekannte der Köchin hat Frau Buchholz in der dämmrigen Speisekammer mit jener verwechselt, die ihn in die Küche zum Kalbsbraten eingeladen hat. Frau Buchholz schreit Zeter und Mordio, weil der Hungrige zunächst nicht weichen will und erst über die Hintertreppe entschwindet, als Tochter Emmi und der Doktor auf Grund des Geschreis zur Küche hinstürzen. Frau Buchholz kann den beiden nur mit großer Mühe einen Grund angeben, der ihre Anwesenheit in der Speisekammer und ihr Geschrei erklärt. Trotz dieser Widrigkeiten gelingt die Eheanbahnung.

»Diners« bei Falladas daheim

Um das Jahr 1905 wurden die größeren gesellschaftlichen Bewirtungsverpflichtungen, denen man auch in der Familie des Schriftstellers Hans Fallada nachkommen mußte, »Diners« genannt. Die Frage, was gegessen und getrunken werden sollte, war nicht minder wichtig als die Entscheidung, ob man für die Vorbereitung dieses Ereignisses einen Koch oder eine Köchin nehmen sollte. »Jeder Koch war nach einem alten Glaubenssatz tüchtiger als jede Köchin, aber er war auch teurer und ließ sich nie etwas sagen. Mit der Köchin ließ sich angenehmer arbeiten, aber das letzte Mal war das Filet zäh gewesen, und die Eispombe war ihr zusammengefallen. Ganz Fortgeschrittene ließen das Essen auch schon aus einer Stadtküche kommen, das dann im Hause nur aufgewärmt wurde... In unserem Hause fiel nach langen Erörterungen die Entscheidung unweigerlich für die Köchin... Da saß dann also die gute Frau Pikuweit vor meiner Mutter, sie sah in ihrer bürgerlichen Alltagstracht lange nicht so majestätisch aus wie am Tage ihres Wirkens in schneeigem Weiß mit einer immer rutschenden gestärkten Haube auf dem Kopf. Die beiden Frauen verhandelten immer eifriger und schließlich immer verzweifelter über die Gänge – nach einer heiligen Tradition mußten es sieben oder neun sein... solche Abfütterung kostete immer drei- bis vierhundert Mark, und das spielte in dem Etat eines Kammergerichtsrats, der vier Kinder hochzubringen hatte, eine sehr erhebliche Rolle!« (Fallada, 8 f.)

Für die Bedienung der Gäste brauchte man Lohndiener, die wegen schlechter Erfahrungen jedes Jahr wechselten. Die Mutter behauptete, »daß die Taschen ihrer Fracks mit Wachstuch gefüttert seien: ganze Brathähnchen sollten in ihnen spurlos verschwinden und halbe Rinderfilets. Die schöne Sauce wurde gleich nachgegossen«. (ebd., 10) Die Kinder hatten es bei diesen »Diners« vor allem auf die im Badezimmer gelagerten Weinflaschen abgesehen. »Alle Welt war unserm Labetrunk feindlich gesinnt! Wie oft mußten wir uns überstürzt wieder zurückziehen, wenn ein Lohndiener, geschirrbeladen, den endlosen echt Berliner Gang entlang scheeste, oder wenn grade in der stets offenen Küchentür Minna erschien mit dem Ruf: ›Wollt ihr Rabanters woll machen, daß ihr in euer Zimmer kömmt! Gleich gibt es Eis, und wenn ihr nicht artig seid, essen wir es alleine!‹ ... In einer solchen echten Räuberstimmung unternahmen einmal mein Bruder Ede und ich eine kühne Expedition in die Speisekammer«. (ebd., 12) Dem dort als Nachtisch aufbewahrten Baumkuchen aßen sie sämtliche Nasen ab, so daß er sich zum Schrecken der Eltern für die Bewirtung als ungeeignet erwies. Zur Strafe bekamen die beiden Brüder tagelang nur Baumkuchen aufgetischt.

Küchenschrank im Wohnhaus von Bruno Taut, 1927

Berliner Küchenreform

Abschaffung der »Privatküche«: Das Einküchenhaus

Die äußerst beengten Wohnverhältnisse der unteren Schichten in Stube und Küche oder gar Kochstube führten dazu, daß in den 1890er Jahren erste Reformvorhaben für einen Arbeiterwohnungsbau in Gang kamen. August Bebel, der führende sozialdemokratische Politiker der Jahrhundertwende, wollte jedoch mehr als nur vergrößerte Wohnungsgrundrisse, großzügiger gestaltete Küchen, Querlüftung oder bessere Lichtverhältnisse. Er stellte die Funktion der Küche selbst in Frage und stiftete dadurch eine kleine Küchenrevolution an. Dabei half der technische Fortschritt der sozialistischen Utopie auf die Sprünge. August Bebel hing wie alle Vertreter der damaligen Sozialdemokratie dem Fortschrittsglauben an und erwartete die Lösung vieler Probleme von der Wissenschaft.

»Nahrungszubereitung muß ebenso wissenschaftlich betrieben werden, wie andere menschliche Tätigkeiten, soll sie möglichst vorteilhaft sein. Dazu gehört Wissen und Einrichtung. Daß unsere Frauen, welchen gegenwärtig die Nahrungszubereitung hauptsächlich zufällt, dieses Wissen oft nicht besitzen und nicht besitzen können, bedarf keines Beweises mehr. Die Technik der großen Küchen hat schon gegenwärtig eine Vollkommenheit erreicht, welche die aufs beste eingerichtete Familienküche nicht kennt. Insbesondere ist es die mit Elektrizität für Heizung und Beleuchtung eingerichtete Küche, die dem Ideal entspricht. Kein Rauch, keine Hitze, keine Dünste mehr; die Küche gleicht mehr einem Salon als einem Arbeitsraume, in dem alle möglichen technischen und maschinellen Einrichtungen vorhanden sind, welche die unangenehmsten und zeitraubendsten Arbeiten spielend erledigen. Da sind die elektrisch betriebenen Kartoffel- und Obstschäler, die Entkernungsapparate, Würstestopfer, Speckpresser, Fleischhacker, Fleischröster, Bratapparate, Kaffee- und Gewürzmühlen, die Brotschneideapparate, Eiszerkleinerer, Korkzieher, Korkpresser und hundert andere Apparate und Maschinen, die einer verhältnismäßig kleinen Zahl Personen mit mäßiger Anstrengung ermöglichen, für Hunderte von Tischgästen die Speisen zu bereiten. Dasselbe ist mit den Spül- und Reinigungseinrichtungen der Fall. Die Privatküche ist für Millionen Frauen eine der anstrengendsten, zeitraubendsten und verschwenderischsten Einrichtungen, bei der ihnen Gesundheit und gute Laune abhanden kommt... Die Beseitigung der Privatküche wird für ungezählte Frauen eine Erlösung sein. Die Privatküche ist eine ebenso rückständige und überwundene Einrichtung, wie die Werkstätte des Kleinmeisters, beide bedeuten die größte Unwirtschaftlichkeit, eine große Verschwendung an Zeit, Kraft, Heiz- und Beleuchtungsmaterial, Nahrungsstoffen«. (Bebel, 429)

Bebel hatte sich die Küchenanregungen 1893 auf der Weltausstellung in Chicago geholt und voller Begeisterung darüber berichtet. In Chicago wurde auch schon die Entsorgung des Mülls vorgeführt und unter damaligen Verhältnissen kritiklos bewundert: »Kehricht und Abfälle aller Art werden ähnlich wie das benützte Wasser durch Leitungen aus den Wohnungen befördert.« (ebd., 431) Der technische Fortschritt schien auch die »Dienstbotenfrage« ein für allemal zu erledigen. Die Schriftstellerin und kämpferische Sozialdemokratin Lily Braun setzte sich gleichfalls für die Ablösung des Privathaushalts durch Wirtschaftsgenossenschaften ohne Privatküchen ein. Sie hoffte, die Frauen würden sich an die Seite der klassenkämpferischen Männer stellen, statt unpolitisch in der heimischen Küche zu verharren. In der Praxis sollte die Lage der ausschließlich im Haushalt wirkenden und der außerhalb berufstätigen Arbeiterfrauen durch Volksküchen verbessert werden, »wo jede Arbeiterin sich für wenig Geld ihr warmes Essen – nicht schlechter, aber wohl auch kaum besser, als sie es selbst herstellen konnte – holen kann. Kindergärten und Kinderhorte wurden eingerichtet, wo die Kleinen während des Tages ein Unterkommen finden konnten; man machte sogar den Versuch, mit einem Arbeiterwohnhaus eine Volksküche zu verbinden, und hoffte, die Bewohner würden es aufgeben, selbst zu kochen und ihr Essen daher beziehen.« (Braun, 17f.) Diese Einrichtungen wurden jedoch von den Arbeitern nicht angenommen. Dennoch propagierte Lily Braun unermüdlich die Idee der Wirtschaftsgenossenschaft, die sie sich so vorstellte: »In einem Häuserkomplex, der einen großen, hübsch bepflanzten Garten umschließt, befinden sich etwa 50 bis 60 Wohnungen, von denen keine eine Küche enthält; nur in einem kleinen Raum befindet sich ein Gaskocher, der für Krankheitszwecke oder zur Wartung kleiner Kinder benutzt werden kann. An Stelle der 50–60 Küchen, in denen eine gleiche Zahl von Frauen zu wirtschaften pflegt, tritt eine im Erdgeschoß befindliche Zentralküche, die mit allen modernen arbeitsparenden Maschinen ausgestattet ist… Die ganze Hauswirtschaft steht unter einer erfahrenen Wirtschafterin, deren Beruf die Haushaltung ist: ein oder zwei Küchenmädchen stehen unter ihrer Aufsicht… Die Mahlzeiten werden, je nach Wunsch und Neigung, im gemeinsamen Eßsaal eingenommen oder durch besondere Speiseaufzüge in alle Stockwerke befördert.« (ebd., 22) Braun argumentierte wie schon zuvor Bebel aus dem Blickwinkel der gesunden Ernährung gegen die private Küche: »Jenem schädlichen Dilettantismus in der Küche – in nichts anderem besteht die mit so viel Aufwand an Sentimentalität festgehaltene Tätigkeit der Hausfrau oder Köchin – würde ein Ende bereitet, statt daß man ihn noch weiter auf einem so wichtigen Gebiet, wie die Ernährung des Menschen es ist, Unheil stiften läßt.« (ebd., 26f.)

Von bürgerlicher Seite gab es heftige Einwände gegen das Projekt des Einküchenhauses. Bürgerliche Männer meinten, daß die Frau ins Haus gehöre und die Hausfrauentätigkeit als Gattin und Mutter ihr »einziger Beruf« sei. Man befürchtete den Zerfall der Familie und fragte, was die Frauen ohne Küche dann noch zu tun hätten. Lily Braun war bemüht, die Bedenken zu zerstreuen: »Die Küche gewissermaßen zur Grundlage der Familie zu machen, indem man erklärt, daß sie mit ihr steht oder fällt, heißt den Begriff der Familie zu entweihen. Wäre es tatsächlich nichts als der Herd, der sie zusammenhält, so wäre sie wert, zu Grunde zu gehen.« (ebd., 28) Bebels und Brauns Ideen fanden keine große Resonanz und noch viel weniger praktische Konsequenzen, so daß sich Lily Braun 1903 entschloß, selbst eine Haus-

Einküchenhaus in Friedenau, 1908

Zentralküche im Einküchenhaus, 1908

haltungsgenossenschaft zu gründen. Die Mittel dafür waren jedoch nicht aufzubringen. Erst die von bürgerlichen Kreisen gegründete »Einküchenhausgesellschaft der Berliner Vororte GmbH« war in der Lage, 1908 insgesamt fünf Einküchenhäuser in Angriff zu nehmen, die in Friedenau nach Plänen des Architekten Albert Gessner, in Lichterfelde von Hermann Muthesius gebaut werden sollten. Da die Gesellschaft bereits im Mai 1909 Konkurs anmelden mußte, wurden statt der geplanten fünf nur vier Häuser mit zentraler Küche fertiggestellt. Muthesius war über die Pleite äußerst verärgert und distanzierte sich in einem Brief an Walter Gropius ausdrücklich von der Einküchenhausidee, während Gropius sogar Interesse bekundete, in eines der Häuser einzuziehen. Wegen der verworrenen finanziellen Verhältnisse dauerte der Betrieb der Zentralküche in Lichterfelde durch die Hauseigentümer nur einen Monat und wurde dann genossenschaftlich von den Mietern übernommen. Ein neuer Eigentümer führte die ursprünglich vorgesehene Versorgung wieder ein, bis nach zwei Jahren das Experiment teilweise gescheitert war und in einige Wohnungen Einzelküchen eingebaut wurden. Merkwürdigerweise waren vom Architekten Muthesius bereits Rauch- und Wrasenzüge vorgesehen, so daß sich vermuten läßt, daß der Architekt dem Experiment von Anfang an skeptisch gegenübergestanden hatte. Die Zentralküche wurde ab 1912 von einem Restaurant genutzt, und der Erste Weltkrieg brachte das endgültige Aus für das Einküchenhaus.

Neben der Zentralküche gab es in den einzelnen Wohnungen eine Kochnische im Vorraum des Badezimmers, eine Art Kochschrank. Die Speisen wurden durch Aufzüge in die einzelnen Wohnungen transportiert. Einheitliches Stapelgeschirr vereinfachte Transport und Reinigung. Auf der täglich zugestellten Speisekarte konnten mehrere Gerichte ausgewählt und über Haustelefon bestellt werden. Zweifellos übertraf die technische Ausstattung der Zentralküche die Möglichkeiten von Privatküchen bei weitem, waren doch Küchenmaschinen, Gefrieranlagen und Spülmaschinen in Betrieb genommen worden. Nur gut situierte Familien konnten die Kosten des Experiments aufbringen, denn der Verpflegungssatz für eine dort verköstigte Familie mit drei Kindern übertraf das entsprechende Budget eines Arbeiterhaushalts um das Sechsfache. Die in der Öffentlichkeit vorgebrachte Kritik, das Einküchenhaus fördere die »Auflösung der Familie« fand sich nicht bestätigt. Im Gegenteil schlossen sich die dort lebenden Familien voneinander ab, so daß Gemeinschaftseinrichtungen wie die große Dachterrasse mit Dusche gar nicht genutzt wurden. Bei der Auswahl der Mieter gelang es kaum, berufstätige Ehepaare als bevorzugte Zielgruppe zum Einzug zu bewegen. Der Küchenkampf der Sozialdemokratie, der so im »bürgerlichen« Einküchenhaus versackte, mußte erfolglos bleiben, weil er nicht von den Alltagsbedürfnissen der Arbeiterschaft ausging, sondern von taktischen Überlegungen der Parteiarbeit. Sozialdemokraten befürchteten, daß die Frau den Mann mit einem gemütlichem Heim möglicherweise von der politischen Arbeit abzöge. Schließlich würde sich ein häuslicher, zufriedener Arbeiter noch als Streikbrecher betätigen und gegen die Interessen der eigenen Klasse handeln. (vgl. ebd., 13) Die radikalste Lösung bestand folgerichtig darin, die Privatküche ganz abzuschaffen und die Kinder außer Haus zu versorgen. Ließ sich die Einküchenhausidee schon nicht in der Arbeiterschaft durchsetzen, so konnte sie noch viel weniger in bürgerlichen Kreisen erfolgreich sein, weil in dieser Schicht Gemeinschaftlichkeit am allerwenigsten populär war. Die Idee, daß man sich wechselseitig von Küchenarbeit entlasten könnte, wurde erst wieder von den studentischen Wohngemeinschaften Ende der 60er Jahre aufgegriffen. Küchenarbeit ging nun alle an – Männer und Frauen, während die klassische Hausfrau bei dieser neuen Art des Zusammen-Wirtschaftens erstmalig überflüssig geworden war.

Zwischen Wohnküche und Tautscher Arbeitsküche

In der Weimarer Republik bestand für das Einküchenhaus wegen der unsicheren wirtschaftlichen Verhältnisse keine Chance mehr. Grete Lihotzky, die als Architektin die »Frankfurter Küche« entwickelte und sich dabei auf die Vorarbeiten Bruno Tauts stützen konnte, erklärte die Situation: Man erkannte, »daß das Einküchenhaus wohl für die einzelne Frau wesentliche Arbeitsersparnis bedeuten kann, jedoch besonders für Arbeiter und Angestellte mit kurzer Kündigungsfrist gar nicht in Frage kommt. Das Einküchenhaus verlangt nämlich, daß das Niveau der Lebenshaltung stabil bleiben kann. Es sind so und so viele arbeitssparende allgemeine Einrichtungen, wie Zentralküche, Zentralheizung, zentrale Überwachung der Kinder usw. vorgesehen, der für jede Familie anfallende Anteil muß unter allen Umständen aufgebracht werden. Dadurch kann derjenige, der binnen kurzer Zeit arbeitslos werden kann, seine Lebenshaltung nicht unter ein bestimmtes Minimum herabsetzen. Nachdem wir erkennen, daß das Einküchenhaus für einen sehr großen Teil der Bevölkerung gar nicht in Frage kommt, müssen wir alles tun, den Einzelhaushalt zu reformieren und der Frau jede unnötige Arbeit abnehmen.« (Lihotzky, 87)

Das betraf diejenigen, die eine eigene Wohnung besaßen, aber viele Menschen hatten nicht einmal eine eigene Bleibe. In Berlin lebten 1910 »nahezu 140.000 Menschen ... mit mindestens fünf Personen in einem Raum. Nach dem Ersten Weltkrieg verschlechterte sich die Situation sogar noch weiter. Jetzt zeigten sich die Folgen des Wohnungsbaustopps der Kriegsjahre. Mit den aus dem Feld zurückkehrenden Männern, ›aufgeschobenen‹ Eheschließungen und dem Flüchtlingsstrom aus den besetzten und abgetretenen Gebieten des Deutschen Reiches wurde die Wohnraumnot katastrophal. Noch 1927 kamen in Berlin auf je 100 Wohnungen ca. 10 Haushaltungen und Familien, die keine eigene Wohnung besaßen«. (Beier, 263 f.)

1919 machte sich nach Krieg und Revolution der Schöneberger Stadtbaurat Martin Wagner mit äußerster Tatkraft an das erste größere Siedlungsvorhaben. Ohne gültigen Bebauungsplan und baupolizeiliche Genehmigung drängte er zum Bau der Lindenhofsiedlung, so daß die ersten Mieter Ende 1919 einziehen konnten. Bei diesem Bauvorhaben wurde die Vorliebe des Berliner Arbeiters für die Wohnküche berücksichtigt. Die Küchen gerieten sogar besonders groß; bei einem Wohnungstyp war die Wohnküche mit 16 qm gar der größte Raum. Von der Küche gelangte man in die Spülküche, die als Bad zu benutzen war, und von dort über die Loggia in den Garten. Die Vorräte wurden in einem eingebauten belüfteten Fensterschrank und in einem Speiseschrank aufbewahrt, der ein Außenfenster hatte. Die Küchen wurden weiterhin mit einem großen Küchenschrank, einem Sofa und einem großen viereckigen Tisch mit Stühlen, an dem sich das ganze Leben abspielte, eingerichtet. In etlichen Familien diente die Küche auch als Schlafraum. »Die *Küche* war der am intensivsten genutzte Raum, auch wenn sie nicht immer für alle gleichzeitig ausreichte. Bei der Gestaltung war man um Wohnlichkeit bemüht. Wer es sich leisten konnte, sorgte mit Gardinen, Tischdecke, Blumenschmuck und gemustertem Linoleum für eine wohnliche Atmosphäre.« (Lindenhof, 81) Eine Familie trug auf die Küchenwände eine Art Tapetenmuster auf mit einem in Farbe getauchten Scheuerlappen, der hin- und hergerollt wurde, so daß es wie ein Batikmuster aussah. Ein künstlerisch veranlagter mittelloser Mieter malte einen Teppich auf den hell gedielten Küchenfußboden.

Erst nach dem Ende der Inflation war mit der seit 1925 einsetzenden wirtschaftlichen Erholung daran zu denken, mit dem Bau von Großsiedlungen zu beginnen, die nun vom demokratischen Staat gefördert wurden. Die knappen Mittel machten die Suche nach effizienten Bauformen und -methoden erforderlich. Das Flachdach etwa, Markenzeichen der ersten Großsiedlungen, half den Dachstuhl sparen. »Rationalisierung« war das Gebot der Stunde und desgleichen Kern der neuen Küchenphilosophie. Die Küche wurde zum »Brückenkopf der Moderne im Wohnungsbau.« (Uhlig, 94) Mit dem sogenannten ›Taylorismus‹, der Messung, Bewertung und optimalen Organisierung von Arbeitsprozessen, kam ein weiterer Impuls aus den USA. Bruno Taut sprach folgerichtig von der Küche als der »Fabrik des Hauses«. Unter den elektrischen Geräten schien der Zeitkocher von besonderem Interesse zu sein. Er konnte »besonders für die Hausfrau von Wert sein, die tagsüber im

Beruf steht und am Nachmittag nach Hause kommt und ihr Essen fertig gekocht vorfinden will. Zu diesem Zweck stellt sie ein Uhrwerk an dem Zeitkocher auf sagen wir 12 Uhr ein. Punkt 12 Uhr schaltet sich der elektrische Strom in dem Kochapparat ein, und das Essen beginnt zu kochen. Um 1 Uhr, wenn die Hausfrau nach Hause kommt, ist das Essen in der elektrischen Kochkiste fertig.« (Küche, 19)

Der Blick auf die amerikanische Küchengeschichte war mehr als berechtigt. Schon 1841 schrieb die Amerikanerin Catherine E. Beecher ein hauswirtschaftliches Buch, das die Rationalisierung der Küchenarbeit anregte. Sie machte darin Vorschläge für die Anzahl und Größe von Einbauschränken und arbeitssparenden Kücheneinrichtungen. (Rybczynski, 182) Arbeitsersparnis für die Hausfrau war die oberste Devise. Die Autorin war keineswegs Frauenrechtlerin, sondern wollte nur anregen, wie die Küche als Arbeitsstätte der Frau optimal eingerichtet werden könnte. Denn für die männlichen Architekten jener Zeit war die Küche kein Thema. 1912 war die Amerikanerin Christine Frederick die erste, die arbeitssparende Vorschläge für die Küche mit den Erkenntnissen des Taylorismus verband und veröffentlichte. Als Bruno Taut forderte, die Küche solle von den Bedürfnissen der Hausfrau her gestaltet werden, konnte er sich daher auf etliche Überlegungen und praktische Erfahrungen stützen, die in den USA gemacht worden waren. Für Taut wurde die Küche zum wichtigsten Raum der Wohnung, von dem die Impulse für das Leben ausgehen und mit dem alle anderen Räume verbunden sind. Sie war für ihn der Ort im Haus, der »ganz der *Arbeit* gewidmet ist... so hat bei allen Kleinwohnungen die Küche in der Tat etwas von der Fabrik oder der Werkstatt an sich. Die Küche ist die *Werkstatt der Frau*.« (Küche, 19) Er kritisierte, daß der Arbeitsplatz der Frau vom Mann entworfen sei und forderte eine mehr auf ihre Tätigkeiten bezogene praktische Einrichtung. Die amerikanische Hausfrau verlange keine große, dafür eine sehr bequem eingerichtete Küche, in der es keine »Möbel« gebe, sondern alle Einrichtungsgegenstände fest eingebaut seien. Die ökonomische Ausstattung verlange geradezu eine kleine Grundfläche, um die Arbeit optimal mit kurzen Wegen und zielgerichteten Handgriffen zu bewältigen. Wenn die Küche ganz auf die dort zu verrichtende Arbeit zugeschnitten sei, könne sie auf erstaunlich geringe Raummaße begrenzt werden. Wohn- und Eßraum würden dann voneinander getrennt, und Taut prophezeite, man werde mit steigender Wohnungskultur dazu kommen, die »›gemütliche‹ Wohnküche *aufzugeben*, um das Wohn- und Eßzimmer wirklich ›gemütlich‹ und die Küche wirklich zu einer hygienischen und ökonomisch arbeitenden ›Fabrik des Hauses‹ zu machen.« (ebd., 20) Die Frage, ob Wohn- oder Arbeitsküche die ideale Lösung darstellten, blieb sowohl in den USA als auch in Deutschland offen. Taut hatte sich jedoch für die

Tautsche Reformküche der GEHAG, 1927

Arbeitsküche entschieden und konnte die von ihm aufgestellten Küchenprinzipien zum Teil in der 1927 errichteten Zehlendorfer Waldsiedlung »Onkel Toms Hütte« in die Praxis umsetzen. Die 1924 gegründete Gemeinnützige Heimstätten AG, GEHAG, war Trägerin dieser Großsiedlung. Sie versah etliche Küchen neben der »Standardausrüstung mit Kochmaschine, Spüle und Fensterspind – auf Wunsch zusätzlich mit Schrank, hochklappbarem Tisch, Hocker und Bügelbrett.« (Huse, 140) In einer zeitgenössischen Beschreibung heißt es: Die GEHAG »hat hier in 80 neu erstellten Mietswohnungen die Kücheneinrichtung fix und fertig mit eingebaut... Küchentisch und Stühle können durch einen Griff an der Wand heruntergeklappt werden, Kochherd und Arbeitstisch befinden sich in unmittelbarer Nähe des Fensters. Alle Flächen sind gut abgekantet und mit leicht abwaschbarem Linoleum überzogen. Der sehr geräumige Küchenschrank hat praktische Schiebetüren. Herd und sämtliche Möbel befinden sich in richtiger Arbeitshöhe für die Frau. Von der Küche führt eine Durchreicheklappe zum Balkon«. (Frauenwelt, 39) Dem Umfang der Kücheneinbauten waren allerdings in dem mit geringen Finanzmitteln kalkulierten Großsiedlungsbau Grenzen gesetzt. Taut konnte bei weitem nicht alles verwirklichen, was seinen Vorstellungen entsprochen hätte. Weiterreichende Ideen setzte er in dem gleichfalls 1927 errichteten eigenen Wohnhaus in Dahlewitz bei Berlin in die Tat um. So konstruierte er in der Arbeitsküche, die von Fachleuten als das gelungene Herzstück des Hauses gerühmt wurde, ein Wandbüfett mit Durchreiche zum Eßraum. Vom Eßtisch her konnte man die sauberen Teller aus der einen Seite

Eßtisch mit Schrankdurchreiche zur Küche in Tauts Wohnhaus, 1927

Spülküche im Wohnhaus von Taut, 1927

des Wandbüfetts herausnehmen und sie auf den Tisch stellen. Nach dem Essen wurden die benutzten Geschirrteile in die andere Hälfte gestellt und so in die Spülküche durchgereicht. Auf der Seite der Spülküche »ist dicht daneben der Spültisch; dort werden die Geschirre gereinigt und gleich in jenes Fach gestellt, aus dem sie vom Eßtisch her zum Tischdecken entnommen werden«. (Taut, 55 f.) Gegen die Geruchsentwicklung ließ Taut statt der üblichen Dunstklappe einen elektrischen Ventilator einbauen. Der eingebaute Küchenschrank enthielt vor seinem Hauptteil einen Rolljalousieverschluß, der die »kostbarsten Teile birgt. Diese sind zunächst die nach amerikanischem Muster angefertigten Silos für Mehl und Zucker, von oben bequem zu füllen, von unten mit einem Nickelschieber in beliebigen Mengen zu entleeren (in geschlossenem Zustande zeigt ein schmaler Glasstreifen die Höhe des Inhalts an). Sodann ein eingebautes Holzgefach mit Porzellanschubladen für Kolonialwaren und Eier und des weiteren Abstellfächer für Tee, Kaffee, Kakao; ein anderes für Marmeladen des täglichen Gebrauchs, wieder ein anderes Fach für Kaffee-, Teekannen und so fort, also alles Geschirr, das in der Kochküche gebraucht wird. Unten Schiebetürfächer, darüber zwei Ausziehplatten. Ein Drehstuhl ist zur Regelung der Sitzhöhe nach den Empfehlungen von Dr. Erna Meyer vorhanden. Die Beleuchtung geschieht bei diesem kleinen Raum durch eine gleichmäßig streuende Mattglaslampe mit Reflektor. Prinzipiell ist in dieser Küche kein Gegenstand offen aufbewahrt; deshalb ist es nicht schwer, sie bei Nichtbenutzung stets völlig aufgeräumt zu halten.« (ebd., 58)

Die Hauswirtschafterin Erna Meyer vertrat die Tautschen Ideen und unterstützte seine Initiativen, wo immer dies möglich war. Sie empfahl in ihren Veröffentlichungen u. a. zweckmäßige Haushaltsgegenstände und hielt die Entlastung der Frau für ein zentrales Problem der Wohnungsfrage. »Denn es ist für ein ganzes Volk durchaus nicht gleichgültig, ob seine Hausfrauen und Mütter als vom Alltag zermürbte Aschenbrödel, stets übellaunig und mißmutig die aufgezwungene Bürde seufzend tragen und dadurch alle hinabziehen, die in ihrer Umgebung (meist nicht weniger seufzend) leben, oder ob sie mit sicherer Hand und frohen Augen, ihre Arbeit überlegen meisternd, frisch und unermüdet die Widrigkeiten des Tages überwinden. Ob Sklavin ihrer Pflichten, ob schöpferische Meisterin, das macht einen gewaltigen Unterschied für die Frau selbst, ihre Familie und damit für das Ganze des Volkes aus.« (E. Meyer, 86)

Die Hausfrau sollte nach diesen Vorstellungen entlastet werden, um ihr letztlich noch mehr aufzubürden. Nun war ihr noch die Position der Animateurin zugedacht, die alle bei Laune hält. Aus heutiger Perspektive ist es erstaunlich, daß in keinem der besprochenen Reformvorhaben sich der leiseste Gedanke daran findet, den Mann an der Küchen- und Hausarbeit zu beteiligen. Seit der Romantik hatte sich die Position der Hausfrau in der Familie derart verfestigt, daß kein Gedanke an gegenseitige Hilfe und geteilte Verantwortung der Ehepartner aufkommen konnte. Taut wies der Hausfrau am Eßtisch seines Hauses sogar einen ganz bestimmten Platz zu, von dem aus sie noch müheloser die anderen Familienmitglieder bedienen sollte. Taut wollte die Frau durch erleichterte Küchenarbeit zufriedener machen, um selbst seine Kreativität um so freier und unbelastet durch eine mißmutige Hausfrau entfalten zu können.

Die Rationalisierung der Küchenarbeit zielte zunächst auf Hausfrauen der Unterschicht und auf bürgerliche Frauen, die sich kein Dienstmädchen mehr leisten konnten. Erleichterungen versprach man sich vor allem vom Einsatz der elektrischen Küchenmaschinen, die allerdings für diese Schichten noch unerschwinglich waren. Letztlich beschränkte sich die Rationalisierung bei den Kücheneinbauten darauf, die Wege in der Küche abzukürzen und die Handgriffe zu vereinfachen. Obgleich für die Nutzung elektrischer Energie in der Küche mit leidenschaftlichen Worten geworben wurde, mußte die Realisierung am schmalen Haushaltsbudget der meisten Familien scheitern. Besonders der Kochautomat, die elektrische Weiterentwicklung der Kochkiste, tauchte in den Diskussionen der 20er Jahre auf. Erhebliche Erleichterungen versprachen auch elektrischer Warmwasserspeicher und Staubsauger, während Kühlschrank oder elektrische Waschmaschine noch weit außerhalb der finanziellen Reichweite des Durchschnittshaushalts lagen.

Kochstromwerbung, 1935

Bis 1914 waren in allen Berliner Straßen elektrische Kabel verlegt worden; dennoch waren nur 5,5 % der Haushalte an die Stromversorgung angeschlossen. Diese Rate verdoppelte sich bis 1922, und 1927 waren dann die Hälfte der Berliner Haushalte elektrifiziert. 40 % der Haushalte hatten nun elektrisches Licht, in den übrigen Haushalten wurden darüber hinaus elektrische Geräte benutzt, allen voran das Bügeleisen und mit Abstand der Staubsauger. Von den 650.000 Haushalten hatten ca. 3.000 eine elektrische Waschmaschine, 1.100 einen Kühlschrank und ca. 1.000 einen Warmwasserspeicher. Diese elektrischen Großgeräte waren also gemessen an der Größe der Stadt so gut wie gar nicht verbreitet. Das änderte sich erst 1932, nachdem der Stromtarif erheblich gesenkt worden war. Die Wirtschaftskrise hatte dazu geführt, daß die Industrie weniger Strom abnahm. Den Rückgang versuchte die Bewag durch einen vermehrten Stromverbrauch der Haushalte auszugleichen und begann für das elektrische Kochen zu werben. Die seit 1931 verbreitete Devise »Die Zukunft gehört dem Elektroherd« entsprach tatsächlich der nachfolgenden Entwicklung; 1936 konnte der 25.000. Herd angeschlossen werden. Man konstruierte sogar elektrische Einbauherde, die mit den hochgemauerten Kochmaschinen der Altbauwohnungen verbunden werden konnten. Im Neubauviertel Siemensstadt entstanden 1930 500 vollelektrifizierte Wohnungen. 1931 folgte im Süden Berlins die zweite derartige Siedlung mit 866 Wohneinheiten und einer Bewag-Lehrküche, in der man den skeptischen Hausfrauen das elektrische Kochen nahezubringen versuchte. (vgl. Langguth, 93 ff.) Begleitend wurde eine monatlich erscheinende Broschürenreihe herausgegeben, die nicht nur über das elektrische Kochen informierte, sondern auch die Vorzüge des elektrischen Kühlschranks anpries.

Erst die rasante technische Entwicklung nach 1900 führte dazu, daß sich auch Männer für die Küche zu interessieren begannen. Männliche Technikbesessenheit fand in der zuvor wenig beachteten Küche ein adäquates Betätigungsfeld, zumindest was propagierte Kücheninnovation anging, nicht etwa eigene tätige Mithilfe. In der Technik schien der Schlüssel einer mißverstandenen Emanzipation zu liegen. In diese Richtung argumentierten auch rationalisierungsbegeisterte Frauen wie Grete Lihotzky, Erna Meyer oder zuvor Lily Braun.

Single mit Kochschrank

Die Küchenreformdiskussion bezog auch die in den 20er Jahren anwachsende Zahl der Alleinlebenden ein. Der Junggeselle oder die Junggesellin, wie sie damals noch genannt wurden, sollten nicht länger auf möblierte Zimmer und entsprechende »Bratkartoffelverhältnisse« angewiesen sein. Ein in Charlottenburg errichtetes Junggesellenhaus »trägt dem... Menschen Rechnung, dem die Normalwohnung, die Haushaltsführung einen Hemmschuh bedeutet, der bewußt die Ungebundenheit und Unstetheit eines modernen Vagantenlebens sucht, der sich von dem ›eignen Heim‹ loslösen will... Die Wohnung des Junggesellen besteht aus Vorraum, Wohnzimmer mit Loggia, Schlafkammer und Bad. Das Wohnzimmer mißt etwa 18 Quadratmeter. Die Schlafkammer ist mit diesem durch eine Bogenöffnung mit Vorhang verbunden... Eine Schmalwand des Vorraums wird von dem Kochschrank ausgefüllt, der, mit Fliesen ausgekleidet und durch Schieferböden geteilt, einen kleinen Spültisch, eine elektrische Kochplatte und Raum für Vorräte enthält. Er soll den kleinen Kochbedürfnissen, Frühstück, kleines Abendbrot usw. des Mieters dienen, sofern dieser es nicht vorzieht, auch diese Verpflegung von der Hauswartung zu beziehen... Sie verfügt über eine Küche, aus der nach Wunsch der einzelnen Mieter diese mit Frühstück, vollständiger Verpflegung oder gelegentlichen Mahlzeiten versorgt werden.« (Salomon, 1 f.) Diese nur für einkommensstarke Mieter gedachte Wohnform stellte offensichtlich eine Variante der Einküchenhausidee dar.

Kochschrank im Flur, 1929

Küchenverhältnisse zwischen Wirtschaftskrise und Wirtschaftswunder

In der Zeit zwischen den Weltkriegen konnte sich der Großteil der Berliner Bevölkerung, die Arbeiter und kleinen Angestellten, nur eine 1- bis 2-Zimmer-Wohnung leisten. Lebten mehrere Personen in einem Haushalt, so mußten auch Nischen im Flur oder die Küche als Schlafraum dienen. Dort wurde für die Nacht eine klappbare Liege oder ein Klappbett aufgestellt, das tagsüber, um Platz zu schaffen, weggeräumt wurde. »Wir haben eine Stube und eine Küche. In der Stube schlafen meine Eltern, während ich mit der Küche vorlieb nehmen muß... und wir müssen uns dort aufhalten, weil mein Vater seiner Nachtschicht wegen am Tag über in der Stube schlafen muß. Der Raum in der Küche ist dadurch, daß mein Feldbett dort steht, sehr eng und man steht einander dauernd im Wege.« (Kreuzberg 1933, 18) Aufgrund der beengten Wohnverhältnisse, in denen die Menschen lebten, mußten die Küchen nicht nur als Aufenthalts- und Schlafräume dienen, sondern waren für ihre Bewohner auch Badezimmer und Toilette.

Wer in einer etwas größeren Wohnung ein oder mehrere Zimmer entbehren konnte, der vermietete diese. Oftmals war die Untervermietung ein wichtiger Erwerbszweig für ältere Leute, die dadurch ihre karge Rente aufbessern konnten. Die Aufteilung einer Wohnung für mehrere Mietparteien kam den vielen Wohnungssuchenden entgegen, die aufgrund des herrschenden Wohnungsmangels nur als möblierte Untermieter unterkommen konnten. Die einzige Badestube und die einzige Küche wurden gemeinsam, meist nach einem ausgeklügelten Zeitplan, an den sich alle halten mußten, genutzt. Während sich die Wohnungsinhaber auch ehemals herrschaftlicher Wohnungen in ein Zimmer zurückzogen, wurden den Untermietern alle zu erübrigenden Räume überlassen, sogar ehemalige Dienstbotenkammern. »Ich liebte diese Gegend, das Zentrum des alten Berlin, wo ich zwischen 1927 und 1935 wohnte. Anfangs in der Münzstraße... Frau Krause hatte mir in ihrer gerade noch bürgerlichen Wohnung das Mädchenzimmer vermietet, einen Raum – durch eine das Badezimmer teilende Decke gebildet – wie ihn viele Berliner Wohnungen hatten. Durch die Tür neben dem Badezimmer gelangte man über eine schmale steile Holztreppe in mein Appartement. Es war gerade Platz für ein Bett, welches durch ein Gitter gesichert war, damit man nicht im Schlaf auf die Treppe hinunterfallen konnte. Ein Tisch, ein schmaler Schrank, eine Waschschüssel und ein Hocker vollendeten die Einrichtung, und dazu

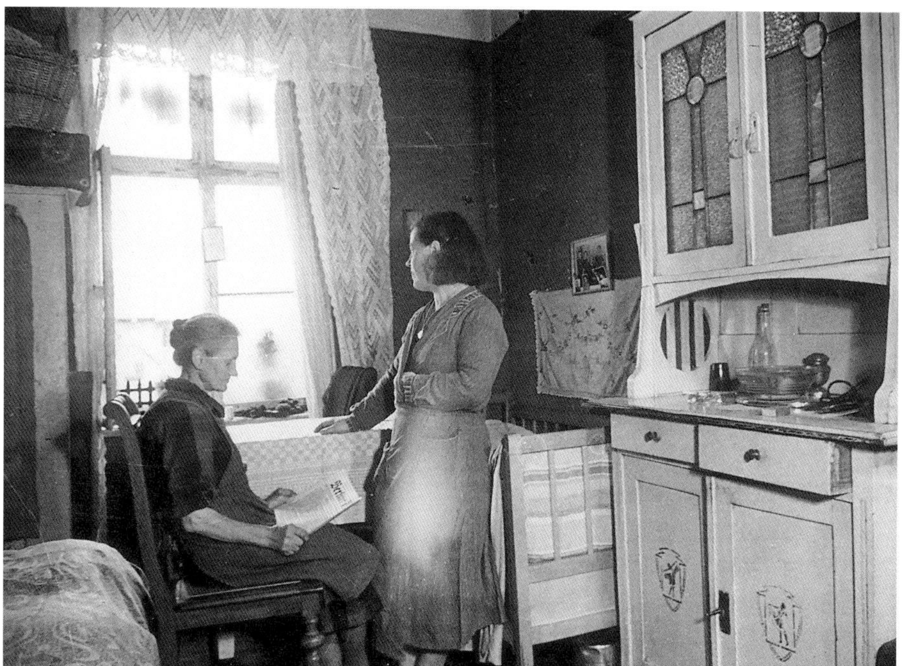

Küche, die mehreren Personen auch als Wohn- und Schlafraum diente, Wedding 1947

hatte ich eine breite Fensterbank vor einem halbhohen Fenster, eine Petroleumlampe und einen Spirituskocher zur Verfügung.« (Strohmeyer II, 123)

In vielen Wohnungen jener Zeit war es noch üblich, daß die Gaszufuhr über einen Automaten geregelt wurde, in den die Mieter, brauchten sie Gas, Geld stecken mußten. Energie wurde nur gegen Geld geliefert; so hatten die Gaswerke kein Problem mit Zahlungsrückständen. »Der Gaszähler ist ein Groschengrab. Der Begriff ›Gasgroschen‹ wird zum Schreckgespenst. Oft werde ich zu Nachbarsleuten geschickt, ob sie mal einen Gasgroschen borgen könnten. Aber die haben manchmal selber keinen. Der Groschenautomat ist eine menschenfreundliche Einrichtung. Er soll verhindern, daß sich die Leute mit Gas das Leben nehmen. Einmal im Monat kommt der Gasmann. Er löst eine Plombe am Gaszähler und zieht einen Behälter heraus, der die Gasgroschen aufgenommen hat. Der Behälter wird auf dem Küchentisch ausgeschüttet, und der Gasmann zählt die Geldstücke. Ehe er sie in ein Papierblatt einrollt, können wir das Geld noch einmal sehen, das uns einst gehörte.« (Stave, 25)

Küche unterm Hakenkreuz

Nach der Machtübernahme der Nationalsozialisten erhielten Haushalt und Küchenarbeit eine neue gesellschaftliche Wertschätzung. Für die Zwecke ihrer Politik und zum »volkswirtschaftlichen Nutzen« griffen die Organisationen der NSDAP in die private Haushaltsführung ein. Den Frauen wiesen die Nationalsozialisten eine eindeutige Rolle zu: Sie sollten sich als Hausfrauen um die Haushaltsführung und um das Wohl ihrer Familie kümmern, als Mütter ihrem »Volk und Führer« so viele Kinder wie möglich gebären. Von der Erwerbstätigkeit wurden sie vorerst weitestgehend ausgeschlossen und an den Herd zurückgedrängt, bis man sie ab 1937 für die Kriegsproduktion und als Ersatz für die fehlenden männlichen Arbeitskräfte wieder in die Fabriken und auf die verwaisten Arbeitsplätze zurückholte.

Schien es nach außen hin so, als ginge es den von Wirtschaftskrise und Arbeitslosigkeit gebeutelten Deutschen nach der Machtergreifung der Nationalsozialisten langsam besser, so sprachen die Zahlen der Lebenshaltungskosten dagegen. Von 1933 bis 1937 stiegen die Lebensmittelpreise fast aller Produkte durchschnittlich um 11,5%. In Ratgebern und Frauenzeitschriften wurden die Frauen aufgefordert, rationell und sorgsam mit Haushaltsgegenständen umzugehen und die Lebensmittel sparsam zu verwenden. Die Hausfrauen, die man zu »Treuhänderinnen« des Volksvermögens erklärt hatte, wurden fortwährend daran erinnert, daß sich ihre Haushaltsführung nicht nur auf die eigene Familie auswirkte, sondern daß sie

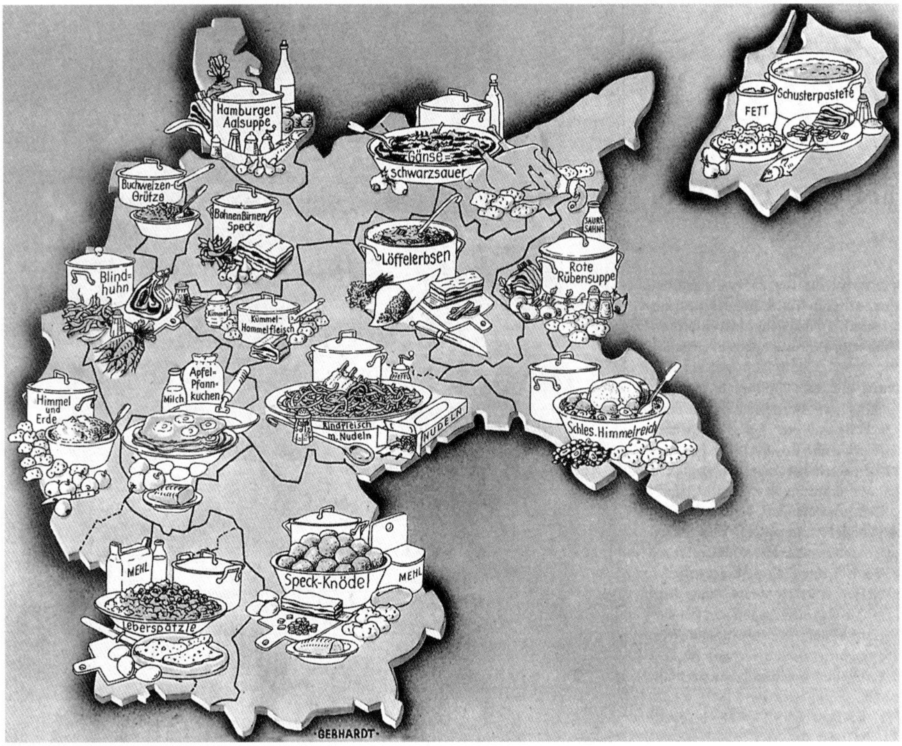

Eintopfgerichte, 1933

diese pflichtgetreu nach den Bedürfnissen und zum Wohl der »Volksgemeinschaft« auszurichten hatten. Besonderen Wert sollte auf den »richtigen« Einkauf gelegt werden. Deutschen Produkten und Ernteerzeugnissen der Saison sollte immer der Vorzug gegenüber »Auslandsware« gegeben werden, um eine noch größere Autarkie für Deutschland zu erreichen. Gertrud Scholtz-Klink, die Führerin der NS-Frauenorganisationen, benannte in dem Haushaltsratgeber »Gut kochen! Gut wirtschaften!« die Hausfrauentugenden im Nationalsozialismus: »Wir alle stehen heute mit unseren Pflichten und Aufgaben in der Verantwortung für Volk und Staat. Auch die deutsche Hausfrau muß um die Lage ihres Volkes wissen. Sie muß wissen, welche Mittel unserem Volk in dieser schweren Zeit zur Verfügung stehen, und wie sie diese Mittel aufs beste ausnutzen und auswerten kann für eine gesunde Ernährung und gesunde Volkswirtschaft. Dann lebt sie einen Nationalismus der Tat, der ihren kleinen Lebensbereich hineinstellt in unser großes gemeinsames Aufbauwerk: Deutschland.« Neben bewährten Rezepten der deutschen Küche priesen diese vom Reichsausschuß für Volkswirtschaftliche Aufklärung herausgegebenen Küchenratgeber das Einmachen und die Resteverwertung.

Nichts zu vergeuden und alles zu verwerten, war die Devise. Schon die Mädchen wurden im Kochunterricht an den Schulen in Spar-Rezepten unterwiesen: »Nachmittags war manchmal Kochunterricht, von der turnwütigen Schulz geleitet – viel zu kochen gab es nicht, und in dem halbdüsteren Keller, der eine Küche sein sollte, wurden Löffel unter dem Leitsatz ›Wie bereite ich aus Graupen und Wasser ein bekömmliches Mahl für fünf Personen?‹ geschwenkt.« (Knef, 18)

Die Nationalsozialistische Volkswohlfahrt (NSV), deren Ziel ein »gesundes Volk, daß sich in der Welt durchsetzen kann« war, und das Winterhilfswerk (WHW) stellten die Hausfrauen ebenfalls in ihren Dienst, indem sie die Beteiligung an ihren Spenden- und Sammelaktionen einforderten. Der »wehrhafte Haushalt« wurde propagiert und die Frauen aufgefordert, mit ihren Spenden »notleidenden Volksgenossen« zu helfen. Im wesentlichen wurde die Spendenbereitschaft aber für die Kriegspolitik und die Rüstungsindustrie des Staates ausgebeutet. Neben Geldspenden wurden Rohstoffe und Altwaren aller Art (Metalle, Glas, Papier, Textilien) sowie Lebensmittel, Knochen und wiederverwertbare Küchenabfälle gesammelt. An die Haushalte wurden im Rahmen von »Lebensmittelpfundsammlungen« leere Tüten mit dem Aufdruck »1 Pfund Mehl«, »1 Pfund Zucker« usw. verteilt, die man nach zwei Wochen gefüllt wieder abholte. Diese ›Spenden‹ mußten die Frauen von den eigenen, oft knappen Vorräten für »Deutschland« und die »Volksgemeinschaft« abzweigen. Selbst Küchenabfälle galten als wertvoller Rohstoff z. B. für die Schweinemast, und auf Plakaten wurden die Berliner Hausfrauen dazu aufgerufen, Kartoffelschalen, Kohlblätter und Speisereste täglich in die »Haussammelkübel des Ernährungshilfswerkes« zu werfen. (vgl. Projekt: Spurensicherung, 92 ff.)

Eine weitere Aktion der Nationalsozialisten waren die als »Opferessen des Reiches« deklarierten »Eintopf-Sonntage«. Jeden zweiten Sonntag im Monat wurden die Familien im Winterhalbjahr dazu aufgefordert, nur ein schlichtes Eintopfgericht für die Familie zu kochen. In den Topf sollten lediglich deutsche Erzeugnisse und auf den Tisch regionale Gerichte, »Fremdländisches« gehörte nach Auffassung der Staatsorgane nicht ins Essen. Für die Berliner waren »Löffelerbsen« so ein typisches Eintopfgericht. Das Geld, das durch den fehlenden Sonntagsbraten gespart wurde, sollte dem Winterhilfswerk gespendet werden. So wurde von den Nazis sogar Druck auf den privaten Speisezettel ausgeübt. Neben denjenigen, die sich aus Überzeugung oder aus Angst vor Repressalien in die Kochtöpfe und Geldbeutel greifen ließen, gab es Boykotteure, die sich ihren Sonntagsbraten nicht nehmen ließen. »Aber bei uns hat's trotzdem am Sonntag keinen Eintopf gegeben. Ich habe meinen Braten immer schon am Sonnabend geschmort und Sonntags bloß aufgewärmt, dann riecht er nicht mehr, und niemand hat gemerkt, daß es bei uns Braten gibt.« (ebd., 99) Der Großteil der Spendengelder, die auch an den Wohnungstüren eingesammelt wurden, floß umgehend in die Rüstungsindustrie.

Nachbarschaftshilfe in Form von Kinderbetreuung durch die NS-Frauenschaft, 1940

Je länger der Krieg dauerte und je mehr Männer an die Front geschickt wurden, desto dringender brauchte man die Frauen wieder als Arbeitskräfte. Goebbels forderte 1943 in einer Rede im Berliner Sportpalast die letzten Hausfrauen mit zynischen Worten zu freiwilligen Kriegsarbeiten auf, als »Dankespflicht der Front gegenüber… Es wäre auch angebracht, daß Frauen, die Dienstpersonal beschäftigen, jetzt schon diese Frage einer Überprüfung unterzögen. Man kann sehr wohl sich selbst dem Haushalt und den Kindern widmen und sein Dienstmädchen freigeben oder den Haushalt und die Kinder dem Dienstmädchen oder der NSV überantworten und sich dann selbst zur Arbeit melden. Allerdings ist dann das Leben nicht mehr so gemütlich wie im Frieden. Wenn der Pappi nach Hause kommt, hat die Mutti nicht immer das Abendessen fertig… Aber wir leben ja nicht im Frieden, sondern im Kriege. Gemütlich werden wir es uns wieder machen, wenn wir den Sieg in Händen haben.« (Wiggershaus, 28)

»Mangelküche« und Überlebenskampf

Schon bald nach der Machtübernahme war es zu Versorgungslücken bei Fleisch, Butter, Fett, Öl, Eiern und Obst gekommen. Ab 1935 wurde die Abgabe knapper Waren beim Einkauf mittels »Kundenlisten« geregelt, in die man durch Vorzeigen seines »Haushaltsnachweises« eingetragen wurde. Mit Beginn des Krieges wurden alle Lebensmittel knapper. Während die Grundnahrungsmittel auch aus den eroberten Gebieten Polens und Rußlands herbeigeschafft wurden, waren Luxusimporte wie Kaffee, Tee, Schokolade und Tabak bald nur noch in kärglichen Zuteilungen erhältlich. Diese Waren wurden bei Bedarf »schwarz« über den Schleich- und Tauschhandel zu astronomischen Preisen bezogen. »Nachmittags hatten wir bei Bärchen schwarzgekauften Kaffee geröstet, er kostet jetzt 300 RM das Pfund, aber ohne diesen Trank wäre bei der ständig gestörten Nachtruhe (durch die Fliegerangriffe, d.V.) keine Arbeit möglich.« (von Kardorff, 213) Aber auch die Versorgung mit Grundnahrungsmitteln wie Kartoffeln, Fleisch und Brot war immer seltener gewährleistet.

Seit August 1939 gab es in Berlin die wichtigsten Nahrungsmittel auf Lebensmittelkarten und Bezugsscheine. Um z. B. Brot, Backwaren und Mehl zu erhalten, brauchte man eine »Reichsbrotkarte«. Pro Woche erhielt eine Person 700 g Fleisch, 280 g Zucker, 110 g Marmelade, 150 g Nährmittel (Grieß, Nudeln, Graupen u.ä.), etwas mehr als einen Liter Milch, 60 g Milchprodukte, Öl oder Fett. Schwerarbeiter, Kinder, Jugendliche und Schwangere erhielten Sonderzulagen. Aber auch diese reichten längst nicht, den täglichen Kalorienbedarf zu decken. Im Laufe des Krieges wurden die Rationen noch weiter reduziert; pro Woche gab es z. B. Anfang 1945 nur noch 250 g Fleisch und 1.700 g Brot. Viele Mütter, die nicht mit ansehen konnten, wie ihre Kinder hungerten, verzichteten oft zu deren Gunsten auf das eigene Essen. Nur ihren hauswirtschaftlichen Kenntnissen über die verschiedenen Konservierungstechniken (z. B. In-Salz-Einlegen, Einkochen usw.) und Zubereitungsmethoden war es zu verdanken, daß sie von den dürftigen Zuteilungen, angereichert mit gesammelten Wildkräutern und »Ersatzstoffen«, etwas Genießbares auf den Tisch brachten. »Meine Mutter konnte buchstäblich aus dem Nichts etwas machen. Die hat uns Leberwurst gemacht aus Mehl und Majoran und Brotaufstrich aus Hefe und Basilikum. Das wurde so etwas mit Wasser angedickt. Das war zwar nichts Kräftiges, aber es schmeckte gut wegen dem Gewürz, das sie dazu gesammelt hat... Sogar die Kartoffelschalen hat sie mit bißchen Mehl zu einer ganz guten Soße gekocht. Wenn meine Mutter nicht so erfinderisch gewesen wäre, hätten wir die Jahre bestimmt nicht überstanden. Sie hat für uns Kinder nur gesammelt und gekocht, selber hat sie meist verzichtet. Am Schluß war sie so unterernährt.« (Meyer/Schulze, [1984], 110 f.) In der Weltstadt Berlin war man längst dazu übergegangen, Grünflächen und Parkanlagen umzupflügen, um dort Kartoffeln, Getreide und Gemüse anzubauen. Doch auch diese Maßnahme stillte nicht den Hunger der Großstädter.

Unter den verschlechterten Lebensbedingungen hatten die in Berlin verbliebenen Juden, die dem Terror und der rassistischen Herrschaft der Nationalsozialisten in allen Bereichen ausgesetzt waren, am meisten zu leiden. Die Sondergesetze und Schikanen gegen Juden erschwerten selbst so schlichte tägliche Verrichtungen und Notwendigkeiten wie das Einkaufen. »Von Juden für Juden darf nur von 16 bis 17 Uhr eingekauft werden« verkündeten Plakatanschläge 1940 in Berlin. Mit der Verschlechterung der allgemeinen

Wellensittich und Hitler-Wandschmuck in der Küche, Mitte der 30er Jahre

Ernährungslage erhielten jüdische Kunden weder Fleisch noch Fisch noch Eier. Seit dem Beginn der Deportationen im Herbst 1941 gingen rund 5.000 der Berliner Juden, die ihres gesamten Besitzes und ihrer Wohnungen beraubt worden waren, in den Untergrund. Diese Untergetauchten hatten keine Lebensmittelkarten mehr und mußten von ihren Helfern, die oft anonyme Briefe mit Fleisch- und Fettmarken erhielten, mitversorgt werden. Dabei riskierten die Helfer oft Kopf und Kragen: »Um drei Uhr kommt Ursel Reuber. Sie hat sich, allen Verkehrsstörungen zum Trotz, durch Trümmer und Brände zu uns durchgeschlagen… Unter dem Arm schleppt sie ein großes Paket: Gemüse für unsere ›U-Boote‹, die Untergetauchten. Drei Kohlrüben, einen Krautkopf, fünf dicke Kohlrabiknollen. ›Ich habe noch etwas viel Schöneres‹, rühmt sie und nestelt aus ihrer Jacke die Brieftasche hervor. ›Acht Kilo Brotmarken, frisch geklaut aus dem Markenkästchen in einem Bäckerladen.‹ – ›Aber wie denn?‹ – ›Es war ganz einfach. Kein Mensch im Geschäft. Ich rief ein paarmal. Niemand erschien. Da fiel mein Blick zufällig auf das Kästchen auf dem Tisch. Der Deckel stand halb offen. Wenn man für andere stiehlt, ist das Klauen ein Genuß. Vier Kilo für Frank, vier Kilo für Wald. Eine glatte Monatszuteilung.‹ Frank strahlt. Wir alle strahlen. Vier Wochen Versorgung für zwei U-Boote.« (Andreas-Friedrich, 135)

Mit Beginn der Bombenangriffe auf Berlin fand das Leben viele Stunden am Tag und in der Nacht in den Luftschutzkellern statt. Nur das Nötigste konnte mitgenommen werden: »Das Kellergepäck steht griffbereit in der Küche. Es sind Papiere, ein paar Decken, eine Thermosflasche mit Tee oder Muckefuck. Wertsachen gehören nicht zu unseren Luftschutz-Siebensachen. Wir besitzen gar keine Wertsachen. Aber der Wellensittich Peter gehört dazu. Er lebt von Haferflocken, denn Körnerfutter gibt es nicht… Während wir mit langen Zähnen Kohlrübeneintopf ohne alles essen, knabbert er lustlos an seinen Haferflocken herum. Während wir an Koteletts oder wenigstens an Buletten denken, träumt er vielleicht von goldgelben Hirsekörnern«. (Stave, 129)

Zwischen Aufenthalt im Luftschutzkeller, Anstehen nach Lebensmitteln und Stromsperren versuchten die Frauen für ihre Familien zu kochen. Ungeachtet der Lebensgefahr, der sie sich aussetzten, wurde die Zeit der Vorentwarnung nach den Luftangriffen genutzt, um eine Mahlzeit zuzubereiten, bevor der Strom wieder auf längere Zeit abgestellt wurde: »Immer neue Geschwader folgen. Endlich, nach zwei Stunden, kommt Vorentwarnung. Wir stürzen hinauf, so rasch unsere Beine uns tragen. Wenn wir Glück haben, kriegen wir das Mittagessen fertig, ehe sie den Strom absperren. Bis zur Vollentwarnung bleiben zehn Minuten. Bratkartoffeln, Kaffeewasser, für jeden ein Spiegelei aus der letzten Zuteilung. Es brodelt in allen Töpfen. Es ist ein Wettrennen mit der Zeit – mit dem Strom –, mit der Berliner Elektrizitätsgesellschaft. Man kocht nicht mehr, wenn man Hunger hat, sondern wenn es die Sperrzeit erlaubt. Man riskiert lieber eine Bombe auf den Kopf als die Aussicht, vier Stunden mit knurrendem Magen herumzusitzen. Man wird abgebrüht selbst gegen das Sterben. Eine Minute, nachdem der Drahtfunk seine Tätigkeit eingestellt hat, schweigt auch das Radio. Aus ist es mit dem Strom. Vollentwarnung. Doch wir haben es geschafft. Unser Mittagessen ist gerettet.« (Andreas-Friedrich, 134 f.)

Immer mehr Berliner wurden ausgebombt und mußten bei Verwandten, bei Freunden oder in der Nachbarschaft unterschlüpfen. Auch in teilzerstörten Wohnungen hausten noch Bewohner, denen oftmals ein Raum mit einer einzigen Heiz- und Kochmöglichkeit genügen mußte. Ihre Erlebnisse während der letzten Tage vor der deutschen Kapitulation bis Ende Juni 1945 hielt eine anonyme Autorin in ihrem Tagebuch fest, das unter dem Titel »Eine Frau in Berlin« veröffentlicht wurde. Ihr Schicksal war das vieler Berlinerinnen kurz vor Kriegsende. »Systematisch habe ich alle Schränke und Schübe nach Brauchbarem abgesucht, das heißt, nach Eßbarem, Trinkbarem, Brennbarem. Leider fast nichts gefunden… Mein Zentrum ist, während ich dies schreibe, der Bauch. Alles Denken, Wünschen, Fühlen und Hoffen beginnt beim Essen… Zwei Stunden später. Das Gas brennt mit sterbendem Flämmchen. Seit Stunden stehen die Kartoffeln darauf. Die armseligste Schnapskartoffel im Land, sie zerfällt zu Matsch und schmeckt nach Pappe. Eine davon hab ich halbroh geschluckt. Seit heute früh stopfe ich mich voll. Hab bei Bolle die hellblauen Milchmarken eingelöst, die Gerd mir zu Weihnachten geschickt hat. Es war höchste Zeit. Die Verkäuferin schöpfte schon aus schräg gehaltener Kanne und sagte, nun komme keine Milch mehr nach Berlin. Das heißt Kindertod… Gleich auf der Straße trank ich ein paar Schluck ab. Füllte mir daheim den Magen mit Grießbrei und schickte einen Brotkanten nach. Theoretisch bin ich so satt wie lange nicht. Praktisch quält mich tierischer Hunger. Vom Essen bin ich erst richtig hungrig geworden.« (Eine Frau, 11 f.)

Die wenigen Essensvorräte wie Erbsen, Graupen, Mehl, Kartoffeln, Salz und Kaffee-Ersatz wurden aus Angst vor Ausbombung oder Diebstahl bei

Anstehen nach Lebensmittelzuteilungen, 1945

jedem Bombenalarm aus der Wohnung mit in den Luftschutzkeller genommen. Auch Mahlzeiten fanden dort statt. »Frühstück im Keller. Jeder praktiziert, so gut er kann, eine Art von Familienleben. Auf Koffern, Kisten und Stühlen wird mit Hilfe von Papierservietten und Deckchen der trauliche Morgentisch bereitet. Den wärmenden Kaffeepuffs entsteigen Kannen mit Getränken, die auf Holzfeuern oder Spirituskochern bereitet worden sind. Man sieht Butterschalen, Zuckerdosen, Marmeladengläser, silberne Löffel. Es ist alles da. Die Witwe hat in ihrer Küche auf einem Feuer aus zerklopften Sektkisten Bohnenkaffee gezaubert, er tut gut. Ringsum kribbelige Luft und Gezänk. Das Kellervolk geht einander auf die Nerven.« (ebd., 45)

Tagsüber wurde das Schlangestehen nach Nahrungsmitteln zur Routine und nahm viel Zeit in Anspruch. »Beim Bäcker gab es Brötchen, die letzten. Es waren auch meine letzten Brotmarken. Neue Lebensmittelkarten sind nicht in Sicht. Überhaupt kein Befehl mehr, keine Nachrichten, nichts. Es kümmert sich kein Schwein mehr um uns. Wir sind plötzlich Individuen, keine Volksgenossen mehr«. (ebd., 31) Als mitten in eine Menschenschlange, die um Fleisch ansteht, eine Bombe fällt und drei Tote sowie zehn Verletzte fordert, wischen die Umstehenden, nur die Fleischrationen vor Augen, lediglich das Blut von den Lebensmittelkarten und reihen sich wieder ein. »Mir scheint, daß all diesen Leuten der Traum vorschwebt, noch einmal, ein einziges, letztes Mal gründlich sich satt zu essen, eine Henkersmahlzeit zu halten«. (ebd., 37 f.) Plünderungen waren an der Tagesordnung. In einem mit Vorräten vollgestopften Keller einer ehemaligen Polizeikaserne prügelten sich die Menschen um Eßbares. Die Autorin beteiligte sich an den Plünderungen. »Ich erkenne Brote, ganze Reihen ... greife mir welche, knie am Boden und taste und wühle. Kniee im Wein, man riecht ihn, greife in Glasscherben, stopfe alles Brot in meine Kiste, das ich fassen kann. Schleife meine Last, die ich nicht mehr zu heben vermag, hinter mit her durch die Tür... Meine Beute: fünf Flaschen Burgunder, drei Flaschen mit eingemachtem Suppengrün, eine Pulle Steinhäger, vier Kommisbrote, sechs Päckchen Erbsmehl ... und eine Konservenbüchse ohne Aufschrift mit Ichweißnichtwas.« (ebd., 49 ff.)

Mit Kriegsende waren die Frauen zunächst »Freiwild« für die einmarschierenden sowjetischen Truppen. Um den Vergewaltigungen zu entgehen, versteckten sie sich häufig in Kellerverschlägen, auf Hängeböden oder in scheinbar sicheren Wohnungen: »Wir sitzen um den fremden Küchentisch, alle hohläugig, grünbleich, übernächtigt. Alle flüstern, wir atmen gepreßt, trinken gierig den heißen Malzkaffee, gekocht auf einem Herdfeuer aus Naziliteratur... Immer wieder starren wir die verriegelte, verrammelte Hintertür an, hoffend, daß sie halten möge. Hungrig stopfe ich das fremde Brot. Da – Schritte auf der Hintertreppe, und die fremden Laute, die uns so grob und tierisch in den Ohren tönen. Erstarrung und Schweigen rings um den Tisch. Wir halten im Kauen inne, der Atem stockt uns allen. Hände krampfen sich gegen die Brust. Augen flackern irr... Das Flüchtlingsmädel aus Königsberg, das auch hier unterkam, wirft sich schreiend über den Tisch: ›Ich kann nicht mehr! Ich mache Schluß!‹ Sie hat es in der Nacht mehrfach aushalten müssen, unterm Dach, wohin sie vor einem ganzen Haufen Verfolger geflohen war.« (ebd., 73)

Oft war die Küche der Ort, an dem sich menschliche Tragödien abspielten, und nicht wenige Frauen wählten den Freitod, um den »Schändungen« zu entgehen. »Eine Frau erzählte mit Befriedigung, wieso die Russen nach kurzem Durchgang ihr Wohnhaus mieden: Im ersten Stock fanden sie eine Familie vergiftet auf den Betten, im zweiten Stock eine Familie erhängt an den Fensterkreuzen in der Küche. Worauf sie voller Schrecken flohen und nicht wiederkehrten. Man ließ für alle Fälle die Abschreckungsobjekte noch eine Zeitlang an ihrem Platz«. (ebd., 207) Andere Frauen praktizierten in ihrer Verzweiflung das sogenannte »Anschlafen«, um sich vor wahllosen sexuellen Übergriffen zu schützen: Sie liierten sich mit rangoberen Armeeangehörigen, die sie schützten und die ›Liebesdienste‹ mit Brot, Speck, Butter und anderer Mangelware honorierten.

Versorgungsnot und Notküchen

Unmittelbar nach Kriegsende war die Versorgung der verbliebenen zwei Millionen Berliner Einwohner besonders bedroht, da die durch Kriegseinwirkungen und Plünderungen geschrumpften Lebensmittelvorräte der Stadt, fehlendes Trinkwasser und fehlender Strom eine Hungerkatastrophe und den Ausbruch von Seuchen heraufbeschworen. Sofortige Hilfsmaßnahmen der Sowjetarmee, die mit ihren Feldküchen Suppen und Brote unter die Bevölkerung brachte, verhinderten vorerst das Schlimmste. »Auf dem Hof ruft jemand: ›Die Russen verteilen Brühe! Macht schnell! Nehmt eine Schüssel mit oder einen Topf!‹ … Die Kolonne der Armeelastwagen ist lang… Die Leute strömen zum Küchenwagen. Im Nu ist er umringt. Dem jungen Soldaten auf der Ladefläche des LKW strecken sich die Hände entgegen, die Näpfe und Kochgeschirre halten. Der Soldat rührt mit einer riesigen Kelle in einem ebenso riesigen Bottich. Dampf steigt aus dem Kessel empor, und mit dem Dampf ein Aroma, ein wahrhafter Wohlgeruch, ein Gemisch aus Suppengrün, Zwiebeln und Butter. 1945 Ende April. Was kann schöner sein?! … Der Suppenkessel scheint bodenlos zu sein. Jeder bekommt sein Schüsselchen voll. Einige fangen gleich an Ort und Stelle an, alles in sich hineinzuschlingen. Aber das bekommt ihnen schlecht. Die Brühe ist viel zu fett. Nach den Rote-Bete-Suppen streiken die Mägen nach diesem Angriff… Man starrt in seine Schüsseln und Kochgeschirre, und da sehen einen die Fettaugen an – soviel Sterne gibt's nicht am Himmel! ›Das muß man verdünnen‹, rät eine Frau, die Ahnung hat. Und dann verdünnen alle daheim ihre Brühe, und die wird wohlschmeckend, aber vor allem immer mehr. Es ist eine Wunderbrühe aus dem Schlaraffenland. Sie schmeckt und macht satt, und sie sättigt die ganze Familie«. (Stave, 182) Suppen und Eintöpfe hatten in der Kriegs- und Nachkriegszeit einen wichtigen Stellenwert in der Ernährung. Mit Hilfe von Wasser und Mehl konnte man fast aus allem, was die Jahreszeit hergab, oder auch aus Essensresten eine Suppe zubereiten. Sie hatte zudem den Vorteil, daß sie den Magen besser füllte, den Körper von innen wärmte, länger satt machte als andere Mahlzeiten. Kam ein zusätzlicher Esser, so wurde sie einfach »gestreckt«, und sie konnte energiesparend in der Kochkiste weiterköcheln. In vielen Familien gab es Suppe aus diesen Gründen bereits zum Frühstück, wie es schon im Mittelalter üblich gewesen war. (Horbelt/Spindler, 51 f.)

Unter den Kochtöpfen »bewältigten« die Berliner ihre Vergangenheit. Nazireliquien wurden zu Brennstoff: »Ich hocke auf dem Schemel vor unserem Herdfeuer, das kümmerlich von allerhand Nazi-Literatur gespeist wird. Wenn es alle Leute so machen – und sie machen es so –, wird ›Mein Kampf‹ von Adolf noch einmal eine bibliophile Seltenheit werden.« (Eine Frau, 153) Neben der Versorgung ihrer Familien mit Nahrungsmitteln gehörten zu den wichtigsten Tätigkeiten der Frauen die Beschaffung von Wasser und Heizmaterial. Das Wasser kam nicht mehr aus den Leitungen, sondern mußte mühsam mit Eimern von der Pumpe geholt werden. Über eine Stunde mußte jeder dort anstehen; Militärs mußten vorgelassen werden. So wurde für Putzarbeiten auch schon mal Schmutzwasser aus mit Wasser vollgelaufenen Bombentrichtern geschöpft. Bei jedem Gang auf die Straße hielten die Frauen die Augen nach Holz auf, das sie zur Feuerung nutzen konnten. Aus den Ruinen und von den Trümmerbergen wurde alles Holz abtransportiert. »Früh auf, Wasser geholt, Holz gesucht. Allmählich kriege ich die richtigen Holzaugen, mir entgeht so leicht kein Scheit. Ich entdecke immer neue, noch nicht abgesuchte Plätze in Kellern, Ruinen, verlassenen Baracken.« (ebd., 224) Da die Stromlieferung oft unterbrochen war, waren Elektroherde sinnlos geworden. Auch der geringe, oftmals unterbrochene Gasdruck der Gasherde machte das Kochen zu einer mühseligen, stundenlangen Prozedur. Häufig mußten die Kartoffeln dann halbroh gegessen werden. Beim Kochen war Improvisationstalent gefragt. Ob im Keller während der Bombenangriffe, auf dem Balkon oder im Freien – Feuerstellen, aus alten Tonnen, Eisenteilen oder Trümmersteinen wurden dort errichtet, wo die Menschen Hunger hatten und sich aufhalten mußten. Eine eigene Küche hatten nur noch die wenigsten. Die katastrophalen Wohnverhältnisse, die viele Menschen ohne Bleibe ließen, zwangen zu gemeinsamer Küchenbenutzung oder zu Kochgemeinschaften. Meist spielte

Notspeisung aus einer russischen Gulaschkanone

Notherd, um 1945

Selbsterrichtete Kochstelle im Freien, um 1945

sich das Leben ausschließlich in der Küche ab, weil nur dieser eine Raum richtig geheizt werden konnte. Die Küche diente wieder, wie in den Arbeiterquartieren der Vergangenheit, als Eß-, Arbeits-, Wohn- und Schlafraum in einem.

Von Anfang an brachten die Siegermächte Nahrungsmittel nach Berlin, für die Verpflegung der eigenen Truppen, aber auch für die Berliner Bevölkerung, was in der Behandlung von Kriegsgegnern ein Novum war. Allerdings sollte der Beitrag der Alliierten zur Ernährung der Berliner nur so weit gehen, daß Hungersnöte, die Ausbreitung von Seuchen und »ziviler Ungehorsam« vermieden wurden. Da auch die minimale Versorgung mit Lebensmitteln sich als schwierig erwies, führte der sowjetische Stadtkommandant ein Rationierungssystem mit fünf unterschiedlichen Kategorien ein: Schwerarbeiter, Arbeiter, Angestellte, Kinder und sonstige Bevölkerung. So mußten Inhaber der Lebensmittelkarte V, die allgemein gefürchtet war und von den Berlinern »Hunger-«, »Sterbe-«, »Friedhofs-« oder »Himmelfahrtskarte« genannt wurde, meist mit weniger als 1.000 Kalorien pro Tag auskommen. Diese Karte erhielt mehr als ein Drittel der Bevölkerung, hauptsächlich Arbeitslose, Rentner und Hausfrauen, wie folgender Zeitzeugenbericht illustriert: »Ich gehöre einstweilen zur fünften, niedrigsten Kategorie der ›sonstigen Bevölkerung‹. Ich notiere anhand meiner Karte die Menge für einen Tag: 300 Gramm Brot, 400 Gramm Kartoffeln, 20 Gramm Fleisch, 7 Gramm Fett, 30 Gramm Nährmittel, womit sie Grieß, Graupen, Haferflocken usw. meinen, 15 Gramm Zucker. Dazu pro Monat 100 Gramm Kaffee-Ersatz, 400 Gramm Salz, 20 Gramm echten Tee und 25 Gramm Bohnenkaffee. Zum Vergleich einige Zahlen der Karte für Schwerarbeiter von Gruppe I, in die auch ›namhafte Künstler‹ und Techniker, Betriebsleiter, Pfarrer, Schuldirektoren, Seuchen-Ärzte und Seuchenschwestern eingereiht sind: 600 Gramm Brot am Tag, 100 Gramm Fleisch, 30 Gramm Fett und 60 Gramm Nährmittel; und im Monat 100 Gramm Bohnenkaffee… Bloß die Kartoffeln werden demokratisch gleich auf alle Mägen verteilt… Im Volk ist Beruhigung spürbar. Jeder sitzt da und studiert seine Karte. Es wird wieder regiert, es wird von oben für uns gesorgt. Ich wundere mich darüber, daß wir überhaupt so viel erhalten sollen, und bezweifle die Möglichkeit pünktlicher Zuteilungen. Die Witwe freut sich auf den Bohnenkaffee und verspricht, Stalin bei der ersten Tasse hochleben zu lassen.« (Eine Frau, 224 ff.)

Die geringe Zuteilung für die fünfte Bevölkerungsgruppe führte dazu, daß sich Nichtberufstätige freiwillig zur Schwerstarbeit, v. a. zur Enttrümmerung meldeten. Andere wurden zu Aufräumarbeiten oder zur Demontage von Industrieanlagen zwangsverpflichtet. Dies bedeutete zwar extreme körperliche Arbeit, aber auch zusätzliche Mahlzeiten: »Der Wecker rasselte – auf zum

Schippen... Es ging die Sage, daß wir was zu essen bekommen sollten. Wirklich beorderte man uns nach 15 Uhr in die Werkskantine. Es gab eine dampfende dicke Brotsuppe. Die Blechteller waren knapp, die Blechlöffel ebenfalls. So mußte immer eine Frau auf die andere warten. Selten, daß eine hinauslief zum Wasserhahn. Die meisten wischten bloß den Löffel flüchtig an Rock und Schürze ab und nahmen den Teller von ihrer Vor-Esserin so, wie er war. – Zurück, rabotta!« (ebd., 243 ff.)

Nachdem sich die Soldaten aus den Häusern zurückgezogen hatten und das Plündergut aufgebraucht war, sah sich die Bevölkerung auf Lebensmittelkarten und Eigeninitiative angewiesen, so daß die Ernährungslage oftmals wieder dramatische Ausmaße annahm. Die Zuteilungen waren meist von minderwertiger Qualität: »Schlimm steht es um die Kartoffeln. Man hat uns die Rationen bereits bis Ende Juli ausgehändigt, zwangsweise, wir mußten sie abholen. Warum, das riecht jeder: Die Knollen, jetzt erst aus den Mieten gebuddelt, gären und bestehen zur Hälfte aus stinkendem Matsch. Der Geruch in der Küche ist kaum auszuhalten; doch auf dem Balkon, so fürchte ich, faulen sie noch schneller. Wovon sollen wir im Juli leben?« (ebd., 285) Die Lieferung erfolgte infolge von Transport- und Nachschubschwierigkeiten nur sporadisch. Die Essensrationen waren knapp und mußten eingeteilt werden, da ungewiß war, wann es neue Zuteilungen gab. »Das Brot muß ich vor mir selber bewachen. Bin schon um 100 Gramm auf die morgige Ration voraus, darf solche Vorgriffe nicht einreißen lassen.« (ebd.) In den Familien wurde beim Verteilen des Brotes nicht selten argwöhnisch darüber gewacht, daß niemand bevorteilt wurde. Es kam vor, daß das Brot versteckt oder der Brotkasten mit einem Schloß versehen werden mußte, damit niemand dem anderen die Ration wegaß.

»Wildgemüse« und Pferdefleisch

In dieser Zeit waren 80 % der Deutschen unterernährt, 50 % litten an Hungerschäden und 40 % waren tuberkulosegefährdet. Das ständige Hungergefühl ließ sich durch die kargen Mahlzeiten kaum bekämpfen. Von dem wenigen, was da war, wurde Mehl- oder Graupensuppe gekocht, manchmal Erbsensuppe. Ab und zu gab es Trockenkartoffeln und Trockengemüse, das die Berliner »Drahtverhau« nannten. Das Brot wurde mangels Aufstrich meist trocken gegessen. Einen hohen Stellenwert hatte mittlerweile jedes bißchen Grün, das zwischen den Ruinen wuchs, besonders Brennesseln, Löwenzahn und Melde, die – sonst als Unkraut mißachtet – nun als Salat oder Gemüse den Speisezettel bereicherten: »Ich peile unterwegs schon jeden Flecken Grün an... in den Vorgärten vor den Ruinen (habe ich mir) einen Beutel voll Brennnesseln gezupft, pflückte vornehm mit meinen im Luftschutzgepäck geretteten Fischhaut-Handschuhen. Mit Gier hab ich das Grünzeug verschlungen, hab auch den grünen Kochsud ausgetrunken, fühlte mich richtig aufgefrischt... Allerorten spürt man die Angst ums Brot, um Leben, Arbeit, Lohn, um den kommenden Tag... Man kann einander jetzt nicht helfen. Doch das bloße Vorhandensein anderer Hungernder hält mich aufrecht... Gott weiß, was wir alles noch essen werden. Ich bin noch längst nicht am äußersten Rande der Lebensbedrohung angelangt... Ich weiß nur, daß ich überleben will – ganz gegen Sinn und Verstand, einfach wie ein Tier.« (Eine Frau, 279 ff.)

Im Juni 1945 wurde von der Abteilung für Volksbildung des Berliner Magistrats zu einer Sammelaktion aufgerufen, an der sich vor allem die Schulkinder beteiligen sollten: »Die Ernährungs- und Gesundheitslage erfordert dringend die sofortige Ausnutzung aller entsprechenden Rohstoffe, insbesondre auch durch Schulsammlungen von Wald- und Wildfrüchten und von Garten- und Wildheilkräutern. Die Verarbeitungen werden gewerblich und als Selbsthilfemaßnahmen der Hausfrauen in Form von Tee, Marmelade und Saft erfolgen.« Das Rundschreiben endete mit den Worten: »Wir helfen! Wir werben für Selbsthilfe! Auch das ist antifaschistischer Kampf!« (Horbelt/Spindler, 69) Dienten diese Sammelaktionen zwar – wie schon im Ersten Weltkrieg oder unter den Nationalsozialisten – in erster Linie dazu, die Ernährung der Bevölkerung zu verbessern, so gab man ihnen unter jedem Regierungssystem gern eine höhere Weihe, indem man ihnen das jeweils passende ideologische Mäntelchen umhängte. Trotzdem hatte man keine Berührungsängste mit bereits unter den Nationalsozialisten propagierten Ernährungstips und Kochrezepten und übernahm sie für die Nachkriegskochbücher.

Mehrere Jahre nach Kriegsende verschwanden die »Wildgemüse« nicht von den Berliner Speisezetteln. In der Tagespresse und in Frauenzeitschriften wurden sie immer wieder angepriesen. So druckte die »Frau von heute« 1947 unter der Überschrift »Wildgemüse in voller Pracht« Rezepte für gebratene Melde, Nachtkerzenwurzeln in holländischer Tunke, Sauerampfereintopf und Brennesselpudding. (vgl. Meyer/Schulze, [1984], 109 f.) Die »Berliner Zeitung« veröffentlichte im April 1948 folgenden Hinweis: »Um dem Mangel an Frischgemüsen abzuhelfen, finden auch in diesem Jahr in allen Berliner Bezirken Wildgemüseführungen statt, durch die die Bevölkerung zum Sammeln von Wildgemüsen angeregt werden soll.« (Stave, 207) Seit März 1946 wurden die Brachflächen des Tiergartens für den Gemüseanbau genutzt. Auch andere Grünflächen in der Stadt verwandelten sich in Kartoffeläcker. Kaum ein Hinterhof, ein Balkonkasten, in dem nicht irgendeine Nutzpflanze, und sei es Tabak, gezogen wurde. Solange die Gemüsezucht auf dem eigenen Balkon erfolgte, konnten die Besitzer sicher sein, daß sie auch selber ernteten. Schrebergärten dagegen mußten vor dem damals weit verbreiteten Mundraub sorgfältig bewacht werden. »Ich suchte zusammen mit der Witwe Brennesseln und Melde. Wir streiften durch des Professors zerstörten, verwilderten Garten. Selbst wenn ich noch eine amtliche Erlaubnis zur Gartenbestellung erhielte – hier käme sie zu spät. Fremde Hände haben ganze Äste vom Kirschbaum abgeschlagen, haben die kaum erst gelben Kirschen abgepflückt. Hier wird nichts reifen. Die Hungrigen ernten schon vorher.« (Eine Frau, 287)

Angesichts von kaum erträglichem Hunger und täglichem Überlebenskampf mußten den Menschen die in der Nachkriegszeit erschienenen Kochbüchlein und Broschüren mit Rezeptvorschlägen wie Hohn anmuten. Mit Titeln wie »Gute Kost in magerer Zeit«, »Das tägliche Brot – in Zeiten der Not« und »Schmalhans kocht trotzdem gut« waren sie eine Neuauflage aus Zeiten des Faschismus, in denen man auch schon das Kochen mit sogenannten »Austauschstoffen« schmackhaft zu machen versucht hatte. (vgl. Trümmer, Träume, Truman, 38) Die erste Veröffentlichung mit Kochrezepten, die nach Kriegsende verlegt wurde, gab das Institut für Ernährung und Verpflegungswissenschaft 1945 in Berlin-Dahlem heraus. Das von den amerikanischen Militärbehörden lizensierte Heft erschien in einer Reihe zum »Wiederaufbau der deutschen Ernährung« und trug den Titel »Gute Soßen und Brotaufstriche mit wenig Fett«. (vgl. Horbelt/Spindler, 31) Diverse Soßen-Variationen sollten die beiden Hauptnahrungsmittel der Zeit, Brot und Kartoffeln, abwechslungsreich gestalten und über den Mangel an Fleisch und Gemüsen hinweghelfen. So pries das Kochbüchlein u. a. Soßen von Hagebutten, Steckrüben, Sauerampfer und Löwenzahn sowie Kürbis-, Lauch-, Rote Bete- und Kräutersoßen an.

Um zu überleben, schreckten die Menschen selbst davor nicht zurück, verletzte und tote Tiere auszuweiden, die man üblicherweise nicht aß. Besonders oft mußten gefallene Pferde für Mahlzeiten herhalten, aber auch herrenlose Hunde und Katzen, die als »Dachhasen« serviert wurden. Ruth Andreas-Friedrich beschreibt in »Schauplatz Berlin«, ihrem 1938–45 aufgezeichneten Tagebuch, wie sie und ihre Freunde Ende April 1945 unerwartet Besitzer eines verletzten Ochsen wurden, der von einem Russen den Gnadenschuß erhielt. »Fünf Minuten später gebärden wir uns alle wie Besessene, Küchenmesser schwingend, mit aufgekrempelten Ärmeln… Und plötzlich, als hätte die Unterwelt sie ausgespien, sammelt sich um den toten Ochsen eine lärmende Menge. Aus hundert Kellerlöchern kriechen sie hervor. Weiber, Männer, Kinder. Hat sie der Blutgeruch angelockt? Der Hunger sie hergetrieben? Mit Eimern kommen sie gelaufen. Mit Bütten und mit Wannen. Sie schreien und gestikulieren, reißen sich die Fleischfetzen aus der Hand. ›Mir

Gemüsebeete im Tiergarten, 1947

die Leber!‹ keift eine. ›Mir die Zunge!‹ … Fünf blutbeschmierte Fäuste zerren im wütenden Wettstreit die Ochsenzunge aus dem Schlund… Ich schleiche mich beiseite. Noch nie ist mir so elend gewesen.« (Andreas-Friedrich, 190)

1946 gab es in über 90.000 Berliner Haushalten Hühner, Enten, Kaninchen, Schweine, Schafe, Ziegen und Bienen. (vgl. Meyer/Schulze, [1984], 108) Sie wurden in der Küche, im Badezimmer, auf dem Balkon und – wenn vorhanden – im Garten gehalten. Eine Trümmerfrau erzählte von ihrer Nachbarin: »Sie hat vier Hühner. Tagsüber sind sie auf dem Laubengelände einer stillen Seitenstraße. Morgens werden sie in zwei Handtaschen hingebracht, bei Einbruch der Dunkelheit kommt die Frau wieder und holt ihre Hühner nach Hause, da sie sonst gestohlen würden. Sie leben dort in einer Kiste auf dem Balkon, bei Regen in der Küche. Die Frau hat täglich ihre zwei Eier, das lohnt schon die Mühe.« (Riess, 131) Ein Berliner hatte sogar das große Glück, daß ihm ein Huhn zuflog. »In die Küche fiel an diesem trüben Apriltag des Jahres 1946 nur spärliches Licht. Die unteren Fensterflügel waren verpappt und nur bei den oberen hatte unser Bezirksglaser, unter Verwendung kleiner

Leisten, Scheiben aus unseren Bilderrahmen kunstvoll zusammengestückelt. Gerade wollte meine Frau die ersten Brotscheiben in das heiße Fett legen, da hörten (wir) ein dumpfes Geräusch draußen auf dem Fenstersims... das Geräusch kam direkt von der rechten Fensterpappe her. Ich griff den Feuerhaken vom Herd, nach dem Motto ›Angriff ist die beste Verteidigung‹ sprang ich zum Fenster und riß es mit einem Ruck auf. Der Anblick, der sich uns bot, werden wir unser Lebtag nicht vergessen... Auf dem Fenstersims saß ... ein schönes, wohlgenährtes, weißes Huhn mit leuchtenden roten Lappen am Kopf und neugierigen Augen, die uns interessiert musterten... Meine Frau... schlich zum Küchenschrank, holte mit sicherem Griff eine Tüte heraus und näherte sich damit dem Fenster. Davor stand ein kleiner Tisch und auf diesen streute sie etwas vom Inhalt der Tüte, ein paar Graupenkörner, die glücklicherweise von der letzten Nährmittel-Zuteilung noch übrig geblieben waren. Das Huhn schien interessiert... (und) machte sich über unsere Lockspeise her... blitzschnell schloß ich das Fenster, und wir waren Besitzer eines stattlichen Huhnes... Ich improvisierte zunächst eine Hühnerstange, indem ich einen Besen mit dem einen Ende auf den Herd legte... Nachdem sich in den nächsten beiden Tagen kein Eigentümer des Huhnes gemeldet hatte, baute ich ihm aus einem ehemaligen Luftschutzbett einen Stall unter dem Küchenfenster... zum Scharren... legte ich den Boden mit Grasnarbe und Sand aus... Wenn wir in der Küche Mittag aßen, kam es aus seinem Stall, der oben nicht geschlossen war, herausgeflogen, setzte sich auf meine Schulter und pickte blitzschnell die besten Stücke aus meinem Teller... Es trieb auch, wenn es allein war, allerlei Schabernack. So räumte es einmal den Küchenherd von Abfällen und Papierfetzen aus, weil die eisernen Ringe fehlten und nur durch eine leichte Blechplatte ersetzt waren. Einmal fischte es zum Wässern eingelegte Salzheringe aus der Schüssel heraus und verteilte sie in der ganzen Küche. Nach solchen Heldentaten saß es dann meistens oben auf dem Küchenschrank und beobachtete uns neugierig, wenn wir mit ihm schimpften... Im Laufe von zweieinhalb Jahren, solange lebte es bei uns, (legte es) 486 Eier. Meine Frau führte genau Buch. Auf unserer Speisekarte standen jetzt nicht nur taufrische Hühnereier, sondern auch andere, sonst nicht auf Marken zu erwerbende Köstlichkeiten, wie ... Schokolade usw. Der Tausch mit einem frischen Hühnerei machte es möglich.« (Berliner Forum, 35 ff.)

CARE-Pakete und Schwarzer Markt

Erheblich verschärft wurde die Versorgungskrise durch den täglichen Zustrom von Vertriebenen aus den Gebieten östlich der Oder-Neiße-Linie. Um einer Hungersnot vorzubeugen, wurde eine Zuzugsbeschränkung verhängt, und es erhielten nur noch diejenigen Lebensmittelkarten, die seit dem 30.9.1945 ihren ständigen Wohnsitz in Berlin gehabt hatten. Zusätzliche Hilfsmaßnahmen der Alliierten gegen den Hunger in der Bevölkerung waren öffentliche Notspeisungen aus »Gulaschkanonen« sowie »Schulspeisungen«, bei denen alle Schulkinder pro Tag eine warme Mahlzeit erhielten. Linderung der Not brachte seit 1946 auch die von den USA ausgehende CARE-Pakete-Aktion: »Ich ging damals auf das Canisius-Kolleg. Zu der Zeit besuchten häufig amerikanische Jesuiten die Schule und gingen durch die Klassen. An besonders blaß und ausgehungert aussehende Kinder verteilten sie Care-Pakete. Da pro Klasse nur zwei, höchstens drei verteilt wurden, versuchten wir natürlich alle, besonders blaß und unterernährt auszusehen, aber da mußten wir uns nicht sehr verstellen. Wenn wir wirklich einmal das Glück hatten, ...ein Lebensmittelpaket zu bekommen, dann glich das Öffnen eines solchen Paketes einem Besuch in Disney-Land. Mit Bildern bedruckte Blechbüchsen waren das höchste unserer Träume. Aber auch einfache Armee-Pakete, in denen Tee, Zucker und Milchpulver in einer ungeschmückten Blechbüchse waren, galten als Heiligtum, das aufgehoben und behütet wurde, wie ein Augapfel, als Gruß aus einer völlig anderen, unbekannten, fernen Welt. Natürlich verwendete man diese Blechbüchsen auch weiter, um z. B. Marmelade einzukaufen, die es nur lose gab. Die Zierde des Tisches war dann eine einfache Armeebüchse mit Vierfruchtmarmelade.« (Conradt, 48)

Der Schwarze Markt, der sich bereits in den Kriegsjahren etabliert hatte, nahm im Nachkriegs-Berlin Ausmaße an wie in keiner anderen deutschen Stadt. Obwohl mit hohen Strafen belegt, betrieben den illegalen Handel mit über den Krieg gerettetem Besitz, organisierter oder selbstproduzierter Ware nach Schätzungen nahezu 85 % der Berliner. »Für das Geld, das man regulär verdient hat, konnte man auf dem Schwarzmarkt nichts kaufen. Mein Mann hat 90 Pfennige Stundenlohn gekriegt, und ein Brot hat auf dem Schwarzmarkt 90 Mark gekostet. Also, ernähren konnten wir uns damit nicht, das hat gerade gereicht für das, was wir auf Lebensmittelkarten gekriegt haben. Und bei mir war das so, daß die Arbeit, die ich nun gemacht habe, das Viehzeug füttern, Gemüse einmachen, sammeln, stoppeln, hamstern, Schwarzmarktgeschäfte... alles mehr gebracht (hat), als in irgendeinem Betrieb für ein bißchen Geld zu arbeiten.« (Meyer/Schulze, [1985], 119) Auf dem Schwarzen Markt wurde »kompensiert«, d.h. man zahlte nicht mit Geld, sondern mit Ware. Die Ami-Zigarette war die eigentliche Währung. Eine einzige kostete bis zu 20 Reichsmark, ein Kilo Kaffee rund 1.500 Mark. Nicht nur den kleinen Mann, den Not und Hunger zum verbotenen Handel auf dem Schwarzen Markt trieben, sah man dort. Besatzungssoldaten, die über jede Menge Zigaretten verfügten, besserten dort ihren Sold auf bzw. gelangten für einen

Lebensmittelspenden durch CARE-Pakete aus den USA

»Appel und ein Ei« an Wertgegenstände, die zu Friedenszeiten ein Vielfaches kosteten. Vor allem Schieber, Schleichhändler und Betrüger witterten das große Geschäft. Die Polizei konnte trotz etlicher Razzien den Schwarzhandel nicht eindämmen.

»Morgens, nach der Sperrstunde, zog ich ins ›Ida‹, es war ein bis auf zwei Etagen abgebranntes ehemals vierstöckiges Mietshaus mit handtuchbreiten Zimmern, in denen je ein sprungfederkrankes Sofa stand; es gab keine Fenster, keine Bettdecken, keine Wäsche, kein Wasser, kein Licht, aber es gab eine Küche mit altersschwachem Kochherd, um den sich in den Vormittagsstunden die Augsburgerstraßen-Nutten scharten. Auf der Platte lagen Brennscheren, Brotscheiben und Cornedbeefbüchsen. Nachdem meine Mitmieter festgestellt hatten, daß meine beruflichen Interessen nicht mit den ihren kollidierten, gaben sie mir vom nächtlich Erarbeiteten ab. Eine wogende Rothaarige feilte ihre Nägel und verkündete in die morgendliche Eintracht: ›Ick hab jestern ne Penicillinquelle uffjerissen.‹ Abgenagte Federn auf grünen, roten, violetten Morgenröcken flatterten, Stimmen überschlugen sich, Herdringe schepperten, die Ampullen wanderten von Hand zu Hand, die Aufregung machte weihevoller Rührung Platz. Die milchige Flüssigkeit, für rechtschaffen erschlafenes Geld erworben, erwies sich später als in Wasser aufgelöstes Mehl; um den Herd vereint, schworen sie Rache.« (Knef, 103)

»Hamstern«, »Stoppeln«, »Stubbenroden«

Eine andere Möglichkeit, sich Nahrung zu verschaffen, waren die – offiziell ebenfalls verbotenen – Hamsterfahrten in das Umland Berlins. Eine mühselige Prozedur, da mit stundenlangem Warten auf übervolle Züge verbunden, um eine gefährliche Fahrt auf dem Dach oder außen am Zug hängend anzutreten. Dazu ein kilometerlanger Fußmarsch zu den Bauern in der Hoffnung, daß sie einem die mitgenommenen Habseligkeiten gegen Kartoffeln, Eier und Speck eintauschten. Auf dem Heimweg dann die Angst, daß einem in einer Polizeikontrolle das Hamstergut wieder abgenommen wurde und die ganze Mühsal umsonst war. Dennoch begaben sich täglich Tausende auf Hamstertour. Ein Hochzeitspaar hatte sich im Mai 1945 das Hochzeitsessen zusammengehamstert: »Auf dem mit einem Bettlaken weiß gedeckten Tisch stand in der Mitte eine Flasche mit Johannisbeerwein, die von der letzten Russen-Razzia im Keller übriggeblieben war und die beinahe aussah wie Rotwein. Das Festessen bestand aus einem halben Kaninchen für alle und drei Kartoffeln pro Person – beides mühsam durch Tausch ergattert. Die andere Hälfte des Kaninchens verspeiste der Laubenbesitzer mit seiner Familie. Der Festbraten kostete zwei noch gute Küchenschürzen, und die Kartoffeln waren das Ergebnis der letzten mageren Hamsterfahrt nach Nauen.« (Berliner Forum, 46)

Die Menschen mußten erfinderisch sein, um ihre Schmuggelware durch die Kontrollen in den Bahnhöfen zu bekommen. Rucksäcke wurden beispielsweise schon vorher vom Zug geworfen, wo sie von einer Vertrauensperson in Empfang genommen wurden, oder Koffer wurden mit den Füßen unter den Sperren durchgeschoben. »Meine Oma, eine Schlächtersfrau aus Oberschlesien, leistete sich das absolute Meisterstück. Sie besaß einen Garten in Heinersdorf... und das Obst, das sie dort erntete, war ihr Kapital. Mit diesem Obst gelang es ihr an Holz zu kommen, über das Holz kam sie an Stoff und über Stoff an ein Schwein. Dieses Schwein war aber nun in Oebisfelde (in der Nähe von Wolfsburg, d.V.)... Wie kommt man nun bei all den Polizeikontrollen – und Schwarzschlachten war ja streng verboten – an ein Schwein, das in Oebisfelde ist? Meine Großmutter schaffte es. Ein Stück des Schweines ging an den Pfarrer in Oebisfelde. Der Pfarrer hat daraufhin einen Totenschein ausgestellt und meine Großmutter kam mit der geschlachteten Sau im Sarg am Bahnhof Zoo an und wurde hilfreich von der Polizei als trauernde Hinterbliebene mit dem Schwein entlassen.« (Conradt, 22f.)

Auf den abgeernteten Feldern rings um die Stadt waren die Berlinerinnen unterwegs, um nach liegengebliebenen Körnern und Kartoffeln zu suchen. »Wir sind auch zum Stoppeln gefahren nach Lichtenrade raus, da gabs Kornfelder. Wir haben immer gesagt, die Bauern gehen mit der Hungerharke, also, die harken zum Schluß nochmal alles zusammen. Aber wir hatten es genau abgepaßt. Die Hungerharke war noch nicht drüber gegangen, und wir nun schnell raus und die Ähren gelesen. Ich hatte mir eine Schürze genäht mit einer großen Tasche und hab denn immer in die Tasche reingelesen... Da kam vom anderen Ende der Bauer angerannt mit einem großen Knüppel. Marlenchen und ich, wir waren ja nicht die einzigen auf dem Acker. Da waren noch mehr Leute. Und der hat uns alle mit seinem Knüppel vertrieben. Aber wenigstens ein paar Körner hatten wir ergattert.« (Meyer/Schulze, [1985], 118)

Auch Berlins Wälder und Parkanlagen fielen dem Mangel der Nachkriegszeit zum Opfer. Der Tiergarten wurde zum Abholzen freigegeben, jahrhundertealter Baumbestand wanderte ins Herdfeuer. Gegen Bezahlung konnten sogenannte »Stubbenscheine« erworben werden, die dazu berechtigten, eine Baumwurzel auszugraben. Eine Berlinerin berichtete: »Man kauft sich beim Förster für fünf Mark, Westmark versteht sich, einen Stubbenschein, der zum Stubbenroden berechtigt. Freilich, den bekommt man erst, wenn man zuvor im Grunewald zehn Löcher früher gerodeter Stubben zugeschaufelt hat. Na, und dann geht es eben los mit einem kleinen Handwagen, Beil und Säge. Wir gehen natürlich immer mit ein paar Nachbarinnen, denn das Stubbenroden ist schwere Arbeit. Am letzten Sonntag haben mein Mann, meine älteste Tochter und ich zehn Stunden geschafft, um zwei Stubben herauszukriegen.« (Riess, 131)

Stromsperren und »Kohlenklau«

Seit dem Herbst 1945 war die Stromerzeugung in Berlin kontingentiert. Für die Abnehmer galten strenge Verbrauchsbeschränkungen. Genehmigt waren nur 500 Wh pro Tag und Zähler und weitere 50 Wh pro Tag und Person für die Beleuchtung sowie 1,2 kWh pro Tag und Zähler und weitere 200 Wh pro Tag und Person für den Kochstrom. Bei Überschreitungen der Kontingente drohten hohe Geldstrafen, eine hundertfache Gebührenerhöhung des verbrauchten Stroms und eine 30tägige Stromsperre. Bis Ende 1946 stellte die Bewag über 57.000 Strafbescheide aus. Von der Gasag, die ebenfalls diese Maßnahmen ergriff, ergingen 100.000 Strafbescheide. (vgl. Bewag Festschrift) Während der Blockade Berlins wurden wegen des anhaltenden Energiemangels die Haushalte nur jeweils zwei Stunden am Tag und in der Nacht mit Strom beliefert. »1 Uhr morgens: Der Wecker schrillte. Die Familie sprang aus den Betten. Jetzt funktionierte auch das Licht. Frau Schultze war schon in der Küche, sie begann zu kochen, neben ihr und um sie herum kochten die beiden anderen Hausfrauen, die in der gleichen Wohnung lebten. Die jüngste Tochter wusch, die ältere bügelte. Dies war die Stunde des größten Betriebs in der Wohnung, in der drei ausgebombte Haushalte sich zusammengefunden hatten. Eine gute Stunde später wurde gegessen. Und dann brachte Frau Schultze den Rest des Essens und das was für den morgigen Tag gedacht war, in die Kochkiste, das Geschirr wurde gewaschen und abgetrocknet. Es wurde weitergebügelt und gewaschen, auch Radio gehört, bis das elektrische Licht wieder verlosch, genau zwei Stunden, nachdem man aufgestanden war.« (Riess, 132)

Eine schlimme Zeit mußten die Berliner in den extrem kalten Wintern 1945/46 und 1946/47 durchstehen; viele von ihnen verhungerten oder erfroren in den ungeheizten Wohnungen. Von Oktober 1945 bis März 1946 starben über 60.000, im darauffolgenden Winter 40.000 Berliner. Die viel zu geringen Kohlelieferungen, die nach Berlin kamen, blieben der Industrie und den immer wieder unterbrochenen spärlichen Stromlieferungen vorbehalten. Da für die private Herdbefeuerung kaum etwas übrig blieb, griff die Bevölkerung zur Selbsthilfe. Von höchster kirchlicher Stelle wurde der private Kohlendiebstahl durch den Kölner Kardinal Frings 1946 legitimiert: »Man kann es dem einzelnen nicht verwehren, das Dringendste zur Erhaltung von Leben und Gesundheit zu nehmen, wenn er es durch Arbeit oder Bitten nicht erhält.« (Grube/Richter, 113) Seitdem hieß der Kohlenklau von mit Kohlen beladenen Lkws herunter oder aus den an den Bahndämmen stehenden Zügen »fringsen«. Frauen und Kinder organisierten auf diese Weise das kostbare Heizmaterial, da man sie, wenn sie erwischt wurden, eher laufen ließ als Männer, die mit empfindlichen Strafen rechnen mußten. Die Überlebenstechniken im Nachkriegswinter schildert folgende Passage: »Den Winter 46 auf 47 war Mutter Krause damit beschäftigt, den Rest der Familie am Leben zu erhalten. Der Rest bestand aus Albert und aus Gisela. Horst war in russischer Gefangenschaft; man hatte aber Nachricht. Die strategische Planung begann morgens nach dem Aufstehen. Das Aufstehen ging schnell, da man sich bereits abends beim Hinlegen angezogen hatte. Auch das Waschen war, mit Rücksicht auf die Zimmertemperatur von minus zwei Grad, mehr eine symbolische Handlung. Außerdem stank es ziemlich im Badezimmer, in der Wanne mümmelten zwei Kaninchen. Man setzte sich in die Küche um die Kochhexe, im Handel hieß sie Sparherd. Alle weinten ein bißchen, denn der Sparherd sparte nicht mit Rauch. Mit dem nassen Erlenholz, das Albert gestern im Park gestohlen hatte, wäre auch ein anderer Ofen nicht fertig geworden. Lisbeth servierte jedem einen Teller Roggenmehlsuppe (das Pfund Roggenmehl für 80 Mark) nebst einer Tablette Saccharin (›500 mal süßer als Zucker‹). Albert bekam eine Sonderzuteilung von einer aktiven Zigarette im Wert von fünf Mark. Er brauchte seine Nerven. Er mußte wieder stehlen gehen. Kohlen diesmal. Lisbeth war da unerbittlich. ›Als zur Zeit stellungsloser Bahnbeamter müßtest du dich auskennen mit den Kohlenwaggons‹, meinte sie. Gisela wurde zum Schlangestehen abkommandiert. Es gab auf Abschnitt klein f 150 Gramm Heringsrogen pro Kopf. Alle drei hatten sie Karte V, die Sterbekarte. Lisbeth selbst empfahl sich heute für ungewisse Zeit. Sie wollte nach Zäckerick, und niemand konnte sagen, wann sie zurück sein werde. Als sie allein in der Küche war, pustete sie die Kerze aus. Sie fand sich auch im Dunkeln zurecht... Der Strom kam diesmal erst gegen vier. Sie packte in den großen Rucksack drei Rollen Garn, eine alte Hose, einen Gartenschlauch, drei Päckchen Süßstoff. Sie malte auf eine Bäckertüte: ›Seid artig und bangt Euch nicht. Gisela soll auf die Gasuhr gucken, es sind nur noch sechs Kubik. Küßchen, Mutti‹«. (Fischer-Fabian, 32 f.)

In dieser krisenhaften Zeit waren Tätigkeiten wie Wildpflanzen und -früchte sammeln, »Stoppeln« gehen, Kleintierhaltung in der Küche, Gemüsezucht auf dem Balkon, im Hinterhof oder Schrebergarten, Einkochen der Ernte, Hamsterfahrten, Schwarzmarkthandel und Kohlenklau lebensnotwendig und weitaus produktiver für den Familienunterhalt als der geringe Lohn, der für eine acht- bis zehnstündige Tätigkeit mit regulärer Arbeit zu erzielen war. Die Lebensweisheit in den ersten Nachkriegsjahren lautete dementsprechend: »Wer heute noch das Leben liebt, der schiebt. Wem Ehrlichkeit im Blute rauscht, der tauscht. Wem beide Wege sind verbaut, der klaut. Wer alles ehrlich nur erwirbt, der stirbt.« (Horbelt/Spindler, 87)

Illegaler Ost-West-Handel und Versorgung aus der Luft

Die 1947 aufgetretenen Spannungen zwischen der Sowjetunion und den westlichen Siegermächten, die zu keiner politischen Einigung in der Deutschlandfrage mehr fanden, leiteten den »Kalten Krieg« ein. Berlin wurde »Frontstadt« bis zum Fall der Mauer. Als Antwort auf die am 20. Juni 1948 in den Westzonen durchgeführte Währungsreform verfügte die sowjetische Seite unter Verletzung des Viermächtestatus am 24. Juni die Einführung der Ostmark in Gesamt-Berlin anstelle der bis dahin gültigen Reichsmark. Einen Tag später reagierten die westlichen Besatzer, indem sie die Währungsreform auch auf die Westsektoren Berlins ausdehnten. Sie führten die Deutsche Mark – kurz »Westmark« genannt – ein, die im Verhältnis 1:10 gegen die alte Reichsmark eingetauscht werden konnte. Fast ein Jahr lebten

Weddinger Elendsquartier für neun Personen in einer ehemaligen Kohlenhandlung, 1952

die Berliner in den westlichen Sektoren mit einer Doppelwährung, da die Ostmark als Zahlungsmittel ihre Gültigkeit behielt.

Mit der neuen Währung tauchten auch die Waren wieder auf, nach denen die Berliner jahrelang gefragt hatten. »Es war wie Zauberei: das neue Geld war kaum verteilt, da gaben die Kühe wieder Milch, die Hühner legten wieder Eier, die Kartoffeln wuchsen wieder. Was Hungerstreiks, Schweigemärsche, Erfüllungssolls und Strafandrohungen nicht vermocht hatten, gelang dem bunten DM-Papier: gegen gutes Geld taten sich alle die geheimen Lager auf, in denen Fabrikanten, Grossisten und Einzelhändler die rarsten Waren deponiert hatten.« (Trümmer Träume Truman, 27) Die Löhne und Gehälter der in den Westsektoren wohnenden Beschäftigten wurden zu einem Viertel in Westmark ausgezahlt und zu drei Vierteln in Ostmark. Mit der Ostmark konnten die Berliner ihre Steuern, Mieten, Fahrgelder und Lebensmitteleinkäufe bezahlen. Für Bekleidung und alle anderen Industriegüter mußte ein variierender Prozentsatz in Westmark gezahlt werden. Die Ost-Berliner erhielten nur Ostmark; der Umlauf und Besitz von Westmark war in der sowjetischen Zone verboten und unter Strafe gestellt. Die im Verhältnis zur Westmark geringere Kaufkraft der Ostmark hatte einen Wechselkurs von 1:4 bis 1:7 zur Folge, was viele Berliner zu ihrem Vorteil nutzten. »Wenn wir nämlich unser Westgeld 1:5 eintauschten, dann konnten wir drüben einkaufen wie die Weltmeister. Beispielsweise am Potsdamer Platz, da standen lauter Buden, wo es alles zu kaufen gab, vom Geflügel über Kartoffeln, Gemüse und Brot, einfach alles.« (Conradt, 91) Trotz der Kontrollen, Verbote und öffentlichen Repressalien war ein reger Warenumschlag von Ost nach West und umgekehrt im Gange. Der Schwarzmarkt hatte sich in einen illegalen Ost-West-Handel verwandelt. Die Mutter einer vierköpfigen arbeitslosen Familie berichtete: »Meine Eltern, die im Ostteil wohnten, haben uns geholfen. Mal brachten sie uns Brot, mal ein Stück Fleisch. Ich bin auch selber rübergefahren und habe dort eingekauft. Dabei hatte ich immer Angst, vom Westzoll erwischt zu werden. Einmal habe ich mir das gefrorene Fleisch, das ich drüben billig erstanden hatte, um den Bauch gebunden. Es war eisig, ich konnte es kaum aushalten... Später hat mir eine Freundin einen Faltenrock genäht mit ganz tiefen Taschen, die nach innen fielen. In diesen Taschen habe ich so manches transportiert.« (ebd., 95)

Der Ost-West-Konflikt der vier Siegermächte kulminierte in der Blockade West-Berlins. Am 24. Juni 1948 sperrte die sowjetische Besatzungsmacht die Verbindungswege von Westdeutschland zu den Westsektoren Berlins völlig ab. Mit der Blockade versuchte die Sowjetunion, ihren Machtbereich durch Aushungern der westlichen Berliner Bevölkerung auf diese auszudehnen und die westlichen Alliierten zum Truppenabzug aus Berlin zu bewegen. Nahrungsmittel, z.B. Frischmilch und -gemüse, und andere Versorgungsgüter wie Elektrizität und Braunkohle wurden nicht mehr aus der sowjetischen Besatzungszone nach West-Berlin geliefert. Noch am selben Tag ordnete der amerikanische Militärgouverneur General Clay die »Luftbrücke« zur Versorgung der Berliner Bevölkerung und der Alliierten an. In den 462 Tagen, in denen die Luftbrücke existierte, brachten amerikanische, britische und französische Transportmaschinen auf 277.264 Flügen 183.100 t Versorgungsgüter (60% Kohlen, 30% Lebens-

Gemeinsame Küchenbenutzung mehrerer Familien in einer Wohnung

mittel, 10% Industriegüter) nach Berlin und sicherten damit die Existenz der Eingeschlossenen. Um das Gewicht niedrig zu halten, wurden viele Lebensmittel getrocknet oder in Pulverform eingeflogen, z.B. Trockenkartoffeln, -früchte und -gemüse, Milch- und Eipulver. »Es waren so gewürfelte Trockenkartoffeln, die schmeckten so süß, wie Veilchenpastillen. Und aus diesen Dingen haben wir Delikatessen gemacht. Erfinderisch bis zum letzten. Kartoffelbrei mit Wasser vermischt, Kartoffelpuffer, Kartoffeltorte und Kartoffelauflauf. Also, das war so vielseitig. Wir haben aus Trockenfutter alles gemacht.« (Meyer/Schulze, [1984], 55) Die Frauen mußten ihre Kochgewohnheiten ändern, um mit den ungewohnten Lebensmitteln der Luftbrückenhilfe, z.B. Corned beef, Mais- und Sojamehl, zurechtzukommen. Ratschläge erhielten sie aus der Presse, die Rezeptvorschläge machte, z.B. für »Corned-beef-Pfannkuchen« und »Maiskuchen«. Durch den Einsatz der Luftbrücke konnte die Absicht der sowjetischen Führung, ihre politischen Ziele auch in den Westsektoren Berlins durchzusetzen und sich den Westteil der Stadt einzuverleiben, zunichte gemacht werden. Am 12. Mai 1949 gab die sowjetische Militärverwaltung die Blockade auf. Von einem Tag auf den anderen waren Läden und Schaufenster wieder mit Waren gefüllt, nach denen man vorher noch vergeblich gefragt hatte.

Die Einkäufe der West- und Ost-Berliner im jeweils anderen Teil der Stadt rissen auch nachdem die Blockade aufgehoben war nicht ab. »Die S-Bahn hat uns ja die Möglichkeit gegeben, zu schmuggeln in unseren Einkaufstaschen. Und wenn wir dann vom Westen (zurück) kamen, (wo wir) unser gutes Ostgeld verknackt hatten, dann hatten wir Butter drin, dann hatten wir Apfelsinen drin, dann hatten wir diese Dinge, die wir nicht bekamen. Und dann standen die Herrschaften in der S-Bahn und haben uns alles abgenommen... Wir haben nicht weiter gedacht, wir haben nur gedacht: ›Endlich wollen wir auch leben. Die da drüben, die haben ja schon alles. Denen da drüben geht es ja gut.‹ Das Wirtschaftswunder hatte ja schon angefangen. Und wie das dann anfing mit dem Taschen durchgrabbeln an der Bornholmer Brücke, na, das war manchmal bitter. Dann verpfiff der eine den anderen. Mancher nannte das dann politisch, ein anderer kriminell.« (Die Berliner S-Bahn, 174 f.) Auch der West-Berliner Magistrat forderte die Bevölkerung 1950 mit Plakaten (»Herr Schimpf und Frau Schande – verdienen im Westen und kaufen im Osten«) die Bevölkerung auf, nur noch Westprodukte zu kaufen. Kreuzberg und Neukölln warben: »Westberliner! Kauft nur Westberliner Produktion! Sie nur garantiert euch Freiheit, Arbeit, Brot und Lohn«. Einkäufe für den persönlichen Gebrauch waren bis Ende 1951 zwar öffentlich verpönt, aber noch erlaubt; sie wurden jedoch im folgenden Jahr unter Strafe gestellt. Die Verwaltung des Ostsektors reagierte 1952 ebenfalls, und in einer »Verordnung zur Verhinderung der Spekulation mit Lebensmitteln und Industriewaren« wurde verfügt, daß nur noch an Einwohner des »demokratischen Sektors« verkauft werden durfte.

Es geht wieder aufwärts

Anfang der 50er Jahre begannen sich die Verhältnisse zu normalisieren. Der konjunkturelle Aufschwung brachte Arbeitsplätze, und Wohnungen wurden wiederaufgebaut oder geschaffen. Die Küche blieb in den folgenden Jahren zunächst noch der zentrale Ort, an dem sich das Familienleben abspielte. Neben der Essenszubereitung wurde auf dem Herd die Wäsche gekocht, in der Küche wurde genäht und gehandarbeitet, sich gewaschen, die Kinder bei Spiel und Schularbeiten beaufsichtigt, Radio gehört, Zeitung gelesen und Besuch empfangen. Die Neubauten der 50er Jahre hatten dagegen keine Wohnküchen mehr; es entstanden kleine Küchen oder Kochnischen. Die Einsparungen an Platz und Fläche in den Küchen waren nicht nur das Ideal der Zeit, sondern aus der Not geboren. Eine Ausstellung über die »Rationelle Küchenwirtschaft« 1953 in Berlin machte deutlich, daß »die Wohnungsnot der Nachkriegszeit kategorisch eine kleine Küche verlangte«. 8 qm sah die DIN-Norm von 1958 für Küchen vor, so daß Einbaumöbel zur unabdingbaren Notwendigkeit wurden. (vgl. Haushaltsträume, 74) Der Eßplatz mußte ins Wohnzimmer ausgelagert werden. Dafür entstand in der Küche die durchgängige Arbeitsplatte mit integrierter Spüle und »Beistellherd«. An die Wände kamen Hängeschränke mit glatten, resopalbeschichteten Oberflächen. Diese praktischen und pflegeleichten Küchen entsprachen der kleinbürgerlichen Mentalität und mögen manche Frau beeindruckt haben, aber nicht jede wurde in dieser sachlichen und beengten Ausstattung glücklich. In der Praxis fühlten sich viele in ihren modernen »Kochzellen« eingesperrt und von der Familie isoliert. Das Familienleben konnte sich nicht mehr, wie in Wohnküchen üblich, um die Mutter herum abspielen, während sie nebenbei die Küchenarbeit erledigte. Im Gegenteil – in diesen Kleinstküchen stand man einander eher im Weg, mit der Konsequenz, daß Kinder und Mann vor der Küchentür blieben.

Die Küche als Badestube, 1956

Nach wie vor waren die Frauen allein für die Küchenarbeit zuständig, obwohl viele von ihnen in die Berufstätigkeit gingen. Sie mußten mitverdienen, um die nötigsten Dinge für den Haushalt anschaffen zu können. Die Geldknappheit verlangte höchste Sparsamkeit. Die Küchenutensilien wurden geschont und repariert, denn Neuanschaffungen belasteten das Budget zu sehr. Kleidung fertigten viele Frauen selbst an. Zur Kontrolle der Haushaltsführung diente das in den 50er Jahren weit verbreitete »Haushaltsbuch«, in das die täglichen Ausgaben eingetragen wurden. So konnte auch der Ehemann jederzeit nachvollziehen, wofür das »Wirtschafts-« oder »Haushaltsgeld« verwendet worden war. Die Mühe und Arbeit, die mit dieser Art von Haushaltsführung verbunden war, dazu die täglich wiederkehrenden Verrichtungen, wie Kochen, Einkaufen, Saubermachen, Aufräumen, Wäschewaschen, sich um die Kinder kümmern, belastete die Frauen im Durchschnitt mit nicht weniger als einem fünfzehnstündigen Arbeitstag. Frauen, die einen Beruf ausübten, mußten die liegengebliebene Hausarbeit nach Feierabend oder am Wochenende nachholen. Eine Unterstützung von seiten der Männer wurde ihnen selten zuteil. Sie bestand in gelegentlichem Einkaufen, Spielen mit den Kindern oder seltenen Kochversuchen am Wochenende.

Handarbeitende Mädchen, um 1945

Nach den Zeiten der größten Not wollten die Menschen ihr Zuhause behaglich ausstatten. Pflege, Sauberkeit und Ordnung standen im Vordergrund. In aktuellen Küchenratgebern und Frauenzeitschriften wurden den Hausfrauen deshalb Tips gegeben, wie sie ihre Hausarbeit rationell bewältigen konnten. Um sich die neuen elektrischen Küchengeräte leisten zu können, wurde viel auf Raten gekauft, eine Praxis, die Mitte der 50er Jahre gang und gäbe wurde. Ein Kühlschrank war Mitte der 50er Jahre in deutschen Küchen noch ein Luxusartikel, denn er kostete 400–700 DM, mehr als das durchschnittliche Monatseinkommen eines Vier-Personen-Arbeitnehmer-Haushaltes. Der Kühlschrank galt daher als Statussymbol. 1960 war er in der Hälfte aller deutschen Haushalte vertreten; einen Waschautomaten (400–2000 DM) gab es in einem Viertel und einen Fernseher in einem Drittel aller Haushalte. Von 100 Familien hatten 85

Ein Kind wird beim Spiel in der Küche betreut, um 1935

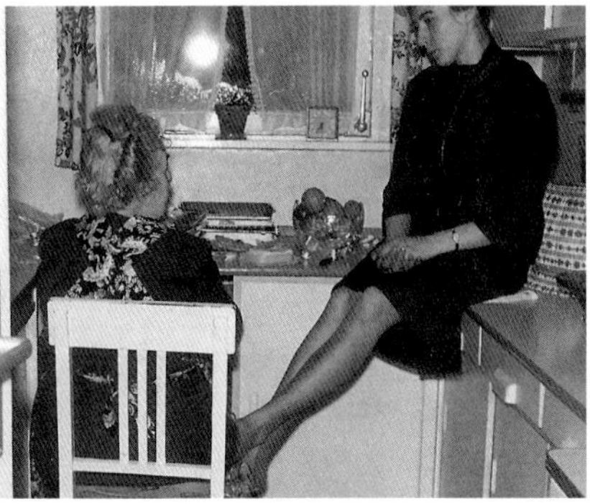

In der Einbauküche ist nur noch Platz für einen Stuhl, 1961

Einbauküche im 50er Jahre-Design

Einbauküche, Anfang der 70er Jahre

eine eigene Wohnung mit einer Küche oder Kochnische. (vgl. Meyer/Schulze, [1985], 179f.) Im Wirtschaftswunder-Deutschland begann die Verbreitung der uns heute geläufigen Haushaltstechnik, so daß in den 70er Jahren ein umfangreicher Maschinenpark zur Standardeinrichtung bundesdeutscher Küchen gehörte.

Vorerst blieb der Küchenzettel noch anspruchslos und ohne einen Hauch der heutigen Raffinesse; deutsche Hausmannskost war nach wie vor verbreitet. Es wurde nach überlieferten Familienrezepten gekocht, mit den Angeboten der Saison und angepaßt an die finanzielle Situation des Haushalts. Kartoffeln in allen Variationen mit gekochtem Gemüse und Soßen, Mehl- und Eierspeisen sowie Eintöpfe waren immer noch die gängigen Essen. Mahlzeiten mit Fleisch gab es höchstens ein- bis zweimal die Woche, und die auf den Tisch gebrachten Gerichte wiederholten sich regelmäßig. Zum Frühstück gab es Kaffee und Butterbrote mit süßem Aufstrich; mittags wurde zur festen Uhrzeit warm gekocht, und das Abendessen war meistens kalt und bestand aus belegten Wurst- und Käsebroten oder den aufgewärmten Speiseresten des Tages.

Passend zu den Lebensumständen der ersten Nachkriegsjahre, wo sich viele noch mit Kochnischen oder gemeinsamer Küchenbenutzung bescheiden mußten, erschienen Ratgeber wie das 1951 herausgegebene Kochbuch »Schnelle Küche«, dessen Untertitel »Die Kunst des improvisierten Kochens« ein Merkmal der Zeit war. Es richtete sich speziell an Berufstätige und diejenigen, die in möblierten Zimmern oder Notwohnungen zu Hause waren und auf beschränktem Raum ohne Backofen mit wenigen Küchenutensilien und höchstens einem zweiflammigen Kocher auskommen mußten. Schmaler Geldbeutel und knappe Zeit wurden in den Rezeptvorschlägen berücksichtigt. Unter »kalten Platten«, in einer Viertelstunde zubereitet, warmen »Blitz-Essen«, »Kurz-Menüs in 20–30 Minuten«, »garnierten Sandwiches« u.a. konnten die Leserinnen wählen. Es wurden jedoch auch – sicherlich ein Novum – Männer angesprochen, indem man eine Anzahl von Gerichten vorstellte, »die sich auch jeder Mann ohne große Anstrengung in kürzester Zeit selbst zubereiten kann.« Besonderen Wert sollte nach Meinung der Autorin, die auch Tips für eine gesunde Ernährung und die Erhaltung der schlanken Linie gab, auf die dekorative Präsentation der Speisen gelegt werden. Die Zeiten, in denen es nur darum ging, den größten Hunger zu stillen, waren vorbei. Nun aß das Auge wieder mit, und deshalb durften das Salatblatt an der Tomatenplatte, die Zitronenscheibe auf dem Wiener Schnitzel und gehackter Schnittlauch in der Suppe nicht mehr fehlen. Wohnte man auch noch so bescheiden, der »Sinn für Schönheit« sollte auf den Tischen wieder Einzug halten. Als Höhepunkt der dekorativen Tischkunst wurden gefüllte »Tomatenkörbchen« und »Fliegenpilzeier« (gekochte Eier, auf die mit Mayonnaise betupfte halbierte Tomaten gestülpt wurden) gepriesen. Wenn man Gäste bewirtete, gehörten solche Kreationen, zu denen sich noch mit Oliven oder Weintrauben gespickte Käsewürfel gesellten, bis Ende der 60er Jahre zum Standard.

Weihnachtsbäckerei in einer Kreuzberger Küche, 1960

Silvesterfeier in einer Neuköllner Küche, 1956

Familienfeier in einer in das Berliner Zimmer gebauten offenen Küche, Charlottenburg 1993

Auswege aus der Küchensackgasse

Die Küche – nur noch eine Zeile wert

Ab den 60er Jahren setzte sich die Einbauküche durch, die in den 20er Jahren die Ausnahme geblieben war. Wegen der knappen öffentlichen Mittel blieb es in der Nachkriegszeit zunächst den Mietern überlassen, sich eine Küchenzeile anzuschaffen. Im Neubaugebiet des Märkischen Viertels im Berliner Norden waren 1966 die ersten Wohnungen von vornherein mit diesen Küchen ausgestattet. Zur vorhandenen Einrichtung gehörten je nach Küchengröße, die zwischen 5 und 13 qm schwankte, ein Elektroherd (in manchen Bauten auch Gasherde), Hängeschränke, Arbeitsplatte mit eingebauter Spüle, Unterbau-, Vorrats- und Besenschrank. Die eingerichtete Küche war Bestandteil des Mietvertrages.

Die in den 60er Jahren errichteten Einbauküchen der großen Trabantensiedlungen wurden heftig kritisiert, weil sie wegen ihrer geringen Größe nicht als Wohnküchen zu nutzen waren. Der Soziologe H. P. Bahrdt beanstandete 1967 dieses »Ideal der Kleinstküche, in der angeblich alles so leicht greifbar ist, daß die Hausfrau sich nicht vom Drehschemel wegzubewegen braucht. Sie berücksichtigt einen Umstand nicht, der die Hausarbeit im Gegensatz zur Fabrikarbeit kennzeichnet: Hausarbeit ist diskontinuierlich. Einzelarbeiten müssen oft abgebrochen werden, weil eine andere Arbeit vordringlicher ist.« (Bahrdt, 52) Für die Küchenpraxis hieße dies, daß genügend Ablageflächen vorhanden sein müssen, um eine begonnene Arbeit liegenlassen zu können. Die Küche dürfe nicht kleiner als 10 qm sein, damit andere Familienmitglieder dort helfen können. Für Sitz- oder Steharbeit müßte es unterschiedlich hohe Arbeitsflächen geben. Bahrdt wies auf die unpraktische Arbeitsplattenästhetik hin, die die Oberkanten von Spüle, Anrichte, Kühlschrank und Tisch auf die gleiche Höhe ausrichtet, »die sich entweder für Sitz- oder Steharbeit oder für Steharbeit oder für keine von beiden eignet. Die Spülen sind fast immer zu tief. Das führt dazu, daß die Hausfrau die Abwascharbeit in einer Körperhaltung leistet, die Rückenschmerzen erzeugt.« (ebd., 53) Für eine Vorratshaltung waren die Kühlschränke und Tiefkühlvorrichtungen in den deutschen Küchen zu klein; es mußte daher häufiger als notwendig eingekauft werden. In den Hochhaussiedlungen der 60er Jahre gab es auch die Tendenz, Küchen fensterlos in den inneren Baukörperbereich zu verlegen, so daß die Hausfrauen viele Arbeitsstunden bei Kunstlicht und schlechter Belüftung zubringen mußten.

Eine Mieterin des Märkischen Viertels drückte 1971 ihren Protest gegen die schlechten Grundrisse so aus: »...in unserer Wohnung läufst du dich tot, rennst durch Flure, die zu nix Nutze sind, die du als Hausfrau jeden Tag ablatschen mußt – paar Kilometer jeden Tag hin und her. Die Zimmer sind dafür zu klein, dafür haste so'n Loch von Klo wo du dich kaum umdrehn kannst und dafür haste so'n Loch von Badezimmer wo du auch nich rinspucken kannst – und die Küche? was soll das sein? das is doch keine Küche auch nich: denn gibt es heute so wunderschöne Erkenntnisse wie du in der Küche Arbeitswege oder Zeit als Hausfrau sparen kannst – ein Dreck haben sie gemacht: das sind doch keine Küchen für so große Familien, da kannste nich mal'n Stuhl oder was unterbringen, da rennste mit dem ganzen Fressen vom Herd – da hinten am anderen Ende von der Küche is der Herd – da rennste quer um die 3 Ecken rum, bis du serviert hast is das Essen kalt. Willste im Sommer auf'm Balkon essen, was machste? rennste den ganzen Jahrmarkt durch den langen Flur durch's Wohnzimmer mit dem Zeug auf'n Balkon und hinterher wieder zurück«. (Kursbuch 27, 4) Die Mieterin konnte sich durchaus einen sinnvolleren Grundriß auf derselben Wohnfläche vorstellen, »einen großen *zentralen Raum* den du den Bedürfnissen entsprechend immer ändern kannst und dann von Erde bis zur Decke alles eingebaute Schränke, daß du alles so'n Dreck nich kaufen brauchst, und das müßte in jeder Wohnung sein... Habe ich einen großen Raum, kann sich das Kind wirklich in Ruhe hinsetzen, es braucht bloß gucken: da is die Mutter! Dies Hinterherwetzen fällt flach. Du brauchst eigentlich im Prinzip nur einen *großen Familientisch*«. (ebd., 7) Der Protest, den diese Mieterin formulierte, war letztlich ein Ergebnis der politischen Stadtteilarbeit von Studenten im Märkischen Viertel, die dort Ende der 60er Jahre auch über ihre eigenen Wohnerfahrungen in Kommunen berichteten und die Mieter so zu neuen Wohnkonzepten anregten.

Küchengemeinschaft: Von der Kommune zur WG

Die große gesellschaftliche Reformbewegung Ende der 60er, Anfang der 70er Jahre schlug sich auch in den Küchen nieder. 1967 hatten während der Hochphase der Studentenbewegung Mitglieder des Sozialistischen Deutschen Studentenbundes (SDS) die Idee, in ihrem Tagungszentrum, einer Teilruine am Kurfürstendamm, zusammen zu wohnen, um besser politisch arbeiten zu können. Das Konzept sah vor, einzelne Arbeitsgruppen in Wohn-Kommunen umzuwandeln. Man diskutierte nun jeden Abend, wie ein Zusammenleben möglich sein könnte. Während sich die Männer über das Projekt die Köpfe heißredeten, riß einer Frau, die die Diskutanten bisher bekocht hatte, der Geduldsfaden, und sie warf der Diskussionsrunde vor: »Was wollt ihr eigentlich verändern in dieser Gruppe, wenn ich jeden Tag für alle abwaschen muß und die Küche mache und keiner sich mal mit Michaela (der kleinen Tochter) beschäftigt! Das ist doch genauso wie bei Berufspolitikern in den Parteien.« (Kommune 2, 38) Die Männer nahmen die Vorwürfe ernst und waren bereit, »über die gemeinsamen Diskussionen hinaus mehr kollektiv zu tun als bisher... jetzt alle Mahlzeiten gemeinsam einzunehmen, Abwaschen und Einkaufen zu organisieren und eine gemeinsame Kasse ins Auge zu fassen.« (ebd., 40) Vor dieser SDS-Kommune war kurz zuvor ein anderes Wohnkollektiv entstanden, das als Kommune 1 mit spektakulären Aktionen in der Öffentlichkeit für Aufregung gesorgt hatte. In der neu gegründeten SDS-Kommune wurde zunächst nur gemeinsam zu Abend gegessen. »Einkaufen und kochen sollte, wer Lust hatte. Er bezahlte selbst, und seine Ausgaben wurden in eine Liste eingetragen. Wir hatten vor, die Ausgaben am Ende des Monats zu verrechnen, was aber nicht geschah. Abgewaschen wurde abends gemeinsam oder gar nicht. Später entstand das Bedürfnis, auch gemeinsam zu frühstücken. Wir entdeckten das berühmte Kommune-Müsli, das allmorgendlich mit der Lektüre von mindestens 5 Tageszeitungen und Früchten je nach Jahreszeit zelebriert wurde.« (ebd., 57) Im Mai 1967 wurden eine gemeinsame Kasse und ein Kassenbuch eingeführt. »Einkaufen, Kochen, Abwaschen, das Aufräumen von Küche, Eßzimmer und Kinderzimmer waren Aufgabe dessen, der ›dran‹ war; dazu kam als wesentlicher Punkt die Beschäftigung mit den Kindern«. (ebd., 62)

Der Alltag erhielt den Rang des Politischen. Man wollte nicht nur die gesellschaftlichen Verhältnisse radikal verändern, sondern auch sich selbst und begriff beides als eine unauflösliche Einheit. Die Organisation des Alltags hing immer davon ab, in welchem Zustand sich die Gruppe gerade befand. »Periodisch wiederkehrend herrschte bei uns ein durchaus unproduktives Chaos... Die Küche war in einem chaotischen Zustand und voller Müll, so daß man dort kein Brot mehr essen mochte... In einer solchen Situation hatte keiner Lust, etwas an dem Chaos zu ändern. Jeder machte den anderen Vorwürfe, daß sie nichts mehr täten... Diese Passivität war das Resultat irgendeines Konflikts in der Gruppe, der bis dahin meist unbewußt geblieben war. In solchen Fällen war es zwecklos, in einer Haushaltsdebatte nur die nötigen Arbeiten regeln zu wollen; denn das wuchs sich meistens nur in völlig fruchtlose, gegenseitige Vorwürfe und Aggressionen aus, die den zugrundeliegenden Konflikt verschleierten.« (ebd., 63)

Aus der SDS-Kommune entstand die Kommune 2, die sich in Charlottenburg in einer 7-Zimmer-Wohnung niederließ. Sie begann, eine Schriftenreihe über antiautoritäre Erziehung herauszugeben und machte ihr eigenes Zusammenleben 1969 zum Thema eines Buches mit dem Titel »Kommune 2 – Versuch der Revolutionierung des bürgerlichen Individuums«. Das Abendessen wurde zur einzigen festen Einrichtung, die sich über alle Stürme hin-

Küchenrunde in der Linkeck-Kommune, 1968

wegrettete, und zum Ausgangspunkt für oft lange Gespräche. »Wir setzten uns dann meist abends nach dem Essen zusammen... Meistens entstand dann ein Gespräch, in dem der oder die Betreffende sich langsam trauen konnte, etwas von sich zu erzählen.« (ebd., 158) Bisweilen stand jemand auf und verließ den Raum, wenn das Gespräch zu bedrängend geworden war, um in die Küche zu gehen. Eine Kommunardin erinnerte sich, wie sie dem »Flüchtenden« hinterherging, was zur Folge hatte, daß es »in der Küche weiterging... In der Küche haben wir uns dann ziemlich laut und aggressiv angebrüllt.« (ebd., 164) In der Küche fiel es offenbar am leichtesten, die bürgerliche Wohlanständigkeit, den gehemmt gesitteten Umgang miteinander abzustreifen. Daß man immer wieder zu einer funktionierenden Alltagsorganisation gezwungen wurde, lag nicht zuletzt an den beiden in der Kommune lebenden Kindern, derentwegen es immer zwischen sechs und acht Uhr das Essen gab. Über die Zubereitung in der Küche berichtete ein männliches Kommunemitglied: »Wir hatten meist das Menu im Laufe des Tages zusammen überlegt. Es war leicht, da Übereinstimmung zu erzielen, weil wir alle sehr gern kochten und auch bis auf einige Kommunespezialitäten, die wir immer wieder essen wollten, sehr viele Einfälle hatten. Auch ich hatte gelernt, meine Spiegelei-Steaks-Variationen zu erweitern. Trotz großer Anstrengung machte es mir Spaß, wenn ich dran war, möglichst gleichzeitig abzuwaschen, das Eßzimmer aufzuräumen, Salat, Fleisch, Kartoffeln usw. gleichzeitig vorzubereiten, so daß alles zur gleichen Zeit fertig wurde. Bei diesem Konzentrations- und Planspiel wollte ich natürlich auch die ganze Kapazität unseres Gewürzregals nach den Anleitungen unserer Spezialisten (Marion, Jan) ausnutzen. Diese Gleichzeitigkeit habe ich nur selten geschafft, so daß mir die anderen manchmal halfen und bei großem Hunger und gutem SF-Beat wir sogar alle zusammen in der Küche das Essen produzierten. Plötzlich stand dann das Essen auf dem riesigen Tisch, und jeder ergatterte sich einen Platz; möglichst an einem Ende, weil die anderen einen dann bedienen mußten, und weg von den Kindern, weil man denen helfen mußte.« (ebd., 54)

In keiner der beiden ersten Kommunen aß man in der Küche, sondern die gemeinsame Mahlzeit fand im geräumigen Berliner Zimmer am großen Gemeinschaftstisch statt. Erst nachfolgende Kommunen machten die Küche zum bevorzugten Eßraum. Die Kinder durften mit dem Essen spielen, sie brauchten ihre Teller nicht leer zu essen und konnten ihre Lieblingskleidungsstücke noch tragen, wenn sie nach bürgerlichen Reinlichkeitsvorstellungen längst in die Waschmaschine gehört hätten. Kommunekinder machten »Raubzüge« durch die Speisekammer, nur daß sie deswegen nicht bestraft wurden. Das sah z.B. so aus: Die Kinder hatten sich frühmorgens

»aus der Speisekammer Bananen geholt und gegessen; ebenso die Rosinen. In der Küche ist Zucker verstreut worden. Es sieht ziemlich chaotisch aus. Eberhard versucht, seinen Ärger zu unterdrücken. Er fragt die Kinder: ›Wollen wir zusammen sauber machen?‹ Die Kinder laufen aus der Küche. Eberhard nimmt den Lappen und wischt den Tisch ab.« (ebd., 76) Als die beiden Kinder in die Kommune 2 einzogen, geschah dies ohne ihre Mütter, die nicht mitkommen wollten. Das löste bei den Kindern einen Schock aus, der noch monatelange Folgen hatte: »Grischa entwickelte eine ungeheure Eßlust. Sie nahm ständig alle Gegenstände in den Mund und verlangte heftig nach einem Baby-Schnuller, mit dem sie auch auf der Straße herumlief. Ihr Verschlingen von Nahrungsmitteln hatte einen deutlich aggressiven Zug... Die aggressiven Impulse gegenüber der Mutter, die aus der Wut über ihr zeitweiliges Verschwinden rührten, konnte Grischa zunächst nicht offen äußern.« (ebd., 83) Das Bemühen der Kommunarden, mit der psychischen Brechstange bürgerliche Verhaltensweisen aufzudecken und zu verändern, mußte daran scheitern, daß man zwar tiefenpsychologisch belesen war, aber über den Status einer psychoanalytischen Laienspielgruppe nicht hinausgelangte. Immerhin bleibt das Verdienst, in einer größeren Lebensgemeinschaft bisher selbstverständliche Gewohnheiten radikal in Frage gestellt zu haben. Bedenkenswert war auch ihr eigenes Fazit: »Der antiautoritäre Aufstand der bürgerlichen Individuen ist immer auch ein Aufstand gegen sich selbst, gegen jenen Teil der bürgerlichen Vergangenheit, den man als verinnerlichte Norm, als Lebensgewohnheit, als falsche Individualität mit sich trägt.« (ebd., 299)

Obgleich die Kommune als Familienersatz Familienbeziehungen zwischen den Mitgliedern wiederholte, waren doch viele Unterdrückungs- und Zwangselemente der Kleinfamilie außer Kraft gesetzt. Besonders bei der Sauberkeit und beim Aufräumen zeigte sich das. Dazu die Kommune 2: »Die größere Gleichgültigkeit gegenüber dem Dreck, der allen Besuchern von Kommunen auffällt, ist wesentlich eine Lockerung der überstrengen Reinlichkeitsdressur, der die Kinder typischerweise in unserer Gesellschaft unterworfen werden«. (ebd., 143)

Um die Grundversorgung aufrecht zu erhalten, half ein Koch- und Putzplan, an dem man sich festhalten konnte jenseits von eigener Befindlichkeit und Lust zum Kochen oder Putzen. Verzichteten Wohngemeinschaften auf diese Planung, weil sie als lächerlich und kleinbürgerlich angesehen wurde, hatte das oft schwerwiegende Folgen. Eine spätere Wohngemeinschaft merkte dazu an: »Weil wir *alles* verändern wollten, ist dann gar nichts geschehen, oder konkret: anstatt uns zu fragen: *wer* putzt, *wer* spült ab, wurde dann nur noch gebrüllt: *warum* wird nicht geputzt, gespült, repariert usw.« (Graf, 147) Immer wieder scheiterten Wohngemeinschaften an Küchenproblemen.

Jeder hoffte insgeheim, viel zu erhalten, ohne viel geben zu müssen, und alle wurden immer wieder auf Grund der unerfüllbaren Erwartungen frustriert. Sie wollten sich fallen lassen, Spaß haben ohne eigene Anstrengung – Kommune als Familienersatz –, aber ohne reglementierende Eltern. Am Essen machten sich tieferreichende Probleme fest. Die Spirale der wechselnden Befindlichkeiten, Ansprüche, Erwartungen, Enttäuschungen drehte sich endlos, konnte aber bisweilen durch heftige Auseinandersetzungen und wohltuend klärende Gespräche angehalten werden. In diesen Kommunen, die sich auch die Gleichstellung der Geschlechter auf ihre Fahnen schrieben, war zwar die Hausfrau im bisherigen Sinne abgeschafft, aber die Frauen hatten durchaus keine gleichberechtigte Stellung gegenüber den meist äußerst dominanten Männern. Deshalb bildeten sich im Gefolge der gegen diese Zustände aufbegehrenden Frauenbewegung seit 1973 in West-Berlin immer häufiger Frauenwohngemeinschaften auch mit Kindern. Etliche Frauen hatten bereits in gemischten Wohngemeinschaften gelebt und wegen negativer Erfahrungen mit männlichen Mitbewohnern das Zusammenleben mit Frauen vorgezogen. Frauen begründeten diesen Schritt 1976 folgendermaßen: »Es kann wirklich nicht die Aufgabe der Frauenbewegung und einzelner Frauen sein, den Männern Nachhilfeunterricht in Sachen Wickeln und Abwaschen zu geben und sie für die Erledigung dieser selbstverständlichen Arbeiten auch noch zu loben... Wenn Frauen sich durch ihre gemeinsame Organisierung dazu verhelfen, außerhäusliche Arbeit, politische Arbeit und Kinder-

In einer Frauen-WG am Küchentisch, 1976

erziehung zu verbinden, so ist das ein produktiver Schritt: für die Frauen. Ein Problem entsteht hier allenfalls für die Männer.« (Courage 3/76, 7)

Das WG-Kochbuch

Mitte der 70er Jahre nahm die Zahl der Wohngemeinschaften, wie man sie nun nannte, in West-Berlin unablässig zu. Weil das gemeinsame Kochen unverzichtbar geworden war, viele WG-Mitglieder aber geringe oder gar keine Kocherfahrungen hatten, war es nur folgerichtig, daß 1975 in der Stadt das erste WG-Kochbuch erschien mit dem vielversprechenden Titel »Schlaraffenland, nimms in die Hand! Kochbuch für Gesellschaften, Kooperativen, Wohngemeinschaften, Kollektive und andere Menschenhaufen SOWIE isolierte Fresser.« Nach heftigen Hieben gegen die »Kaputtmachung« in der Kleinfamilie und gegen die Ausbeutung der Hausfrauen erörterte der Autor, bevor er sich den eigentlichen Rezepten widmete, die Probleme des Kochens im Kollektiv. »Wer in der Gruppe kocht, der tut etwas für die andern Gruppenmitglieder. Ist die Stimmung mies, gibt es größere Konflikte, dann verhaut man gern, ganz unbewußt, das Essen oder schmeißt die ganze Küche durcheinander, nur um die andern zu ärgern und um bekannt zu machen, daß es einem schlecht geht. Kann man sich selber und/oder die andern nicht riechen, dann schmeckt auch das Essen nicht. Die Bestrafung der andern ist mit einer Selbstschädigung verbunden. Wie schön ist es hingegen, wenn, was wohl selten vorkommt, jeder mit sich und den andern zufrieden ist. Dann macht es ungeheuren Spaß, für die andern zu kochen und das Essen mit ihnen zusammen in ungehemmter oraler Lust zu verspeisen. Auf dieses Ziel hin tätig zu sein, ist ein kleines Stück ›Träumen im Voraus‹ (Bloch), und das ist ja auch was Politisches, und sei es nur modellhaft in einer kleinen Gruppe.« (Fischer, 10)

Der Lebensgenuß, ein wichtiger Aspekt der linken Bewegung, sollte sich auch in der Qualität der Kollektivküche wiederfinden. Man wollte besser als in der Kleinfamilie kochen und jene wohlschmeckenden Speisen zubereiten, die es wegen des Arbeitsaufwandes im Kleinhaushalt allenfalls an Feiertagen geben kann.

Essensgenuß mit linken Auffassungen zu verbinden war auch 1968 die Pots-Kommune in Berlin-Schöneberg bestrebt: »Wir lieben die Küche der Bourgeoisie. Wir meiden Sonderangebote… Manchmal gehen wir bei der Kommune 1 essen. Die haben eine gute Küche.« (DM 8/68, 13) Bei den Mengen an Nahrungsmitteln, die in einer Wohngemeinschaft verbraucht wurden, empfahl sich ein Großeinkauf möglichst in einem Großmarkt. Weil die herkömmliche Speisekarte zudem durch zahlreiche ausländische Rezepte erweitert wurde, begann die Suche nach Geschäften von Türken, Jugoslawen,

Italienern, Spaniern oder Arabern. Der Autor des Kochbuches berücksichtigte vor allem chinesische und vietnamesische Gerichte entsprechend den politischen Präferenzen der linken Bewegung in den 70er Jahren.

»Und zum Schluß noch ein Wort zum Abwasch. Das ist eine widerliche Arbeit. Doch so widerlich sie auch ist, noch widerlicher ist es, wenn einer, empört über all die Ungerechtigkeiten der Welt, der Gruppe schmutzige Teller auf den Tisch knallt oder sie den andern mit halb ausgekotzter Leidensmiene unter die Nase schiebt. Nachlässig gewaschenes Geschirr ist kein Zeichen von Lässigkeit oder gar ein Beweis für die freie Selbstverwirklichung der Persönlichkeit.« (Fischer, 23)

Heute ist die Wohngemeinschaft eine von mehreren möglichen Wohnformen, die vor allem jüngere Menschen bis zur Gründung eines eigenen Haushalts bevorzugen. Aspekte der Kostenersparnis gehen mit dem Bedürfnis nach Geselligkeit durchaus Hand in Hand, während in der praktischen Gestaltung des Zusammenlebens verschiedene Spielarten von Gemeinschaftlichkeit vorkommen.

Umdenken in der Küchenarchitektur

Neue Lebensformen, alternative Architekturkonzepte und massive Kritik an den gigantischen Hochhaussiedlungen hatten zur Folge, daß in den 70er Jahren in Berlin auch wieder Bauten mit niedrigeren Geschoßzahlen geplant wurden. Allerdings ließen die Wohnungsbauförderrichtlinien noch immer kaum Spielräume für veränderte Grundrisse zu. Bei größeren Siedlungsvorhaben wurden vielfältigere Grundrisse und offene Bauformen oft dadurch verhindert, daß die Bauteile seriell vorgefertigt werden mußten.

Bei der Anfang der 80er Jahre in Neukölln erbauten Pfarrlandsiedlung gelang es dagegen, die Wohnungen »innen so offen wie möglich zu gestalten, z. B. durch einen offenen Verbund von Wohnraum, Eßplatz und Küche.« (Jacob/Ramm, 129) Insofern ist in den letzten zwanzig Jahren doch einiges durch gestiegenen Lebensstandard und gewachsene Ansprüche in Bewegung geraten, wobei lichtlose oder winzige Einbauküchen durchaus nicht der Vergangenheit angehören, wie Musterwohnungen in der 1995 begonnenen Großsiedlung Karow-Nord zeigen.

Die Standardisierung, wie sie für die Einbauküche der 20er Jahre (vor allem des Frankfurter Modells) charakteristisch war, wurde in der Nachkriegszeit von den Küchenherstellern entweder aufgegeben oder nur im Verborgenen angewandt. Jede Familie wollte *ihre* individuelle Küche haben, die vor allem wohnlich sein sollte. Die Küchenhersteller brachten diesen Widerspruch auf den Nenner der »maßgeplanten Einbauküche«. Die Planung sollte den Wunsch nach Individualität und Wohnlichkeit mit der notwendigen seriellen Anfertigung, Funktionalität und Einbautechnik vereinbaren. Den Wunsch nach einer wohnlichen Küche machte sich der Küchenhersteller Bulthaup zu eigen und versuchte diesem Trend in den 80er Jahren zum Durchbruch zu verhelfen. Bulthaup äußerte 1994 in einer Zeitungsanzeige: »Die Leute investieren heute ... nicht mehr in die Achtquadratmeterküche, sondern in den Lebensraum Küche, in dem nicht nur gekocht, sondern eben mit der ganzen Familie und mit Freunden gelebt wird... Und ... sie investieren in das Thema Tisch. Es wurden noch nie so viele und so große und so schöne Tische gekauft wie heute... Frauen akzeptieren heute ganz einfach nicht mehr, daß der Mann im Wohnzimmer vor dem Fernseher sitzt, die Kinder irgendwo im Haus verteilt sind und sie mit ihren acht Quadratmetern Küche werkeln, abgeschnitten von jeglicher Kommunikation. Alle wollen heute da sein, wo gelebt wird. Das ist ein weltweiter Trend.«

Der Küchenunternehmer strebt über die offene Küche und die Einbauküche hinaus zu weiteren Küchenformen wie der mobilen Küche, die kompakt und transportabel wäre wie ein Schrank, ein Bett oder ein Tisch. Das Ergebnis ist eine Wohnlandschaft, in der die verschiedenen Funktionen schlafen, kochen, essen, spielen, sich erholen durchmischt sind. Wenn die Küche sich tendenziell in die Wohnung hinein auflöst, läuft das auf ihre »Enträumlichung« hinaus, auf die Rückkehr zu den Ursprüngen, als die Küche noch nicht als eigenständiger Raum abgetrennt war. Da auch die Küche den aktuellen Modetrends unterliegt, steigen die Umsatzzahlen. 1995 gaben die Bundesbürger immerhin neun Milliarden Mark für Kücheneinrichtungen aus; das ist ein Fünftel der Gesamterlöse der Möbelbranche.

Vor allem wurde die *zentrale* Küche, die seit der Jahrhundertwende als utopische Idee galt, in den 80er Jahren von deutschen und internationalen Architektinnen wiederentdeckt. Neu ist jetzt nur, daß seit Beginn der 90er Jahre die Diskussion die Regierungsebene erreicht hat. Architektinnen forderten gleich große und nutzungsoffene Räume, helle Küchen gleich neben dem Wohnbereich und das Ende für winzige, fensterlose Küchen neben dem Bad, die auf das Konto männlicher Architekten gehen. Dementsprechend berichtete eine Schöneberger Baupolitikerin von einem Architekten, der im Bauausschuß ein Wohnhaus vorstellte, »das acht Quadratmeter kleine Küchen, nach Norden und zur Autobahn hinaus, haben sollte. ›Als ich den gefragt habe, ob er wisse, daß eine Küche ein Arbeitsplatz sei und so etwas als Arbeitsplatz unzulässig, haben alle Männer im Ausschuß schallend gelacht.‹« (Tagesspiegel v. 7.9.1995)

Das Lachen würde bei den Männern künftig etwas gedämpfter ausfallen, wenn sie nach den Vorstellungen einiger SPD-Frauen per Gesetz zur Mitarbeit im Haushalt verpflichtet würden. Der Vorschlag geht dahin, daß in das Familienrecht eine Formulierung aufgenommen würde, wie sie in der DDR-Gesetzgebung vorhanden war: »Beide Ehepartner tragen ihren Anteil bei der Betreuung und Erziehung der Kinder sowie bei der Führung des Haushalts.«

West-östliches Küchengefälle

Wie vieles andere unterschied sich auch das Küchenleben im Westteil Berlins von dem in den östlichen Bezirken der Stadt. In letzteren blieb das Küchenleben von den Arbeitsbedingungen in der realsozialistischen Gesellschaft nicht unbeeinflußt. Durch die Berufstätigkeit der Frauen bei Vollbeschäftigung gab es nur wenige Hausfrauen. Wochentags aßen jung und alt in den staatlichen Einrichtungen von der Kinderkrippe bis zu den Betrieben. Die Kantinen machten die DDR-Bürger satt; nur zum Abendbrot und am Sonntag mußte man sich selbst versorgen. Die Küche war deshalb eher ein Ort für besondere Anlässe oder für kleinere Mahlzeiten und hatte eine erheblich geringere Bedeutung als im Westen, wo immerhin die Hälfte aller Frauen ihre Wirkungsstätte in der Küche hatten. Die DDR war insofern eine »Großküchen«-Gesellschaft. Die Bürger waren flächendeckend in einer Weise versorgt, wie es sich August Bebel und Lily Braun durchaus hätten gefallen lassen. Die gewachsene Versorgungsmentalität war Ausdruck einer politisch gewollten Abhängigkeit des Bürgers von seinem Staat und wurde gepriesen als Einheit von Wirtschafts- und Sozialpolitik. Die Bevölkerung wurde von Kindesbeinen an zentral gewickelt, behütet und bekocht.

Studenten nutzten in den Altbauquartieren ihre Küchen in den kleinen Stube-Küche-Einheiten schon vor 1989 entgegen dem allgemeinen Trend. Dort wurde die »Treffküche« *der* Lebensraum, in dem man gemeinsam kochte, diskutierte, sich Kunst und Leben durchdrangen und man auf dem obligatorischen Jahrhundertwendesofa ganze Nächte durchsaß.

Der Mangel war zumal in den gegenüber der übrigen DDR besonders gut versorgten Küchen Ost-Berlins kein allgemeiner, sondern ein besonderer als das Fehlen von wünschenswerter Vielfalt, Abwechslung und Geschmacksdifferenzierung. Der Mensch lebt eben nicht von preiswerten Grundnahrungsmitteln allein. Deshalb drängte es die Bürger nach der Wende, die Eßsinne zu entfalten. Hinzu kam, daß nach der Wende die Kantinen dicht machten und der gewohnte, preiswerte Mittagstisch nicht mehr zu haben war.

Am Prenzlauer Berg besann man sich in dieser Umbruchsituation zum Beispiel in einer Kultureinrichtung auf die eigenen Kochkünste und nutzte die Möglichkeiten der kleinen Teeküche. Man kochte selber, nachdem die Kantine geschlossen worden war, in der man bis dahin staatlich subventioniert zu Mittag gegessen hatte. Man wechselte sich täglich ab und jeden Vormittag war jemand zwei Stunden lang damit beschäftigt, Zutaten einzukaufen und das Essen zuzubereiten. Den Abwasch machte wieder ein anderer. Die Mahlzeiten waren kommunikationsfördernd, billiger als das übliche Restaurantessen, schmackhafter und gesünder, weil man vegetarische Varianten ausprobierte und bewußter kochte mit viel frischem Gemüse und mit weniger Fleisch.

In den Familien Ost-Berlins nahm die Bedeutung der Küche wieder zu, weil sich die vielen arbeitslosen Frauen mit ihrer ungewohnten Situation als Nur-Hausfrau arrangieren mußten. Der westliche Küchenstandard übte einen unwiderstehlichen Sog aus, und wer es sich leisten konnte, trennte sich von der alten DDR-Einbauküche und schaffte sich eine »maßgeplante« Kücheneinrichtung an.

Mit der »maßgeplanten« kompletten Einbauküche waren bis 1993 die Hälfte aller westdeutschen Haushalte ausgestattet, während erst jede sechste ostdeutsche Küche diesen Standard erreicht hatte. (vgl. Silbermann, 67) Im Westen hatte sich dieser Küchentyp von 40% im Jahre 1980 bis 1993 auf 50% gesteigert. Ein Viertel der Deutschen, die keine Einbauküche haben, wünschen sich eine, das restliche Viertel lehnt diese Küchenform ab. Die Ablehnung kommt von den höchsten und den niedrigsten Einkommensgruppen. »Während die Gruppen mit den niedrigsten Einkommen vor allem aufgrund ökonomischer Kriterien eine Einbauküche ablehnen dürften, dürfte bei den höchst verdienenden Gruppen das Bestehen auf Individualität kombiniert mit technischer Perfektion für die verhältnismäßig große Ablehnung der Einbauküche im Vordergrund stehen.« (ebd., 73)

In der gegenwärtigen Ausstattung der Küchen gibt es zwischen Ost und West erhebliche Unterschiede. Prozentual etwa gleich sind Kühlschrank, Kaffeemaschine, Spüle und Hängeschrank vorhanden. Im Westen doppelt so häufig Arbeitsplatten, Einbauschränke und Elektroherde, während im Osten mehr mit Gas gekocht wird. Doppelt so häufig finden sich im Westen eine Mikrowelle, ein Geschirrspüler nahezu in der Hälfte der westlichen Haushalte, im Osten nur in 5% der Küchen. Dagegen ist die Tiefkühltruhe im Osten wohl wegen der ausgeprägteren Vorratswirtschaft deutlich häufiger vertreten.

Im Westen stärker als im Osten entstand der Trend, die Küche aufzuwerten, die bisher nach dem Wohnzimmer als *zweit*wichtigster Raum der Wohnung galt. Besonders in Mehrpersonenhaushalten und in Familien mit Kindern wird die Küche mehr genutzt als früher und ist dabei, zum zentralen Lebensraum zu werden. Je größer die Küche ist, desto mehr Aktivitäten finden in ihr statt. Der Soziologe Alphons Silbermann hat dazu herausgefunden:

Die über Vierzigjährigen »hoch gebildeten, materiell abgesicherten Selbständigen und Beamten..., die über mittlere Einkommen und mittlere Bildungsabschlüsse verfügenden Angestelltenhaushalte ... sowie die niedrige Einkommen und einen geringeren Grad formaler Bildung aufweisenden Arbeiterhaushalte halten weitgehend an der *einfunktional* orientierten Küchennutzung fest.« (ebd., 109) Leute unter 40 Jahren neigen eher dazu, in der Küche auch anderes zu tun als nur zu kochen und zu essen. Bei drei Vierteln der Deutschen wird die Küche immer noch vom außerfamiliären Leben ferngehalten, was sich darin äußert, daß sie keinen Besuch in der Küche empfangen würden. Allerdings zeigten sich bei den »verschiedenen Lebensstilen der *jüngeren* Bevölkerungsgruppen Trends zur Ausweitung der Küchennutzung ... und somit zur Öffnung der Küche für das soziale Geschehen in der ganzen Wohnung.« (ebd., 111)

Die klassische »weiße« Küche erfreut sich nach wie vor großer Beliebtheit bei etwa einem Drittel der Deutschen. Die Mehrheit in Ost und West bevorzugt die rustikale mit Naturholz gestaltete Küche, die einem gewissen Gemütlichkeitsbedürfnis offenbar am weitesten entgegenkommt und die Tradition der naturfarbenen Arbeiterwohnküche fortsetzt. Dagegen entspricht die heute von Küchenausstattern propagierte offene Küche nicht den Wünschen der Bevölkerungsmehrheit, die immer noch eine geschlossene Küche bevorzugt – im Osten deutlich häufiger als im Westen. Die offene Küche wollen jene mit »gutem Einkommen und einer experimentierfreudigen, an ›modernen‹ ästhetischen Gestaltungen orientierten Haltung zum Wohnerlebnis.« (ebd., 138) Küchen mit viel Chrom, Stahl und Schwarz-Weiß-Kontrasten werden nur von einer kleinen Zahl der Deutschen bevorzugt, vor allem von jüngeren Menschen mit höherer Bildung, von Männern häufiger als von Frauen. (vgl. ebd., 149)

Die Wünsche nach einer geräumigen Wohnküche werden durch die gegebenen Küchengrundrisse in die Schranken gewiesen, denn 49% der Haushalte haben eine Küche unter 10 qm und 35% eine Küche bis zu 15 qm – in Ost und West.

Frauen »arm dran« im »Reich der Frau«

Die Küche ist bis heute überwiegend das Wirkungsfeld von Frauen geblieben, auch wenn sie berufstätig sind. Wo Männer helfen, nehmen sie den Frauen Tätigkeiten ab, die diese auch gern machen würden wie etwa das Einkaufen. »Das nicht selten mit großer Perfektion zelebrierte Kochen von Männern kann eigentlich nur als Hobby gelten – mit einer die Frau entlastenden Übernahme von unangenehmen Hausarbeiten hat es nichts zu tun.« (ebd., 98)

Die Küchenemanzipation ist in diesem Jahrhundert trotz aller Technikeuphorie weitgehend ausgeblieben und auch von der heranwachsenden Generation kaum zu erwarten. In der Soziologensprache liest sich diese düstere Prognose so: »Trotz der steigenden Frauenerwerbsquote und den veränderten Berufsorientierungen von Frauen bleiben Geschlechtsrollenstereotypen unangetastet, an der traditionellen Rollenzuweisung hat sich nichts Grundsätzliches geändert. Statt dessen wird eine weitere Entwicklungsaufgabe an die Mädchen herangetragen: die Aneignung einer Erwerbsrolle, ohne daß die traditionelle Rollenzumutung an Bedeutung verliert. Die Sozialisationsforscherin Carol Hagemann-White spricht deshalb von einer ›Vereinbarkeitsleistung‹, die nunmehr Mädchen und junge Frauen zu erbringen haben, ohne daß sich ihr Gestaltungsspielraum wesentlich erwei-

In einer Küche der Neuköllner Ilsenhof-Siedlung, 1930

Kücheputzen, 1935

Kochen, 1927

Geschirrspülen (am Abwaschtisch), 1965

Abtrocknen, 1960

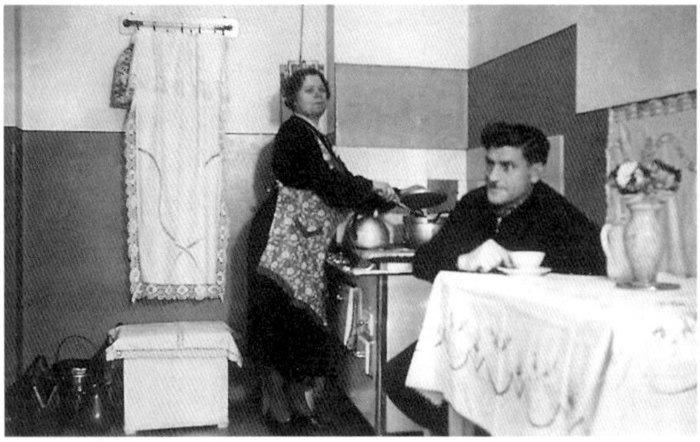

Frauen am Herd - Männer in Erwartung , um 1935

tert hat. Sie sollen die Fähigkeit entwickeln, eine Berufsarbeit und ebenso eine Haus- und Erziehungsarbeit zu übernehmen. Entsprechend läuft ihre Integration in den Arbeitsmarkt vorwiegend über eine Zunahme der Teilzeitarbeit.« (FR v. 2. 10. 1995)

Vielen jungen Frauen sind diese Probleme durchaus bewußt. Ihnen bleibt heute nur, das drohende Küchenschicksal individuell zu bewältigen durch Anpassung, Widerstand oder listige Mischformen von beidem. Das reicht von »gerne für den Mann kochen« bis zu jenen jungen Frauen aus dem Umfeld der Wohngemeinschaften und Kinderläden, die den neuen kochunkundigen Freund zum Kochkurs schicken und die Beziehung auch von seinem Engagement im Haushalt abhängig machen.

Was Hänschen nicht lernt,...

...lernt Hans nimmermehr, 1929

Küchenmüllbeseitigung, um 1930

Küchenökologie

Die Vorgänge in den Berliner Küchen der vorigen Jahrhunderte wirkten ganz unterschiedlich auf die Umwelt ein. In der vorindustriellen Zeit regulierte sich die Beseitigung der Küchenabfälle überwiegend umweltfreundlich. Was man nicht an die Schweine verfütterte, wurde hinters Haus auf den Misthaufen geworfen oder gelangte in die Dunggrube und kehrte als Dünger für Garten und Acker wieder in den natürlichen Kreislauf zurück. Organische Abfälle, die man auf die Straße warf, wurden von den in den Gassen frei umherlaufenden Schweinen aufgefressen, die auf ihre Weise zur Stadtreinigung beitrugen. Anderes wurde verbrannt oder wiederverwertet. Küchenabwässer wurden häufig in den Hof oder auf die Straße geschüttet und zogen träge und übel riechend in offenen Rinnsteinen durch die Straßen. Die Fäkalien gelangten überwiegend in die im Hof gelegenen Senkgruben, die nur sehr selten geleert wurden.

Die Verschmutzung von Spree und Havel durch Abwässer der Handwerksbetriebe oder durch andere Abfälle war groß, konnte aber von der Selbstreinigungskraft der Flüsse noch bewältigt werden. Regelmäßig beklagten sich die Mühlenbetreiber in der Stadt, daß die Wasserzuleitungsrinnen von Abfällen verstopft waren, die die Bürger von den Brücken aus in den Flußlauf kippten. In der Stadt war das Spreewasser daher höchstens noch für Waschzwecke zu gebrauchen, und die Qualität des Brunnenwassers litt darunter, daß die Misthaufen und die nach unten nicht abgedichteten Senkgruben von den Wasserzapfstellen nicht weit genug entfernt lagen. Wenn auch seit der Mitte des 18. Jahrhunderts gemauerte Gruben angelegt wurden, kam es zwangsläufig wegen der geringen Wasserhygiene immer wieder zu Seuchen.

Als die Bevölkerungsdichte zunahm, wurde es unmöglich, Küchenabfälle und anderen Unrat allein auf den Grundstücken innerhalb der Stadt zu entsorgen und in den natürlichen Kreislauf zurückzuführen. Die Lage hatte sich im 18. Jahrhundert so zugespitzt, daß König Friedrich Wilhelm I. 1735 verfügte, allen Abfall sogleich vor die Stadttore zu transportieren. Er ließ 28 Dreckkarren anschaffen und seine Anweisungen durch einige Straßenmeister überwachen. Diese Maßnahme gilt als Gründungsdatum der Berliner Straßenreinigung. Unbefriedigend blieb nach wie vor die Beseitigung der Nachtstühle, die nur nachts an bestimmten Orten ausgegossen werden durften – beim Bauhof an der Spree und wasserseits an den Ausmündungen der Fischer-, Ross-, Grün- und Lappstraße. Einhundert Jahre später hatte sich die Situation noch nicht wesentlich gebessert, denn ein Zeitgenosse klagte 1840: »In die Rinnsteine leert man die Nachtstühle und allen Unrath der Küche aus und wirft krepirte Hausthiere hinein, die einen unleidlichen Gestank verbreiten... In Berlin kannst Du unaufhörlich Deine Nase im Schnupftuch tragen«. (Hösel, 73) 1842 untersagte man schließlich auf dem Verordnungswege, die Nachtstühle weiterhin in die Spree zu entleeren.

Eine gründliche und effektive Straßenreinigung war erst möglich geworden, als die Straßen gepflastert wurden – in Berlin planmäßig von 1823 an – und 1856 mit der Errichtung eines Wasserleitungssystems der Dreck von den Straßen gespült werden konnte. Das Wasser wurde zunächst der Spree entnommen und war daher zum Trinken und Kochen ungeeignet, so daß man sauberes Wasser für die Küche weiterhin aus den Brunnen holen mußte. Erst 1877, als bereits die Hälfte aller Haushalte an das Leitungsnetz angeschlossen war, war auch die Wasserqualität zufriedenstellend. Um 1900 waren nahezu alle Berliner Haushalte mit dem Wasserleitungsnetz verbunden, die Toiletten mit Wasserspülung ausgestattet und an die seit 1878 nach englischem Vorbild gebaute Schwemmkanalisation angeschlossen. Im 19. Jahrhundert besorgten an die 60 private Fuhrunternehmen die Müllabfuhr, die erst 1924 mit der Straßenreinigung zu einem zentralen kommunalen Betrieb vereinigt werden konnte.

Ein Müllproblem ganz neuer Art entstand für Berlin gegen Ende des 19. Jahrhunderts. Die Lebensweise in den Arbeiterwohnquartieren war so, daß deren Bewohner nicht daran denken konnten, »auch noch Schweine, Gänse und Hühner zu züchten. Und so ist es auch mit den Früchten und Gemüsen der Fall. Raummangel, Bequemlichkeit, Arbeitstheilung, alles wirkt hier zusammen und bereitet mehr und mehr vor – das Zeitalter der Blechbüchsen.« (Daheim 1873, 201) Die Verpackungsmaterialien der Lebensmittelindustrie, Glas und Blechdosen, nahmen zu, so daß die Bauern als bisherige Abnehmer den Küchenmüll wegen der ständig wachsenden anorganischen Bestandteile nicht mehr problemlos als Dünger verwenden konnten. Der Müll wurde zum Streitfall. Die einen wollten ihn verbrennen, die anderen ihn verwerten. Als dritte, billigste und einfachste Möglichkeit setzte sich die Lagerung weit vor den Toren der Stadt durch. Die ersten Deponien wurden angelegt. Seither werden zwei Drittel des Mülls auf diese Weise entsorgt.

Seit der Einführung der Schwemmkanalisation hatten die flüssigen Bestandteile ihren Weg auf die städtischen Rieselfelder gefunden, und die Bauern verloren das Interesse an dem verbleibenden Rest, zumal sich seit den 1880er Jahren chemische Düngemittel durchzusetzen begannen. Allerdings gab es eine Ausnahme: Der findige studierte Landwirt Arthur Schurig zog auf ausgedehnten Ländereien im Kreis Nauen eine erfolgreiche und viel beachtete Mülldüngung auf, die über vier Jahrzehnte währte und um 1930 ein Sechstel des Berliner Hausmülls verwertete. Seit 1909 fuhren täglich 20 Eisenbahnwaggons zu je 20–25 Tonnen Hausmüll zu Schurigs Ländereien. In umgekehrter Richtung wurden jährlich etwa 300.000 Zentner Gemüse und an die fünf Millionen Blumenkohlköpfe nach Berlin gebracht. Schurig stieg zum größten landwirtschaftlichen Müllverwerter Europas und zum bedeutendsten deutschen Gemüseproduzenten auf.

Als Schurig 1907 zum ersten Mal mit Hausmüll düngte, unternahm er das mit Speiseabfällen aus Charlottenburger Küchen. Die damals noch eigenständige Stadt Charlottenburg hatte in jenem Jahr aufgrund der Probleme mit der bis dahin privaten Müllabfuhr die kommunale Charlottenburger Abfuhrgesellschaft (CHA) gegründet und ließ den Küchenmüll entsprechend dem Vorbild einiger amerikanischer Städte in drei Behältern getrennt

Müll wird mit Dampfpflug zur Düngung untergepflügt, um 1908

sammeln. Man unterschied nach a) Asche und Kehricht, b) Speiseresten und c) Papier, Scherben, Lumpen, Metallen etc. Der anfallende Müll bestand seinerzeit zu 64 % aus Asche und Kehricht, zu 14,5 % aus Küchenabfällen und zu 21,5 % aus sogenannten Sperrstoffen. Die in den Hinterhöfen aufgestellten drei Eisenkästen wurden einmal in der Woche geleert und die anfallenden Stoffe außerhalb Berlins verwertet. Die Küchenabfälle wurden »entwässert, sterilisiert, weichgekocht und gesiebt. Den so gewonnenen Brei versetzte die CHA mit Kraftfutter und mästete damit ihre rund 2.000 Schweine in benachbarten Stallungen. Um die Sortierbereitschaft der Charlottenburger Hausfrauen und Dienstmädchen zu fördern, verkaufte die CHA eigens konstruierte Küchenabfallspinde. Ihr schon 1902 patentierter Spind bestand aus drei Fächern – zwei waren von oben, einer von vorne durch einen Klappmechanismus zugänglich. Für die sperrigen Abfälle war die linke Hälfte vorgesehen, wo ein auswechselbarer Beutel an einem Bügel hing. Die Küchenabfälle sollten in das obere rechte Fach, Asche und Kehricht in das Klappfach darunter geworfen werden. In beiden Fächern hingen herausnehmbare Eimer.« (Jasner, 91) Schwierigkeiten gab es bald mit dem zu geringen Müllaufkommen, das die Rentabilität in Frage stellte, und der mangelhaften Mülltrennung in den Küchen. Das endgültige Aus für die CHA brachte der Erste Weltkrieg; Pferde und Arbeiter wurden eingezogen, die Küchenabfälle beanspruchte der Staat als kriegswichtiges Viehfutter. Dennoch war das Charlottenburger Dreiteilungsmodell ein wegweisender Schritt in Richtung Mülltrennung und -verwertung, der bis heute aktuell geblieben ist.

Müllabfallschacht in Berliner Küche, 1912

Müllverbrennung wurde in großem Maßstab zum ersten Mal in Berlin in einer Schöneberger Müllverbrennungsanstalt, die auf der »Roten Insel« gelegen war, zwischen 1921 – 24 vorgenommen. In der Hochphase entstanden in der Anlage stündlich neun Tonnen Dampf, die im benachbarten Kraftwerk elektrischen Strom erzeugten. Die Energiesparmaßnahmen nach dem Ersten Weltkrieg, die Unbrauchbarkeit der Verbrennungsschlacke und die Flugaschebelästigung inmitten der Stadt führten zu einem vorzeitigen Ende des Versuchs. Die Gebäude wurden zu einer Müllverwertungsanstalt umgebaut, die etwa 11 % des anfallenden Hausmülls zu Müllwolle verarbeitete. »Sie hatte eine ›rohbaumwoll-ähnliche Form‹ und konnte vielseitig verwendet werden: als Rohstoff zur Papier- und Pappeherstellung oder um daraus mit Zement vermischt Leichtsteine und Isolierplatten zu produzieren oder auch um durch Destillation Teer und andere Stoffe zu gewinnen.« (Stellberger, 109) Die Müllwolle hatte darüber hinaus einen hohen Brennwert. Die Spuren dieser so erfolgreichen Müllverwertung verloren sich dann im Zweiten Weltkrieg.

Charlottenburger Mülltrennungsmodell, 1905

Abfallvermeidung

Heute wird Müll kaum noch in der Landwirtschaft zur Düngung verwendet, obwohl 42,3 % des Küchenmülls organischer Natur sind. Vorbehalte gelten vor allem den gefährlichen Schwermetallen und chemischen Produkten, die man aus der Nahrungskette fernzuhalten versucht. Dennoch ließen sich zumindest organische Abfälle getrennt sammeln und dem ökologischen Kreislauf wieder zuführen. Auch die aus Küche und Bad durch Röhren abgeleiteten Abfallstoffe werden zum Teil verwertet. Die Berliner Klärwerke haben jeden Tag 700.000 m^3 industrielle und häusliche Abwässer aus der Stadt und dem Umland zu bewältigen. Umstrittenes Produkt des Klärprozesses ist der Klärschlamm, der zur Hälfte verbrannt und als Asche deponiert wird. Die andere Hälfte wird ausgefault und zur Abdeckung von Deponien oder gärtnerisch genutzt. Zukünftig soll der Klärschlamm über verschiedene Zwischenstufen zu Synthesegas verarbeitet werden und der chemischen Industrie und zur Stromerzeugung dienen. Die Berliner Wasser-Betriebe betrachten dieses Verfahren als wirtschaftlich und umweltschonend. Trotz aller ausgeklügelten Wiederverwertungsverfahren bleibt das wichtigste Ziel die Abfallvermeidung. Erfreulich ist daher, daß 1995 statt der von der Berliner Stadtreinigung erwarteten 2,4 Millionen Tonnen Hausmüll tatsächlich nur 1,7 Millionen anfielen.

In der modernen Küche scheinen alle Versorgungsströme aus der Wand zu kommen: das Wasser, das dort auch wieder abfließt, das Gas, die Elektrizität, die Heizung, das Licht. Der Müllschlucker ergänzt in vielen Haushalten diese scheinbar unkomplizierte Infrastruktur. Daß die Ver- und Entsorgungssysteme die Umwelt extrem belasten, bleibt auf diese Weise unsichtbar.

Was können nun die Küchennutzer vor der Küchenwand tun, um die Probleme hinter ihr zu verringern? Wieviel Verpackungsmüll nehmen wir in Kauf, wieviel Energie verbrauchen wir, wie sparsam gehen wir mit dem immer kostbarer werdenden Wasser um, wieviele Schadstoffe lassen wir in den Wasserkreislauf gelangen? Schonen wir die Ozonschicht mit einem FCKW-freien Kühlschrank? Wir könnten auch verhindern, daß mit Pestiziden belastete Nahrungsmittel Absatz finden oder daß durch billigen Kaffeegenuß Kaffeepflanzer in der Dritten Welt ruiniert werden. In der Küche fallen die Würfel gegen eine ungesunde Ernährung und deren riesige Folgekosten, werden Eßgewohnheiten der kommenden Generation geprägt.

Der Mangel früherer Zeiten hat sich zu einem Überfluß gewandelt, der verschleiert, daß im globalen Maßstab die Ressourcen tatsächlich knapp sind. Die in der Küche tagtäglich gestellten Weichen bestimmen mit, wohin die Reise unserer Konsumgesellschaft geht.

Gespräche am Küchentisch

Wohnküche mit Einbauzeile im Neubau

Frau B., 36 Jahre, Diplom-Psychologin, lebt seit knapp drei Jahren als Erstbezieherin in einem 1992 errichteten Schöneberger Neubau. Ihre 3-Zimmer-Wohnung hat 84 qm und eine ca. 14 qm große Küche. Zum Haushalt gehört noch ihre fünfjährige Tochter; ihr Mann lebt nicht mit in der Wohnung.

Eigener Stil contra Einbausterilität

Die Küche ist mit einer kunststoffbeschichteten Küchenzeile in weiß mit grauer Arbeitsfläche ausgestattet. Elektroherd und Spüle, zwei hohe Schränke und einige Hängeschränke sind in die Einbauküche integriert, die in allen Wohnungen des Mehrfamilienhauses identisch ist. Der Fußboden ist mit grau-weiß gemustertem Linoleum belegt. Im kürzeren Teil des L-förmig geschnittenen Küchengrundrisses steht vor einem großen tiefliegenden Fenster ein antiker Eßtisch aus Holz, drumherum eine bunte Mischung verschiedenartiger Stühle. Die Wand am Kopfende des Tisches und die gegenüberliegende Wand hinter der Einbauzeile sind jeweils in einem kräftigen Rot gestrichen; die übrigen Wände sind weiß.

Wir haben hier außer unserem großen Tisch, den ich in meiner Heimatstadt auf dem

Flohmarkt gekauft habe, gar nicht viel drin, weil nicht viel Platz ist. In die Nische vor das Fenster haben wir ein Brett als Sitzbank gebaut, im Sommer liegt da eine Matte drauf. Im Winter, wenn ich die Pflanzen vom Balkon hereinhole, nehme ich die Matte weg, und es ist die Blumenbank. Meine Küche empfinde ich als Wohnküche, weil wir den Raum auch so nutzen. Mit meinem Besuch sitze ich hauptsächlich hier. Die Küchenzeile, die bei unserem Einzug bereits vorhanden war, gefällt mir nicht sehr gut, ich finde sie ungemütlich, vor allem wegen ihrer weißen Fronten. Als wir eingezogen sind, sah es hier so kalt und steril aus, die Küche war nur in Weiß und Grau, ohne einen Farbtupfer. Weil uns die Wärme gefehlt hat, haben wir die Wände rot gestrichen und ein Ölbild aufgehängt. Das ist ein Versuch, unserer Küche etwas Angenehmes, Witziges und Freundliches zu geben, was nicht einfach war, weil man an der Seite mit der Küchenzeile nichts ändern darf. Wenn ich eine Einrichtung aus Holz hätte, dazu noch einen schönen gekachelten Boden oder einen Holzboden, dann hätte ich genügend warme Atmosphäre im Raum und bräuchte mit solchen Farben nicht zu arbeiten.

Die Neubauküche von Frau B. hat jedoch auch Vorteile, die ihre Bewohnerin zu schätzen weiß. *Das ist ganz praktisch, daß das Kinderzimmer gegenüber der Küche liegt. Selbst wenn die Tür geschlossen ist, bleibt der Blickkontakt erhalten, weil es eine Glastür ist. So fühlt sich meine Tochter in ihrem Kinderzimmer nie abgeschottet.* Das Kinderspiel muß daher nicht auf dem beengten Raum der Küche stattfinden, wo es die Mutter beim Arbeiten stört. *Meine Tochter spielt wenig am Küchentisch. Das möchte ich auch nicht, weil sie dann ziemlich viele Sachen anschleppt. Hin und wieder malt sie hier, aber die Küche ist eher nicht der Raum, in dem sie spielt, da ihr auch die ganze übrige Wohnung zur Verfügung steht.*

Als positiv erweist sich, daß das Küchenfenster zu einem weitläufigen lichten Innenhof hinausgeht, auf dem ein großer Kinderspielplatz für die angrenzenden Häuser angelegt ist.

Seit letztem Jahr kann ich meine Tochter alleine hinuntergehen lassen. Sie geht dann mit ihrem Buddeleimer zum Sandkasten, den ich von der Küche aus sehen kann. Das klappt gut. Wenn sie hoch will, ruft sie einfach nur und ich hole sie. Es kommt auch vor, daß Kinder sie von unten rufen. Dann geht sie zu ihnen in den Hof. Gut finde ich auch, daß die Fenster so tief liegen, daß Kinder problemlos hinausgucken können. Ein weiterer Vorteil ist, daß das über die ganze Wandfläche reichende, mit vielen Verstrebungen optisch gut gegliederte Fenster viel Licht in die Küche läßt. *Im Sommer ist es sehr schön, hier bei offenem Fenster zu sitzen. Als ich meine Prüfung hatte, habe ich mit meiner Arbeitsgruppe immer in der Küche gesessen. Die Leute waren total begeistert, weil morgens die Sonne hineinschien und wir hier unseren Kaffee hatten. Es gefiel ihnen in der Küche besser als im Zimmer oder auf dem Balkon.*

Küchenaktivitäten

Die Küche ist der erste Raum, in den meine Tochter und ich uns setzen, wenn wir nach Hause kommen. Dann koche ich mir einen Kaffee, und sie trinkt einen Sprudel. Ich packe meine Einkäufe aus, habe eine Zeitung und sehe die Post durch . Wenn mein Kind im Zimmer nebenan fernsieht, bleibe ich in der Küche, ich sitze sogar lieber hier. Ich halte mich hier am meisten auf, obwohl die anderen Zimmer ebenfalls ihre Vorteile haben. Im Sommer z. B. ist Abendbrot auf dem Balkon etwas sehr Schönes. Ich kann also nicht sagen, daß die Küche nun mein liebster Raum ist. Sie ist jedoch der Raum, in dem wir die meiste Zeit verbringen.

Nicht nur privat spielt sich bei Frau B. viel in der Küche ab. *Wenn ich Besuch habe, gehen wir ganz selten in das sogenannte Wohnzimmer, weil ich dort keinen schönen Tisch habe. Ich finde es viel gemütlicher, am Küchentisch zu sitzen, und koche oft mit meinen Besuchern zusammen. Ich sehe dann zu, daß kein schmutziges Geschirr herumsteht, denn ich möchte nicht, daß die Gäste in meinem Dreck herumwühlen müssen. Das Essen bereiten wir gemeinsam vor, das bietet sich an, da meist jeder etwas mitbringt. Das hat für mich schon eine große Qualität. Heutzutage haben alle Leute wenig Zeit, meine Person inbegriffen, und das gemeinsame Kochen ist im Grunde die Zeit, die man zusammen verbringt und sich dabei unterhält. Eher selten gehen wir nach dem Essen noch ins Wohnzimmer, meistens bleiben wir am Küchentisch hängen. Ich habe in meiner Wohnung Rauchverbot, und wenn Raucher da sind, dann findet das Treffen auch nur in der Küche statt.*

Gemeinsame Mahlzeiten und Vorlieben beim Essen

Mittags esse ich meistens Brote, entweder nehme ich selbstgeschmierte mit oder kaufe mir ein Brötchen in der Mensa. Das warme Mensaessen finde ich jedoch so schrecklich, das kriege ich nicht herunter. Um Fast-food mache ich einen großen Bogen, nur hin und wieder esse ich eine Currywurst. Weil ich am Tag schlecht esse, habe ich abends solchen Kohldampf, daß ich richtig Lust zum Kochen habe. Nachträglich für den ganzen Tag schlage ich mir den Bauch voll. Ich koche dann hauptsächlich für mich; meiner Tochter würden auch Brote reichen, da sie mittags im Kindergarten warm ißt. Da ich ziemlich dünn bin, habe ich aber das Gefühl, daß ich ein anständiges Essen brauche.

Frau B. hat einen kleinen Fernseher in ihrer Küche; morgens stellt sie ihn an, um Nachrichten oder Frühstücksfernsehen zu sehen, und oft läuft er nachmittags, während sie mit dem Kochen beschäftigt ist. *Das ist jetzt eine Angewohnheit von mir, seit ich mich, wenn ich nach Hause komme, nicht mehr mit meinem Mann austauschen kann. Es ist mir zu öde, nur allein vor mich hin zu kochen, und ich brauche, um nach einem Trubeltag abschalten zu können, ein Geräusch oder Nachrichten im Hintergrund. Das gemeinsame Essen abends mit meiner Tochter ist für mich auch sehr wichtig, denn das ist der Moment, wo ich mich entspanne und für sie Zeit habe. Tagsüber bin ich viel beschäftigt, auch nachmittags, wenn ich hier bin, muß ich erst den Haushalt bewältigen und kann nicht viel mit ihr spielen. Beim Essen haben wir dann Zeit, sitzen da und erzählen.*

Fünfmal in der Woche koche ich ein richtig aufwendiges Essen mit Salat, immer in großen Mengen. Das soll sich schon lohnen, auch für den Fall, daß Besuch kommt. Gestern kam mein Mann, der hat dann mitgegessen. Wenn keiner da ist, habe ich für zwei Tage Essen. Meine Tochter mag am liebsten Nudeln, die gibt es relativ häufig, meist mit fleischlosen Soßen. Wir essen viel Gemüse, Pilze, viel Fisch, z. B. Lachs. Früher habe ich sehr scharf gegessen, auch Knoblauch, und mochte die indonesische Küche. Ich koche gerne im Wok und würze heute nicht mehr so scharf. Aber ich mache auch hin und wieder Hausmannskost: z. B. Rouladen, Rotkohl und Kartoffeln, wenn ich Heißhunger auf solche Sachen kriege. Dennoch muß ich nicht jeden Tag Fleisch essen, fünf Jahre lang habe ich sogar vegetarisch gelebt. Da war Fleisch für mich absolut tabu, ich habe mich davor geekelt, und ich wollte die Tierhaltung nicht unterstützen. Nach dem Ende der Schwangerschaft und beim Stillen fiel mir aber auf, daß die fleischlose Ernährung an meine Substanz geht. Seitdem gibt es auch wieder Fleisch, aber nicht so regelmäßig. Mein Lieblingsessen ist Pellkartoffeln mit Kräuterquark und Leinöl, auch Pellkartoffeln mit Hering in Sahnesoße schmecken mir sehr gut; die Heringe lege ich dann selber ein.

Das Kochen habe ich nicht bei meiner Mutter gelernt, da ich ihre Art zu kochen – sie bevorzugt die deftige deutsche Küche mit viel Gemüse und Schweinefleisch – eher ablehne. Das Kochen hat mir die Mutter meines damaligen Freundes, eine Spanierin, beigebracht. Von ihr habe ich die Art zu würzen und die Zubereitung mit Olivenöl und viel Knoblauch übernommen. In den Wohngemeinschaften, in denen ich gelebt habe, habe ich mir z. B. die Vollwertküche abgeschaut. Meistens koche ich nicht nach Rezepten, sondern aus dem Kopf, die Gerichte, die ich schon kenne. Wenn mir danach ist, etwas Neues auszuprobieren, lege ich mir auch mal ein Rezept hin und kaufe danach ein. Ich gehe auch gern in den Asienladen und lasse mich von den Leuten dort beraten. Dann kaufe ich das entsprechende Gemüse und lasse mir die Zubereitung erklären.

In Frau B.s Küche gibt es keine Speisekammer und kein Tiefkühlgerät. *Ich kaufe wenig auf Vorrat ein, sondern täglich auf dem Weg und bringe nur etwas für den Tag, höchstens für zwei Tage mit. Auch wenn das unwirtschaftlich ist, aber mir liegt die Vorratshaltung nicht. Büchsen werden nicht aufgemacht, ich kaufe Frisches ein, weil ich mir selber etwas Gutes tun will. Wenn ich mal nicht kochen will, dann gibt es Brot, das ich grundsätzlich im Bio-Laden kaufe. Dazu gibt es Käse, Wurst, Tomaten und Gurkensalat.*

Tischregeln und Küche in der Kindheit

Es gibt ein paar Tischregeln, die mir wichtig sind. Meine Tochter darf nicht mit dem Essen spielen; sie soll es ernst nehmen. Aber sie muß nicht mit Messer und Gabel da sitzen. Wir unterhalten uns beim Essen, das finde ich auch ganz wichtig, weil ich es aus meiner Kindheit umgekehrt kenne. Da mußten wir drei Geschwister mucksmäuschenstill und gerade am Tisch sitzen. Das war schrecklich. Meine Tochter ist ganz klar so erzogen, daß sie nicht aufessen muß, daß sie essen darf, was sie essen mag. Nur wenn sie viel naschen will, fange ich an einzugreifen, wenn ich merke, daß es mit ihrem Eßverhalten bedenklich wird. Aber grundsätzlich ist meine Einstellung, daß ihr das Essen Spaß machen soll. Als Kind habe ich die gegenteilige Erfahrung gemacht, daß wir zu Hause immer alles aufessen mußten. Das war für mich oft schrecklich, besonders wenn es Wirsingkohleintopf mit Kümmel gab, den ich überhaupt nicht mochte. Dann habe ich mir Tricks einfallen lassen. Ich habe die Backen vollgestopft und das Essen später ins Klo gespuckt. Die Mahlzeiten damals bei uns zu Hause waren nicht sehr lustbetont.

An die Wohnung meiner Eltern, die in einem häßlichen Haus aus der Nachkriegszeit gelegen war, habe ich keine besonders schöne Erinnerung – weder an die Küche noch an eine kochende Mutter, die uns feines Essen gemacht hat. Meine Eltern hatten eine ganz kleine

Kochküche, da konnten sich kaum zwei Leute drin aufhalten. Es war eine Art Kochnische, die direkt am Wohnzimmer dranhing, ohne Tür, nur mit einem Vorhang abzutrennen. Da meine Eltern beide berufstätig waren, hatte meine Mutter immer vorgekocht und die Töpfe mit dem Essen in den Betten, wo sie mit Kissen umschlungen wurden, warm gestellt. Wenn wir aus der Schule kamen, haben wir uns das Essen gesucht und hingestellt. In der Küche haben wir uns kaum aufgehalten, sondern im Wohnraum, der auch gleichzeitig Eßzimmer war, gegessen und mußten danach wieder in unsere Zimmer. Während der Woche brauchten wir nicht zu Hause helfen, aber am Wochenende hat meine Mutter uns immer irgendwelche Aufgaben gegeben, z. B. Kartoffeln schälen. Dann mußte meine Schwester im Kinderzimmer z. B. den Salat schneiden und ich die Kartoffeln schälen. Wir haben die Sachen ins Kinderzimmer gestellt bekommen, weil die Küche so klein war. Im Wohnzimmer durften wir das nicht, weil es nicht dreckig werden sollte. Wenn wir fertig waren, haben wir alles in die Küche gebracht.

Haushaltsorganisation und Arbeitsteilung

Im gemeinsamen Haushalt von Frau B. und ihrem Mann gab es keine feste Arbeitsteilung. Wer Zeit hatte, kümmerte sich um die anfallende Küchenarbeit.

Mein Mann war zwei Jahre Hausmann. Er hat in der Zeit, als ich mein Examen machte, gekocht und den Haushalt zum großen Teil allein bewältigt. Ich fand das toll, daß er sich so eingesetzt hat. Er hat es auch gerne gemacht und mir sogar das warme Essen an den Schreibtisch gestellt. Ich blieb aber für die Wäsche zuständig, denn die mache ich gerne und auch lieber selber, weil mein Mann schon mal Sachen zusammenschmeißt, die hinterher verfärbt sind. Wenn er viel zu tun hatte, dann war ich wiederum diejenige, die mehr im Haushalt machte. Das ging bei uns immer ein bißchen nach Bedürfnissen und Möglichkeiten. Ich wasche sehr ungern ab und mache dafür andere Dinge lieber, darum hat mein Mann öfter die Küche sauber gehalten. Er wäscht auch immer gleich ab, beim Kochen schon, da hat er sich bestimmt öfter über mich geärgert, weil ich das nicht so mache. Hin und wieder haben wir auch zusammen gekocht, da es uns beiden Spaß macht.

In der Küche verhalte ich mich, wo ich kann, umweltbewußt. Müll trenne ich nach Glas-, Verpackungs- und Hausmüll. Zum Saubermachen nehme ich Essigreiniger ohne Phosphate und dosiere sie gering. Ich benutze ein Spezialwischtuch, womit man Putzmittel spart. Den Geschirrspüler stelle ich nur an, wenn er voll ist, und den Abwasch erledige ich nie unter fließend Wasser. Viele Produkte kaufe ich im Bio-Laden. Leider geht das nicht immer, da die Sachen oft teurer sind als anderswo und ich dann aus Geldersparnis im Supermarkt einkaufe. Dennoch achte ich darauf, so wenig wie möglich Verpacktes zu kaufen.

Wohngemeinschaftserfahrungen

Wir haben als Familie mit einer anderen Familie, deren Sohn ein halbes Jahr älter als unsere Tochter war, zweieinhalb Jahre zusammengewohnt. Die WG hatte über 200 qm; durch den Umstand, daß die Küche so zentral und unseren drei Wohnräumen direkt gegenüber lag, war sie oft ein ziemlicher Störfaktor, eine Geräuschkulisse. Die Küchenarbeit war durchorganisiert, und zwar hatten wir Kochdienste. So gab es an vier Tagen in der Woche warmes Essen. Jeder von uns Erwachsenen war einmal mit Kochen dran und mußte anschließend auch immer gleich den Abwasch erledigen. Dadurch hatten die anderen an drei Tagen die Freiheit, sich hinzusetzen, Essen hingestellt zu bekommen und anschließend zu gehen. Das war zwar sehr bequem, hatte aber für denjenigen, der für den Küchendienst eingeteilt war, den Nachteil, daß er sich etwas vereinsamt vorkam. Jedenfalls ging mir das so. Ich fand das ziemlich unangenehm, daß ich, wenn mein Mann abends noch nicht von der Arbeit zu Hause war, allein zum Aufräumen in der Küche zurückblieb, während sich das andere Paar zur Tagesschau zurückzog. Verglichen mit den Wohngemeinschaften, in denen ich vorher gelebt hatte, hat mir diese Haltung nicht gefallen, denn ich kannte das bisher so, daß man gemeinsam kochte und hinterher den Küchendreck zusammen beseitigte oder wenigstens als Geste seinen Teller wegräumte. Wenn sich alles türmte, machte man eine gemeinsame Putz-Aktion oder man blieb noch da und quatschte zusammen. Das war einfach viel herzlicher und netter. In der letzten WG war es dagegen sehr zweckbestimmt. Wir kannten uns vorher nicht und lebten im Grunde nur zusammen, um die Miete zahlen zu können, damit unsere Kinder einen Spielgefährten hatten und weil ein gemeinsamer Haushalt weniger Arbeit bedeutete. Privat lief nicht viel zwischen uns, nur die Dinge, die uns verpflichtet haben, die Dienste. Eigentlich waren nur die Kinder der Punkt, der uns verbunden hat. Sie waren das Hauptgesprächsthema.

Das WG-Leben war optimal durchstrukturiert. Unsere Mitbewohnerin, die schon über zehn Jahre dort lebte, war so erfahren mit dieser Struktur, daß wir die auch so aufgedrückt bekommen haben. Es hieß: ›So läuft das bei uns. Das ist Usus. So ist das.‹ Und so mußten wir das übernehmen. Wir hatten manchmal das Gefühl, daß wir uns mehr Mühe gaben. Gerade meine Mitbewohnerin tendierte dazu, etwas zu kochen, was sich möglichst von alleine kochte. Nach dem Motto: ›Nur nicht soviel Arbeit daran hängen.‹ Ich kann nicht sagen, daß es nicht geschmeckt hätte, aber ich habe verglichen, ob mein Mann und ich uns nicht mehr engagierten und deshalb benachteiligt waren. Beim Putzen gab es auch Unterschiede und deswegen öfter mal Ärger. Das war aber schön gleich verteilt, denn da hat jeder mal eine Sudelecke hinterlassen. Jeder hat mal Dreck gefunden, für den er sich nicht verantwortlich fühlte und den er zurückgewiesen hat. Mein Mann z. B. ist sehr ordentlich. Wenn er putzt, dann putzt er so gründlich, daß sich alles spiegelt. Er hat sich manchmal geärgert, daß immer nur er derjenige war, der mal die Fenster mit putzte oder die Speisekammer saubermachte. Unsere Mitbewohnerin hat sich über bestimmte Dinge aufgeregt, die mal gemacht werden sollten, die sie selber aber auch nicht gemacht hat.

Wir hatten öfter WG-Diskussionen, wo das Verhalten der einzelnen diskutiert wurde. Diese Gespräche waren sehr ehrlich, die gingen allen ein bißchen nahe. Wir haben dabei festgestellt, daß wir ganz unterschiedliche Vorstellungen vom Zusammenwohnen haben. Die beiden anderen waren um einiges älter und hatten von vornherein nicht solche Erwartungen wie wir. Heute kann ich sogar nachvollziehen, daß man, wenn man berufstätig ist, mehr Ruhe braucht und sich mehr abschotten will. Ich könnte heute auch nicht mehr in einer WG leben. Nach solchen Aussprachen haben wir uns wieder mehr Mühe gegeben. Die

Arbeit war sicherlich ganz gleichberechtigt aufgeteilt und dieses WG-Modell ausgeklügelt und ökonomisch. Aber die Umsetzung war etwas zu gefühllos und so distanziert. Unsere Mitbewohner haben dann die Wohnung aufgegeben, weil sie sich ein Haus gekauft haben. Wir mußten uns etwas anderes suchen und hatten Glück mit dieser Wohnung. Wir haben das sehr genossen, alleine zu wohnen. Nun konnten wir so lange in der Küche sitzen, wie wir wollten, und mußten nicht mehr flüchten, weil die Küche besetzt war und wir das Gefühl hatten, nicht erwünscht zu sein. Das Mittagessen ist nicht mehr an Zeiten gebunden, sondern ich kann es nach eigenen Bedürfnissen gestalten. Am Wochenende koche ich eher spät, so gegen 15 Uhr. Wenn ich z. B. einen langen Arbeitstag hatte, dann gibt es auch schon mal erst um 20 Uhr Essen. Das genieße ich sehr, daß ich das jetzt an meine Bedürfnisse anpassen kann und keinen Druck mehr habe.

Offene Küche mit Kochinsel im Berliner Zimmer

Frau S., 47 Jahre, Lehrerin, lebt seit 1974 in einer 4,5-zimmrigen Eigentumswohnung von 134 qm in einem Charlottenburger Altbau. Zum Haushalt gehören ihre drei Söhne im Alter von zehn bis fünfzehn Jahren sowie einige kleine Haustiere. 1989 wurde die Küche der Familie in das 25 qm große Berliner Zimmer umgebaut.

Hightech-Küche in wohnlichem Ambiente

Das »Berliner Zimmer« ist in Altbauwohnungen ein meist großes Durchgangszimmer mit nur einem Fenster zum Hinterhof. Dieses Fenster wurde gegen eine über drei Meter hohe zweiflügelige Fenstertür ausgetauscht. Davor ist – nach Art eines französischen Balkons – ein fußbreiter Austritt in Form eines Eisengitters und ein Geländer installiert worden. Dort kühlt Frau S. in der kalten Jahreszeit Speisen und Getränke, während sie im Sommer die Flügeltür viel offen stehen läßt, um die Nachmittagssonne ins Zimmer zu lassen. In ein sehr schmales Fenster daneben sind viele Lüftungsklappen eingelassen. Ein schmales Glasdach schirmt die Scheiben vor zu viel Regen ab. Der Blick geht über zwei Hinterhöfe und auf eine haushohe Eiche. An der hinteren Schmalseite des länglich geschnittenen Berliner Zimmers ist zwischen Fenstertür und Tür zum hinteren Flur die Einbauzeile eines exklusiven Küchenmöbelherstellers eingepaßt. Die Unter- und Oberschränke haben beschichtete Holzverblendungen in einem dezenten Hellgrau und matte Edelstahlgriffe. Die Arbeitsfläche besteht aus einer durchgängigen Edelstahlplatte, in die die Spüle nahtlos eingelassen ist. Auch die Wandfläche dahinter ist mit Edelstahl verkleidet. Mehrere an der Unterseite der Hängeschränke eingelassene Spots sorgen für eine gute Beleuchtung und schillernde Lichteffekte auf der Edelstahlfläche. Die Unterschränke haben Auszüge; Kühlschrank und Spülmaschine bleiben unsichtbar hinter den Holzverblendungen. Eine moderne Brotschneidemaschine ist versenkbar in einer Schublade installiert und läßt sich mit wenigen Handgriffen in Betrieb nehmen und wieder verstauen. Vor der Fenstertür läßt sich eine kleine Tischplatte ausziehen, auf der Einkäufe abgestellt werden können.

Einen guten Meter von der Küchenzeile entfernt steht ein ca. 1,20 m breiter und 1 m tiefer sogenannter Küchenblock, in den eine Edelstahlkochmulde mit vier Gasflammen und darunter ein Elektro-Umluftherd integriert sind. An den vier Seiten dieser Kochinsel sind Fächer und Schubladen eingelassen, in denen tägliches Gebrauchsgut zum Kochen und für den nebenstehenden Eßtisch untergebracht sind. Die Fächer sind ebenso wie die aufliegende Platte aus geleimter Buche und bilden einen Kontrast zu den schwarzen Seitenwänden des Küchenblocks. Um die Kochmulde herum stehen ein Farn, Schalen und Nippes.

Eigentlich war es so gedacht, daß am Küchenblock eine Menge stattfinden soll, aber wenn man das als Arbeitsfläche betrachtet, ist er zu klein. Darum wird am Herd nicht gearbeitet, ich schnippele hier vielleicht mal Zwiebeln. Ansonsten wird an der Küchenzeile gearbeitet, und ich hebe es zum Herd herüber. Die Fachleute der Kücheneinrichtungsfirma hatten einen Wasseranschluß für den Küchenblock vorgeschlagen, den Frau S. als zuviel Luxus ablehnte.

Für mich ist es eher ein ›Kochtisch‹ geworden, auf den ich gerne auch noch etwas Dekoratives stelle: Ein silberner Topf, kleine Gegenstände, Steine und Urlaubsandenken müssen immer drapiert sein, ohne das wäre es mir zu nüchtern. Über der Kochinsel hängt an filigranen Stahlhalterungen mit eingelegten Glasböden eine Esse aus Edelstahl, von der aus ein Industrie-Abzugsrohr bis an den Kaminzug oberhalb der Küchenzeile führt.

Diese Konstruktion bildet eine optische Verbindung zwischen den beiden Küchenarbeitsbereichen.

Den Platz vor dem Küchenblock in der Mitte des Raumes nimmt ein großer moderner Eßtisch aus italienischer Kiefer ein, an dem bis zu zwölf Personen Platz finden. Um den Tisch stehen verschiedenartige, von Frau S. getrödelte Gasthausstühle aus Bugholz. An der Fensterseite des Zimmers steht ein großer Schrank mit Glasscheiben, in dem Sammeltassen und ein geerbtes Kaffeeservice aufbewahrt werden. Neben der Fenstertür ist ein drei Meter hoher Heizkörper installiert, wie man ihn heutzutage öfter in Bistros sieht. An der gegenüberliegenden Wand steht ein Klavier und in der Ecke daneben ein alter, mit dunkelgrünen reliefartigen Kacheln versehener dekorativer Ofen, der bis unter die Zimmerdecke reicht. Er wurde bis vor dem Umbau des Zimmers noch befeuert, mußte aber wegen des Kochstellenabzugs stillgelegt werden. Eine Flügeltür in der vierten Wand führt in das Wohn- und Arbeitszimmer von Frau S.

Die Küchen-Wende im Jahr der Wende

Nachdem sich die drei Söhne der Familie S. in ihren ersten Lebensjahren ein Spielzimmer und einen Schlafraum geteilt hatten, sollte jedes Kind ein eigenes Zimmer erhalten. Durch ein Gespräch wurde Familie S. auf die Idee gebracht, die Küche in das Berliner Zimmer zu verlegen. Da das Bad an das Berliner Zimmer anschließt, gab es für die Wasseranschlüsse kein Problem. Die ehemalige, ca. 10 qm große Küche am Ende der Wohnung wurde zum dritten Kinderzimmer. Die Gestaltung der offenen Küche im Berliner Zimmer entwarf ein befreundetes Architektenpaar. 1989 wurde der Umbau realisiert, der auch eine Badsanierung und die Verlegung eines der Kinderzimmer in die ehemalige Dienstbotenkammer beinhaltete. Aus der ursprünglich geplanten Bauphase von zehn Wochen wurden schließlich zehn Monate, die die Familie ausgelagert in einer kleinen Dachwohnung des Hauses verbringen mußte.

Die Voraussetzung für den Umbau war, daß wir die Wohnung kaufen konnten und deshalb auch in sie investiert haben. Wir hatten uns den Umbau jedoch einfacher vorgestellt. Aber es wurde gemauert und alles unter Putz gelegt, Fenster teilweise erneuert und das Bad gekachelt, Hochbetten gebaut und Zimmereingänge verändert. Unser Wunsch war es, wenn man schon umbaut, muß alles ganz toll werden. Es war mir aber wichtig, daß es im Berliner Zimmer nicht so ›küchig‹ aussehen soll. Darum wollten wir ganz bewußt keine hohe Kühl- und Gefrierschrankkombination haben, was für mich der Inbegriff von Küche ist. Mein Mann wollte die gesamte Kücheneinrichtung in Schwarz haben, was mir absolut zu dunkel und zu finster war. So entstand ein Kompromiß für einen schwarzen Küchenblock und eine Küchenzeile in einem zeit- und trendlosem Grau, bei der ich nicht das Gefühl habe, daß ich mich nach zehn Jahren daran satt gesehen habe. Mein Geschmack geht in die Richtung, je dezenter, desto besser, je unauffälliger, desto schöner. Jetzt haben wir so eine ›Mercedes-‹ oder ›Porsche-Küche‹, wie ich immer sage, in der es die Möglichkeit gibt, überall in den Fußleisten, hinter denen Sockelschubkästen sind, noch etwas unterzubringen. Da lagere ich die Lebensmittelvorräte, wobei mir bei dieser Lösung der Überblick etwas fehlt und man vom Platz her sehr einge-

schränkt ist. Ich würde gerne oft noch mehr einkaufen, aber der Platz dafür fehlt, wie ich ihn in meiner alten Vorrats- und Speisekammer hatte.

Vor dem Umbau, als die Kinder noch kleiner waren, fand das Familienleben hauptsächlich im Spielzimmer statt. In der ehemaligen Küche haben wir fast immer gegessen. Wenn Leute mit Kindern kamen, die zum Essen blieben, war es klar, daß dieses Gepantsche und Geschmadder ausschließlich in der Küche stattzufinden hat. Das war auch ökonomischer. Das Berliner Zimmer war früher unser Wohnzimmer. Dort haben wir Eltern uns abends entspannt; man hatte da aber keine Rückzugsmöglichkeit, weil jeder durchlaufen konnte. Am Kamin stand ein Tisch, an dem wir mal Kaffee getrunken und gegessen haben, wenn wir eine Essenseinladung hatten. Eine Spaltung zwischen Küche und dem Wohnbereich gab es immer bei Festen. In der Küche hielten sich meist einige Leute auf, weil es dort Nachschub an Essen gab.

Gastgeberfreundliche offene Küche

Die Küchensituation ist jetzt für mich optimal gelöst. Meine Gäste sitzen hier, und man kann nebenbei einen Kaffee oder Tee machen – ohne in eine entfernte Küche laufen zu müssen. Das finde ich sehr angenehm. Sonst mußte mein Besuch immer hinter mir her in die Küche kommen, damit man sich weiter unterhalten konnte. Oft blieb man dann in der Küche hängen. Beim größten Fest, das bei uns seit dem Umbau stattgefunden hat, waren vierzig Leute. Es spielte sich vorwiegend alles an diesem Eßtisch und um den Küchenblock herum ab. Zusätzlich hatten wir noch kleine Tischchen zum Sitzen auch im Wohnzimmer nebenan verteilt. Aber die Mehrheit der Gäste hielt sich hier auf. Wenn ich mit Zubereitungen beschäftigt war, war ich trotzdem noch dabei. Besuch empfange ich hier am Tisch, der gedeckt wird, weil es doch meist mit einem Essen verbunden ist. Wenn eine Fete ist, wird das Essen, Salate usw. auf dem Küchenblock aufgebaut, wo sich jeder bedienen kann. Neulich hatten wir ein Kinderladentreffen meines ältesten Sohnes. Alle waren gekommen, auch die Eltern. Jeder hatte etwas zu essen mitgebracht, und alle haben sich ausschließlich hier aufgehalten. Ich bin nicht so eine Gastgeberin, die dann immer nur dafür sorgt, daß es allen gut geht. Ich habe nichts dagegen, wenn auch mal ein anderer etwas in die Spülmaschine einräumt. Die offene Küche fördert die Möglichkeit, der Hausfrauen- und Gastgeberrolle mal zu entkommen, weil sich die Gäste hier selber ein Glas abwaschen können.

Aktivitäten rund um den Eßtisch

Die Küche ist für mich der wichtigste Raum der Wohnung; mein anschließendes Wohn- und Arbeitszimmer, zu dem die Flügeltür immer offensteht, würde ich noch mit einbeziehen. Dort steht ein Sofa zum Fernsehen, Lesen und Rumgammeln. Wenn ich an meinem Schreibtisch sitze, bekomme ich mit, wenn meine Kinder nebenan in der Küche am Klavier und auf der Gitarre spielen. Unsere offene Küche ist zum Zentrum der Wohnung geworden, obwohl ich mich nicht immer dort aufhalte. Die Jungen kommen dahin, wenn sie Anschluß suchen oder ihre Schularbeiten machen. Ich sitze gegenüber am Schreibtisch, komme ab und zu vorbei und bin für sie erreichbar. Ein Problem ist, wenn die Jungen fernsehen und ich mir das nicht mit ansehen will. Leider nimmt der Fernsehkonsum mit steigendem Alter zu, und wenn ich abends am Schreibtisch arbeite, kollidiert das. Dann ziehe ich mit meiner Arbeit an den Eßtisch, der zum Arbeiten gut ist, weil er der einzige große in der Wohnung ist. Ich setze mich auch an ihn, wenn ich tagsüber ausruhen und in Muße Zeitung lesen will, weil ich hier nebenbei Kaffee trinken und etwas aus der Zeitung ausschneiden kann.

Küchendienste und Kochgewohnheiten

In der Küche hängt ein Plan, auf dem die drei Söhne für verschiedene Küchenämter eingeteilt sind.

Seit anderthalb Jahren haben die Jungen mit ihrem Einverständnis Küchendienste, weil ich die Diskussionen und das Sich-davor-Drücken leid war. Gerade bei Jungen habe ich den Anspruch, daß die das allemal gut hinkriegen sollen, daß sie in dieser Beziehung selbständiger und verantwortlich sind und sich nicht bedienen lassen. Die drei Ämter sind unterteilt in: den Müll hinunterbringen; den Tischdienst, d. h. decken und abräumen sowie die Spülmaschine füllen und leeren; und kleine Dienste, z.B. etwas Fehlendes einkaufen, Samstags Brötchen und Getränke holen und das Leergut zurückbringen. Die Jungen wechseln die Dienste untereinander, so daß jeder zweimal die Woche mit einem Dienst dran ist. Das läuft gut, und ihre Mithilfe ist für mich eine Entlastung.

Frau S. macht den Großeinkauf einmal in der Woche, u.a. in der Domäne Dahlem, wo sie Gemüse und Kartoffeln besorgt, sowie den abendlichen Abwasch und das tägliche Kochen.

Jeden Tag gibt es bei uns eine warme Mahlzeit – da bestehe ich drauf –, normalerweise zwischen ein und zwei Uhr. Wer später nach Hause kommt, macht sich das Essen nochmal warm oder ißt es so. Alltags läuft es eigentlich so, daß ich sehr wenig plane. Zwischen meiner Arbeit, der Autobahn und dem Nachhausekommen denke ich darüber nach, was ich kochen könnte. Oder ich nehme Reste vom Vortag und bastele ein neues Gericht zusammen. Die Kinder sind relativ bescheiden in ihren Ansprüchen und essen vieles von dem, was ich mache. Ich habe mich aber auch auf ihre Bedürfnisse eingestellt und koche nicht, was sie nicht mögen, Auberginen zum Beispiel. Ich probiere selten Neues, sondern koche meine Standards, ein Repertoire von zehn bis zwölf Gerichten, die immer wiederkommen; z.B. ›Pfannekuchen‹ oder eine Quiche mit Resten, wo ich auch mal etwas unterschummel, was nicht so sehr gemocht wird. Ein- bis zweimal in der Woche gibt es ein Nudelgericht und ein- bis zweimal etwas mit Kartoffeln, eventuell mal mit Schinken, aber sonst relativ fleischlos. Zwischen alltags und dem Wochenende mache ich beim Kochen einen Unterschied. Weil ich am Wochenende mehr Zeit habe, koche ich etwas Besonderes, z. B. etwas mit Fleisch, und dann kann es hier manchmal mehrere Stunden köcheln. Ich koche gerne und gehe da nicht genervt ran. Ich hasse dagegen das Schnelle, daß schnell mal aus dem Tiefkühler eine Pizza herausgeholt, schnell gemacht und schnell eingepfiffen wird. Ich bekomme richtig Angst davor, wie überorganisiert man heute ist. Kartoffeln schälen z. B. finde ich etwas ganz Meditatives; das klingt kitschig, aber ich empfinde da eine richtige Dankbarkeit, daß man eine Kartoffel noch in der Hand halten kann, an der noch Erde klebt. Ich lege auch Wert darauf, daß der Tisch schön gedeckt wird, mit Kerzen und Servietten, daß für diese Art von Eßkultur Zeit bleibt. Meine Kinder dürfen nicht aufstehen, bevor alle drei fertig sind. Sie sollen aufeinander warten, damit beim Essen Muße ist. Ich bestehe auch darauf, daß sie ihre Portio-

nen, die sie sich nehmen, aufessen, daß sie einen Blick für ihren Appetit kriegen, was sie ganz gut können. Denn Essen wegwerfen geht mir gegen den Strich. Ich selber bin noch viel strenger aufgewachsen; ich habe auf Biegen und Brechen alles aufessen müssen.

Großküchenbetrieb auf dem elterlichen Gehöft

Ich komme vom Bauernhof, und es ist mir sehr wichtig, daß ich diese Spur nicht verliere. Manchmal packt mich ein Rausch, dann binde ich mir die Schürze um und mache Marmeladen ein, die wir morgens gerne zum Frühstück essen. Das Schönste, was es gibt, ist Quittenmarmelade. Die Quitten organisiere ich mir vom Land, letztes Mal kamen sie aus dem Wendland. Mein Entsaftungstopf, ein altmodisches Modell mit Dampf von unten, ist dann nonstop auf dem Gas in Betrieb, und es riecht in der ganzen Wohnung nach Quitten und Eingekochtem. Meine Eltern hatten im Ruhrgebiet einen großen bäuerlichen Betrieb mit Kornbrennerei, Getreideanbau und Viehwirtschaft. An unsere Villa grenzte ein Wirtschaftstrakt, in dem die Küche, eine extra Spülküche, Vorratsräume und Vorratskeller sowie ein Eiskeller lagen. Der Eiskeller war ein begehbarer Raum, in den ich ging, um kalten Apfelsaft zu trinken, wenn ich von der Schule verschwitzt nach Hause geradelt kam. Dieser Wirtschaftstrakt ging über in den Kuhstall, wo endlos viele Milchkühe standen. Neben der Küche gab es noch eine Kammer, in der der Schweinemeister abgesondert von den anderen aß, weil er immer so stank. Durch eine Klappe bekam er sein Essen gereicht. Auch Bettler, die auf den Hof kamen, wurden in diese Kammer geführt und erhielten durch die Klappe einen Teller Suppe.

Wir hatten eine Hauswirtschafterin und zwei Dienstmädchen, um diese Flächen zu bewirtschaften. Die Küche war sehr großzügig. In der Mitte stand eine riesige Kochmaschine, die mit Kohle beheizt wurde. Auf einem Messinghandlauf hingen die Handtücher zum Trocknen. Jeden Tag wurde dieser Herd von einem Dienstmädchen mit Zeitungen saubergemacht und abgerieben; dieses Geräusch, das dabei entstand, habe ich heute noch im Ohr. Die täglichen Mahlzeiten wurden jedoch nicht auf der Kochmaschine, sondern auf einem danebenstehenden Elektroherd gekocht. Um diese Herde konnten wir Kinder prima fangen spielen, und unten in den Küchenschränken haben wir verstecken gespielt. Dem Herd gegenüber an der Wand stand eine lange Bank, wo immer die Schuhe geputzt wurden. Manchmal putzte ich mit, legte meine Füße auf den Messinglauf und sang ein fröhliches Liedchen. Wenn Schlachte- und Erntezeit war, viel gekocht und eingemacht wurde, standen auf der Kochmaschine riesige Kessel, in denen z. B. literweise Pfirsiche eingekocht wurden. Auch meine Oma und viele andere Hände halfen dann mit, die um den Tisch herum z. B. Kirschen entsteinten. Dabei wurde viel gesungen, und wir Kinder hatten auch unseren Spaß. Noch mehr interessierte mich, wenn geschlachtet und gewurstet wurde, aber am meisten fühlte ich mich zu den Schweinen und Kälbern hingezogen. Ich versorgte einen eigenen Hund und kleine mißgebildete Ferkel, die sonst auf dem Mist getötet worden wären und die ich versteckt hielt. In der Küche klaute ich für meine Tiere Speck, Fleisch und Essensreste. Wenn wir Kinder von der Schule nach Hause kamen, gingen wir in die Küche und holten dort unser Essen, das wir aber vom Personal getrennt im Eßzimmer einnahmen. Dadurch aber, daß meine Mutter, die die Aufsicht über den ganzen Betrieb führte, nicht so für mich erreichbar war, war die Küche für mich der Hort. In dem Sinne, daß dort immer Dienstpersonal war, immer irgend jemand, den ich ansprechen konnte.

In meinem Leben hat vieles in der Küche stattgefunden

Frau G., 63 Jahre, Rentnerin, lebt seit Ende der 70er Jahre in einem 1963 erbauten Mehrfamilienhaus einer Charlottenburger Siedlung mit vielen Grünflächen und Bäumen. Sie bewohnt dort mit ihrem Mann eine 80 qm große, im sozialen Wohnungsbau errichtete 3-Zimmer-Wohnung.

Wohnen in der maßgeplanten Einbauküche

Die 10 qm große Küche hat einen länglichen Grundriß. Tür und Fenster liegen sich an den Schmalseiten gegenüber. 1980 ließ Frau G. die Küche neu möblieren, da ihr die noch vorhandenen schlichten, mit Schiebetüren versehenen Originaleinbauten nicht gefallen haben. Seither besitzt sie eine komplette maßgeplante Einbauküche, aus einem großen Einrichtungshaus für Küchenmöbel. An den beiden Längsseiten der Küche liegen sich die aus Unter- und Hängeschränken zusammengesetzten Einbauzeilen gegenüber: rechts mit Gasherd, Doppelspüle und Besenschrank und links mit einem hohen Kühl-

und Gefrierschrank, der wie alle Schrankelemente eine kunststoffbeschichtete Front in beige-brauner Holzoptik hat. Hinter den dunkelbraunen Arbeitsflächen wurden die noch an den Wänden vorhandenen alten Fliesen mit einer PVC-Tapete im Fliesendesign verkleidet. Der Fußboden zwischen den beiden Arbeitsbereichen ist mit einem braungemusterten PVC-Belag ausgelegt, während unter der Eßecke ein Teppichboden liegt. Zu dem am Fenster stehenden Eßtisch gehören mit Plüschstoff bezogene Sessel und eine ebenso gepolsterte Sitzbank; daneben führt ein offener Durchgang in das angrenzende geräumige Wohnzimmer mit Balkon. Mit ihrem rustikal-wohnlichen Charakter wurde die Küche dem Gesamtbild der Wohnungseinrichtung angepaßt.

Wir sitzen leidenschaftlich gern in unserer Wohnküche, hier verbringen wir die meiste Zeit des Tages. Essen, Zeitung lesen, Briefe schreiben, das passiert alles am Küchentisch. Wenn ich nähe, Wäsche repariere oder handarbeite, mache ich das hier, da es mir in der übrigen Wohnung nicht bequem oder zu dunkel dazu ist. Im Wohnzimmer ist auch nicht der richtige Ort dafür, das wird nicht viel benutzt, nur abends zum Fernsehen. Hier in der Küche bin ich gleich am Kochtopf, wenn ich nebenbei nach dem Essen gucken muß. Wenn eine Freundin zu Besuch kommt, bleiben wir, wenn sie damit einverstanden ist, meistens in der Küche sitzen, denn hier kann ich nebenbei besser Kaffee kochen und etwas zubereiten. Mit mehreren Gästen nutzen wir das Wohnzimmer, weil wir dort besser Platz finden.

Hausmannskost bevorzugt

Zum Frühstück essen wir wenig, Toast mit Marmelade oder Honig, und abends wird kalt gegessen, Brote mit Wurst, Käse oder Fisch und einen Salat dazu. Mittags essen wir regelmäßig zwischen zwölf Uhr und drei Viertel eins. Ich koche Hausmannskost, weil mein Mann es so liebt. Ich würde zwar manches anders kochen, aber ich habe mich auf seine Bedürfnisse eingestellt. Mein Mann ißt gerne Kartoffelsalat mit Buletten oder Würstchen, Gemüseeintöpfe, Milchreis mit Zimt und Zucker, Milchsüppchen mit Haferflocken oder Milchnudeln, auch saure Eier oder Schmorgurken, eben einfache Gerichte. Fleischgerichte wie Gulasch, Rouladen oder Schmorbraten gibt es bei uns seltener, weil er es nicht so gerne mag. Ich dagegen könnte in der Woche drei- bis viermal Fleisch essen, aber ich koche lieber so, wie er es gerne möchte. Ich beherrsche so viele verschiedene Gerichte, daß ich keine neuen kennenlernen muß. Das Ausprobieren würde mir auch zu viel Mühe machen, und dazu besteht die Gefahr, daß es mir nicht so gut gelingt und wir dann kein Mittagessen haben.

Meine Art zu kochen hat sich in den Jahren nicht viel verändert. Zu Hause mußte ich nicht kochen, aber ich habe meiner Mutter dabei zugeguckt, und darum konnte ich es, als ich auszog. In meiner ersten Ehe haben wir viel Fleisch, z. B. Schwein und Lamm, gegessen, und es war üblich, daß es im Stück auf den Tisch gestellt wurde und jeder sich davon abgeschnitten hat. So wollte es mein damaliger Mann, der es von seiner Mutter so gewohnt war. Mein jetziger Mann dagegen möchte das Fleisch bereits vom Knochen gelöst, kleingeschnitten und untergemischt. So ändern sich die Gewohnheiten, und als Frau paßt man sich an und muß Kompromisse machen. In unserem Alltag sind wir immer das Gleiche gewöhnt; es muß alles seinen geregelten Ablauf haben, sonst stimmt etwas nicht. Für uns ist das schön so, auch wenn andere sagen, daß das den Spießer ausmacht. Aber ich stehe dazu, ich brauche meine Ordnung und ich liebe die Sicherheit. Bei uns ist alles in Ordnung, und was nicht in Ordnung ist, wird sofort in Ordnung gebracht. Da sind wir beide sehr gewissenhaft.

Hausfrau aus Überzeugung

Ich bin gerne Hausfrau, ich mache alles gleich gerne. Wenn etwas dran ist, mache ich es eben, z.B. hole ich mal schnell die Gardinen herunter, wasche sie und hänge sie wieder auf. An einem Tag, an dem ich gut in Form bin, schaffe ich eine ganze Menge. Die Hausarbeit belastet mich höchstens körperlich, wenn ich zuviel gemacht habe. Während meiner zehnjährigen Berufstätigkeit habe ich die Hausarbeit auch allein gemacht. Ich habe sie regelrecht an mich gerissen, nach dem Motto: ›Ach, laß mal, ich mach das schon‹. Aus dem Grund, weil es bei mir schneller ging und weil ich Angst hatte, daß mein Mann es nicht richtig macht. Ich will immer alles hundertprozentig haben, tiptop und perfekt, da übernehme ich mich manchmal. Mich zurücknehmen, fällt mir schwer. Für meinen Mann ist das kein Problem, im Gegenteil, er findet es gut, wenn ich ihn verwöhne.

Mein Mann beteiligt sich an der Hausarbeit, wenn ich mal nicht da bin oder etwas stehen lasse, dann wäscht er z. B. das Geschirr ab. Als ich krank war und nichts tun konnte, hat er viel geholfen, sogar die Fenster geputzt und gesaugt. Mir geht es aber so, daß er es nach meiner Vorstellung nicht gut genug macht, und wenn ich ihm dabei zugucke, möchte ich es ihm am liebsten aus der Hand nehmen und selber machen. Aber er reißt sich auch nicht nach der Hausarbeit, und ich habe auch meine Zweifel, ob die jungen Männer von heute sich alle gerne am Haushalt beteiligen. Mein Mann erledigt jedoch fast alle Einkäufe und Besorgungen für uns hier in unserer Wohnumgebung, das macht er gerne.

Einen Geschirrspüler wollte ich nie für uns zwei Personen haben. Der hätte mir zuviel Platz in der Küche weggenommen. Ich habe mir aber viele kleine elektrische Küchengeräte angeschafft, auch wenn ich einige nicht so oft brauche, wie z. B. das elektrische Messer, die Küchenmaschine, den Entsafter und die Warmhalteplatte. Aber ich finde es schön, diese Dinge zu besitzen, und es ergibt sich immer mal eine Gelegenheit, wo ich sie benutzen kann. Unsere Brotschneidemaschine ist häufig in Gebrauch, weil ich damit das Brot, das ich beim Bäcker kaufe, in Scheiben schneide und portionsweise einfriere. Jeden Tag benutzen wir unseren Mini-Ofen, mit dem man auch grillen kann, zum Toasten oder Aufbacken von Brötchen. Aus den 60er Jahren habe ich noch ein elektrisches ›Draluma‹. Das ist eine runde elektrische Backhaube aus Aluminium mit einem Fenster oben drin, worin man Kuchen backen oder Fleisch grillen kann. Das ist wunderschön, was habe ich darin schon für Fleisch gegrillt – herrlich. Jetzt benutze ich es noch, wenn ich mehrere Brötchen zum Aufbacken habe.

Kreuzberger Küchen

Aufgewachsen ist Frau G. in Kreuzberg. Die Wohnung der Eltern lag in einem ehemaligen Pferdestall, auf dem Hinterhof einer Mietskaserne. Sie besaß keinen Flur, sondern nur drei Durchgangszimmer, von denen das mittlere eine schmale Küche war, hinter der ein halbes Zimmer lag, in dem die sechs Geschwister jeweils zu zweit ein Bett teilen mußten.

Wir haben gar nicht viel Hausrat haben können, denn wir konnten ihn gar nicht unterbringen. Außerdem waren wir arm, und neue Möbel waren so gut wie nicht drin. Die kleine Küche wurde nur als Arbeitsküche genutzt, in der ein winziger Küchenschrank mit Glasscheiben und Gardinen dahinter und ein kleiner Tisch zum Arbeiten standen. An dem eisernen Ausgußbecken mit fließendem Kaltwasser haben wir Kinder uns gewaschen. Es gab einen Feuerherd, auf dem immer in einem großen Topf Wasser erhitzt wurde, zusätzlich hatte der zwei Gaskochstellen an der Seite – für acht Personen! Gegessen wurde vorne im ersten Zimmer, wo ein großer Tisch mit einem Sofa stand, an dem wir alle Platz fanden. Dieses Zimmer war gleichzeitig Wohn- und Schlafzimmer meiner Eltern. Mein Vater, der gelernter Klavierbauer war und noch einige andere handwerkliche und später künstlerische Berufe hatte, war oft nicht da, und meine Mutter blieb bei uns zu Hause. Sie hat viel gesungen, in der Küche beim Kochen, eigentlich immer. Obwohl wir keine besonders schönen Jahre dort hatten, weil es eine so armselige Zeit war, waren wir Kinder eine fröhliche Bande und haben viel gelacht und gesungen.

Wir zwei Schwestern wurden zwangsläufig mit in die Küchenarbeit eingespannt. Das war fürchterlich. Alles mußten wir Mädchen machen, während unsere Brüder nichts zu tun brauchten. Immer wenn man spielen wollte, war Abwasch da, und abwaschen war damals nicht so wie heute. Man mußte erst Wasser warm machen, auf den Küchentisch wurden zwei Schüsseln gestellt, die eine mit dem Sodawasser zum Abwaschen und die andere, um das Geschirr in ihr abzulegen. Gespült wurde gar nicht, dafür gab es keinen Platz. Zusätzlich sind früher immer noch die Bestecke angelaufen, die mußten nach jedem Essen mit Scheuersand abgescheuert werden. Und das Gemüse putzen, immer pfundweise, Kohlrabi und Mohrrüben für acht Personen! Das war mühselig, weil es geschabt wurde, denn bei uns kam nichts weg, auch die Kartoffelschalen wurden nicht weggeworfen. Mit denen hat mein Großvater die Karnickel in seinem Garten in Mahlsdorf gefüttert. Eingekauft haben wir in einer großen Markthalle, die gehörte zu unserem Leben und hat mich als Kind sehr beeindruckt, weil sie so riesig und so dunkel war.

In den ersten Jahren ihrer Ehe zog Frau G. mit in die kleine Wohnung der Schwiegermutter in Kreuzberg. *Dort haben wir getrennt gewirtschaftet, d. h. separat gekocht und für uns allein gegessen, aber am Küchentisch, da in unserem Zimmer kein Platz zum Essen war. In der Küche brauchte ich mich jedoch ums Abwaschen und Putzen nicht zu kümmern, denn meine Schwiegermutter war so flink, sie hat alles gemacht.*

In einem Seitenflügel des Nachbarhauses bezog die Familie bereits mit Kind ihre erste eigene 1,5-Zimmer-Wohnung, deren kleine Küche auch zum Wohnen genutzt wurde. *Hauptsächlich habe ich mich da in der Küche aufgehalten, weil ich dort immer viel zu tun hatte. Die Wäsche wurde von mir in den ersten Jahren noch auf dem Herd gekocht und mit einem Wäschestampfer in einer Zinkwanne durchgewalkt. Wenn ich Besuch hatte, haben wir in der Küche gesessen, im Wohnzimmer wurde nur gegessen, wenn zu Familienfeierlichkeiten mehrere Verwandte kamen. Das Wohnzimmer wurde eigentlich nur von meinem Mann genutzt, der dort nach der Arbeit seinen Hobbies nachging, während ich in der Küche saß, wo ich gestrickt oder genäht und mich mit dem Kind beschäftigt habe. Da wir nur einfache Küchenfenster hatten und der Raum mit dem kleinen Kohlebeistellherd schlecht zu heizen war, lief ständig eine Heizsonne, und ich mußte aufpassen, daß meine Tochter da nicht anstieß und sich verbrannte. Weil es dort nur ein kleines Waschbecken mit kaltem Wasser gab, hatte ich einen Ausziehtisch mit Schüsseln zum Abwaschen gekauft, den wir auch als Eßtisch und meine Tochter für ihre Schularbeiten benutzte. Für die Körperhygiene stand eine Waschschüssel auf einem Hocker, und meine Tochter wurde, als sie noch klein war, in einer Zinkwanne gebadet. Meine Töpfe und das Geschirr waren in einem ein Meter breiten Schrank untergebracht, der ein mit emailliertem Blech ausgeschlagenes Brotfach und in der Mitte ein schmales Brett zum Ausziehen hatte. Das war unsere ›Reformküche‹. Neben einem Gasherd hatten wir uns aber 1960 als erstes einen Kühlschrank angeschafft. Unsere Wohnung war zur Südseite gelegen und hatte den ganzen Tag Sonne. In dem heißen Sommer nach unserem Einzug hatte ich erfolglos versucht, die Butter und die Milch im Ausguß kalt zu halten. Der Kühlschrank war zwar echter Luxus, da er weit mehr als einen Monatslohn meines Mannes gekostet hatte, aber er war unbedingt notwendig. Mit dem Geld kamen wir auch immer nur gerade hin. Wenn der Lohn für Miete, Gas, Licht, Wirtschaftsgeld und alle anderen notwendigen Abzüge aufgeteilt worden war, blieben noch zwanzig Mark übrig, von denen mal ein Paar Schuhe repariert werden konnten. Das war schlimm, wenn mal eine unvorhergesehene Ausgabe dazwischen kam.*

Küche mit Eßdiele im Märkischen Viertel

Nach 38 Jahren bin ich aus meiner Kreuzberger Heimat 1970 ins Märkische Viertel gezogen, in eine Wohnung mit 2,5 Zimmern und einer geräumigen Eßdiele direkt neben der Küche. Die Küche war ca. 10 qm groß und bereits fix und fertig mit glatten, weißen kunststoffbeschichteten Einbaumöbeln eingerichtet. Es hat mir gefallen, daß alles so praktisch war und daß wir uns keine Küchenmöbel mehr zu kaufen brauchten, aber schön fand ich sie nicht. Die Küche war so schneeweiß, die sah mehr wie ein Labor aus und hatte keine Atmosphäre. So eine weiße Kücheneinrichtung ohne Schnörkel würde ich mir freiwillig nicht kaufen. Darum war die Küche im Märkischen Viertel nur Arbeitsbereich für mich und keine Wohnküche, in der ich mich viel aufgehalten habe. Aber ich hatte da diese schöne Wohnung, die ich sehr liebte, weil es immer mein Traum gewesen war, mal eine Wohnung zu haben, wo alles neu ist, wo noch keiner vor mir drin gewohnt hat. Schlimm fand ich aber, daß ich niemanden im Märkischen Viertel kannte. Denn in Kreuzberg, wo ich auch aufgewachsen war, hatte ich auf der Straße und beim Einkaufen ständig Bekannte getroffen, mit denen ich mich unterhalten konnte. Im Märkischen Viertel hat es zwei Jahre gedauert, bis ich mich dort außerhalb der Wohnung einigermaßen wohlfühlte.

Die Küche hat für mich einen sehr großen Stellenwert, weil viel von meinem Leben in der Küche stattgefunden hat und stattfindet. Und weil ich alles gerne mache, was mit ihr zusammenhängt, ist sie für mich ein sehr wichtiger Raum. Die Küche, die ich heute habe, ist für mich optimal eingerichtet und gestaltet.

Ich bin ein absoluter Küchenfan

Herr P., 43 Jahre, technischer Angestellter, wohnt in einer 93 qm großen Altbau-Wohnung in Berlin-Wilmersdorf zusammen mit seinem Freund. Zur 1908 erbauten 2,5-Zimmer-Wohnung gehört eine 16 qm große Küche.

Mischung aus Romantik und Avantgarde

Gleich neben dem Eingangsbereich gelangt man durch eine alte, mit verstrebten Glasscheiben versehene Tür in die quadratische Küche. Schwarz und Weiß, gedeckte Rot- und Holztöne sind ihre Grundfarben. Die Küche wurde seit dem Einzug von Herrn P. vor fünf Jahren vorwiegend in Eigenarbeit nach und nach modernisiert. An zwei über Eck liegenden Wänden haben mit schwarzen Fronten versehene moderne Einbaumöbel und die Küchengeräte ihren Platz; dazwischen liegen das modernisierte Fenster und eine kleine Speisekammer, in der die Waschmaschine, Reinigungsmittel und -geräte untergebracht sind. Lebensmittel können in ihr nicht gelagert werden, da die Heizungsrohre der nachträglich eingebauten Gasetagenheizung durch die Speisekammer führen und sie zu sehr erwärmen. Links von der Küchentür befinden sich Unterschränke, dazwischen ein vierflammiger Gasherd, der etwas tiefer steht, damit man beim Kochen einen guten Einblick in die Töpfe hat. An der Wand darüber sind metallene Gitter angebracht, an denen diverse

Koch- und Küchenutensilien hängen. Oberhalb davon liegen auf Gitterablagen verschiedenste Back- und Bratformen. In die andere Küchenzeile sind eine Edelstahlspüle, ein Geschirrspüler mit schwarzer Front, ein Kühl- und ein Gefrierschrank eingebaut. An der Wand darüber befinden sich zum Teil verglaste Hängeschränke, in denen Geschirr und Gläser untergebracht sind. Hinter den Arbeitsflächen wurden die Wände mit Terrakotta-Fliesen versehen, ansonsten sind sie weiß gestrichen. Als Fußboden ist modernes Eichenparkett verlegt, und die Arbeitsflächen sind passend zum Fußboden mit Kunststoff in Eichenoptik beschichtet. Auf ihnen befinden sich griffbereit diverse Küchengerätschaften sowie elektrische Küchengeräte. Ein altes schwedisches Gewürzbord mit verschiedenen Zutaten in Glasschüben und Glasflaschen hängt über der Arbeitsfläche.

Qualität und Design für die Küchentechnik – Nostalgie für die Eßecke

Ich habe an technischen Küchengeräten fast alles, was es gibt. Angefangen bei der konventionellen Kaffeefiltermaschine über die manuelle Kaffeepresse, die Espressomaschine – einmal elektrisch, einmal konventionell – bis zur Kaffeemaschine mit integrierter Thermoskanne im aktuellsten Design von Philips-Alessi. Ich habe einen Toaster, einen Entsafter, eine Getreidemühle, eine Friteuse und eine Küchenmaschine zum Teigkneten, Mixen und allem, was dazugehört. Die elektrischen Küchengeräte, die hier offen stehen, benutze ich alle häufig. Neben der Kaffeemaschine und dem Zauberstab gebrauche ich jeden Tag die elektrische Zitruspresse und die Saftzentrifuge, da es bei uns täglich ein Mixgetränk aus Möhren, Äpfeln, Kiwis und Orangen gibt. Seit fünf Jahren gibt es eine kombinierte Mikrowelle in meiner Küche, in der ich grillen und backen kann. Trotzdem behaupte ich, daß etwas aus der Mikrowelle nicht so schmeckt wie konventionell gekocht. Daher nehme ich lieber den Backofen. Die Mikrowelle verkörpert für mich die Hektik der Zeit, und man kann ohne sie eigentlich wunderbar auskommen, wenn man die Zeit zum Kochen hat. Am wichtigsten ist für mich der Geschirrspüler, da ich Abwaschen hasse.

Auf Qualität und Design lege ich bei den Küchengeräten großen Wert. Es muß nicht immer das Modernste sein, aber sie müssen mir gefallen. Angefangen habe ich mit preiswerten Küchengeräten, habe aber von vornherein geplant, sie Stück für Stück auszutauschen, da man mit Qualitätsgeräten aus Studio-Linien besser arbeiten kann. Ein Schneebesen, der vierzig, fünfzig Mark kostet, fällt mir nicht so schnell auseinander wie ein billiges Produkt. Wenn Freunde zum Essen kommen, ist meistens noch nicht alles fertig, und dann sieht es auch schöner aus, wenn vernünftiges Handwerkszeug daliegt. Ich bin ursprünglich Handwerker, und ich weiß, wie wichtig es ist, gutes Handwerkszeug zu haben. Die Messer sind für mich das Entscheidendste überhaupt. Seit kurzem besitze ich auch zwei Messer mit Keramikklinge, die schneiden das Fleisch wie Butter. In den letzten Jahren bin ich immer mehr darauf zurückgekommen, alles von Hand zu machen. Wenn ich nur für uns zwei koche, dann ist es mir zuviel Aufwand, eine Maschine anschließend wieder sauberzumachen. Wenn ich für mehrere Leute koche, greife ich dagegen noch häufig auf die maschinelle Hilfe zurück. Aber die Küchenmaschine arbeitet nicht so, wie ich es möchte, und ich muß von Hand nacharbeiten oder bereits alles so klein schneiden, daß ich es gleich von Hand machen könnte. Auf dem Flohmarkt habe ich mir wieder den großen, robusten Fleischwolf gekauft, womit man gut arbeiten kann. Dagegen ist meine normale Haushaltsmaschine überlastet, wenn ich mit ihr Fleisch zu Gehacktem verarbeite, um damit Maultaschen zu füllen. Da fliegt oft die Sicherung heraus.

Zu dem mit modernen Einbaumöbeln und Küchentechnik ausgestatteten Arbeitsbereich kontrastiert die gegenüberliegende Eßzimmergarnitur, die aus einem runden ausziehbaren Tisch und gepolsterten Stühlen aus der Gründerzeit besteht. Dahinter steht in der Ecke des Raumes eine Glasvitrine, in der Designer-Porzellantassen aufgestellt sind. Die beiden Wände über der Sitzecke sind vollgehängt mit zum Teil großformatigen Kunstdrucken in Goldrahmen aus der Zeit der Jahrhundertwende, die beim Betreten der Küche sofort ins Auge fallen.

Die Bilder sind schöne, kitschige alte Wohnzimmerbilder mit roten Blumenmotiven: Mohn-, Rosen- und Gartenblumensträuße. Diese Bilder waren einmal ein Sammelgebiet von mir. Früher hingen sie bei mir im Schlafzimmer, vor einer smaragdgrünen Wand. Als ich in diese Wohnung einzog, war für mich klar, daß ich die Blumenbilder in die Küche hinter die Eßecke hänge, wo sich die große Wandfläche geradezu dafür anbot.

Der Hobbykoch

Im Alter von zehn Jahren fing ich an, mich teilweise selbst zu versorgen, weil meine Mutter arbeiten ging und ich allein zu Hause war. Da ich es noch nie mochte, am nächsten Mittag das Aufgewärmte vom Vorabend zu essen, mußte ich selbst kochen lernen und machte mir anfangs Pudding und Grießbrei. Am Wochenende hat meine Mutter viel in Küchen von Dorfgaststätten gearbeitet, und da war ich immer dabei. Dort wurde ich auch eingespannt: Wenn meine Mutter morgens um neun Uhr anfing, mußte ich beim Kartoffelnschälen, Möhrenputzen und Salatwaschen helfen. In diesen Gaststätten habe ich die Arbeitsabläufe mitbekommen. Heute kommt mir das zugute, daß ich Abläufe planen kann, egal, ob ich ein Drei- oder Fünf-Gänge-Menü mache. Als bei mir mit dreizehn, vierzehn Jahren die Berufswünsche kamen, wollte ich entweder Koch, Konditor oder Friseur werden. Aber keinen von den drei Berufen durfte ich ergreifen. Ich sollte ein solides Handwerk erlernen, das nicht so ›nervenaufreibend‹ wie in einem Kochberuf sein sollte. So habe ich das Kochen zu meinem Hobby gemacht. Erst habe ich zusammen mit meinen Freundinnen gekocht und später, als ich verheiratet war, immer an den Wochenenden.

Für mich war es immer ein Problem, das zu essen, was ein anderer gekocht hat, und daß ich gleich essen mußte, wenn ich von der Arbeit nach Hause kam. Heute läuft es bei mir in der Regel so, daß ich auf dem Nachhauseweg überlege, was ich abends kochen werde. Manchmal habe ich unterwegs eingekauft, werfe aber, wenn ich zu Hause bin, den Speiseplan wieder über den Haufen und mache etwas ganz anderes, als ich vorhatte. Indem ich mir die spontane Entscheidung vorbehalte, koche und esse ich noch lieber, und da ich eine relativ gute Vorratshaltung betreibe, habe ich meist im Hause, was ich brauche.

Ich koche alles – ausgeschlossen Innereien, die ich nicht mag. Wenn ich koche, schmecke ich auch nicht ab, ich ›rieche ab‹. Fleisch ist für mich kein Hauptnahrungsmittel; bei uns gibt es das nur ein- bis zweimal die Woche. Ich schwöre aber auch nicht auf die fleischlose Ernährung, sondern esse, was mir schmeckt, worauf ich Appetit habe. Das kann ganz normale Hausmannskost sein, aber auch Vollwertküche oder nouvelle cuisine. Wenn ich mir Gerichte ausdenke, sind die meist stark von der französischen, italienischen und griechischen Küche beeinflußt. Dennoch komme ich immer wieder auf die deutsche Küche zurück. Von meiner Großmutter habe ich einige Rezepte überliefert bekommen, und ich bin der einzige in unserer Familie, der noch so wie sie kochen kann. Ich koche ihre Gerichte aus der Erinnerung; das gelingt natürlich nicht immer, aber wenn ich es ein-, zweimal gemacht habe, dann ist es so, wie es meine Großmutter gekocht hat. Die Küche meiner Kindheit habe ich positiv erlebt; dort waren meine Großeltern, meine Mutter, meine Tanten und ein Onkel zu Hause. Wenn ich krank war, lag ich in der Küche auf der Chaiselongue, die am Eßtisch stand. Obwohl es eine kleine Küche war, spielte sich dort alles ab.

Seit eineinhalb Jahren kreiere ich viele Gerichte selbst, ob das einfache Suppen sind oder Eintöpfe, die ich noch nirgendwo gefunden habe. Aus Lebensmitteln, die ich im Haus habe und die gegessen werden müssen, habe ich schon die wunderbarsten Menüs gemacht. Wenn Freunde zum Essen kommen, scherzen sie manchmal: ›Na, was mußte denn heute alles weg?‹ Beim Kochen hilft mir aber nicht nur meine jahrelange Erfahrung, ich besitze auch die entsprechende Literatur, an die neunzig Kochbücher und -hefte. Aus den Dr. Oetker-Kochbüchern kann man am meisten lernen, und zwar wie man aus einfachsten Mitteln ein wunderbares Essen bereiten kann. Dort wird das Grundrezept erklärt, z. B. was die Grundsubstanz einer Cremespeise ist. Ich backe auch sehr gern, mache Konfekt selbst und probiere dabei eigene Ideen aus. Darum ist es wichtig, daß man auch für das Backen die Grundrezepte kennt.

Freunde und Bekannte lädt Herr P. oft und gern zum Essen in seine Küche ein. Am liebsten serviert er den Gästen ein mehrgängiges Menü. Manche Speisen, z. B. Pasteten oder Kraftbrühen, bereitet er dafür bereits Tage vorher zu. *Kochen ist für mich ein kreativer Akt, speziell, wenn Gäste kommen. Da überlege ich dann, wie das Essen zusammenpaßt, ob es deftig oder fein sein soll und wie es farblich aufeinander abgestimmt ist. Kürzlich habe ich ein Menü serviert, da gab es Salat von Lachs, Eisblatt und Avocado, als Hauptgericht ›Boeuf Europe‹, d. h. eine Mischung aus griechischem Stifado und französischem Rindfleischeintopf, mit schwedischen Fächerkartoffeln und als Nachspeise Zabaione und bretonischen Kuchen mit Früchten. Für die Kollegen meines Freundes habe ich bei einer anderen Gelegenheit eine Kraftbrühe mit Einlage und anschließend ein korsisches Wildschwein, eingelegt in Kräutern und Knoblauch, serviert. Der Pfiff an dem Wildschwein war die geriebene Schokolade daran. Eine optimale Mischung! Eine Spezialität von mir sind ›Schwalbennester‹, die ich in der Friteuse mache. Dazu lege ich Kartoffel- und Gemüsestreifen in eine Schaumkelle aus Draht, die im heißen Fett zu kleinen Schalen backen und die man wiederum mit anderem Gemüse füllen kann. Das sieht super aus. Kochen bedeutet für mich Muße und Entspannung, kann aber auch stressig sein. Es gibt Tage, wo es mich nervt, weil ich dann nur das Grundbedürfnis Essen befriedigen will. Aber wie viele Hausfrauen habe ich meinen Partner in Bezug auf das Essen zum Pascha gemacht, da ich bei uns zu*

99% koche. Nur wenn ich absolut keine Lust habe, kocht er. Wenn ich ihn dränge und keine Pizza bestellen will, macht er Pasta.

In Restaurants gehe ich immer seltener. Aber ich gehe mal in den ›Wiener Wald‹ zum Essen, wenn ich Appetit auf Pommes oder etwas Fritiertes habe. Gourmet-Restaurants sind mir inzwischen zu teuer geworden. Früher bin ich ein- bis zweimal im Monat in ein von mir bevorzugtes feines Speiselokal gegangen, bis ich festgestellt habe, daß sich die Speisekarte dort in all den Jahren nicht geändert hat. Und immer nur Lachs und Entenbrust ist langweilig. Das sind Dinge, die ich zu Hause auch mache, darum esse ich inzwischen lieber bei mir. Ich bin ein leidenschaftlicher Esser, und an meine Küche stelle ich höchste Ansprüche. Mein Wunschtraum wäre es, ein eigenes kleines Restaurant aufzumachen. Da würde ich den Speiseplan immer wieder neu nach Lust und Laune gestalten – mal deftig, mal nouvelle cuisine – und nach dem frischen Angebot der Saison ausrichten. Aber leider ist mein Wunschtraum unrealistisch.

Getrennte Küchenarbeit und geteilter Einkauf

Mein Freund hat, ohne ihn verletzen zu wollen, zwei linke Hände, wenn es um die Küche geht. Die Vorbereitungen zum Kochen erledige ich allein, denn es dauert mir zu lange, ihm erst erklären zu müssen, wie etwas gemacht wird – in der Zeit habe ich es schon selbst getan. Und er hat auch keine Lust dazu. Das Saubermachen, Aufräumen und Herdputzen teilen wir uns, das hat sich so eingespielt. Seit drei Monaten kommt eine Putzfrau zu uns, die in der Küche den Boden und die Flächen sauberhält und mal den Kühlschrank und die Schubladen auswischt. Da in unserer Küche vieles offen steht, ist sie nicht praktisch beim Sauberhalten, aber wir legen auch keinen Wert darauf, daß es überall picobello ist. Diese Küchen, in denen es immer aussieht wie geleckt, kann ich nicht leiden, und ich will auch nicht ständig erst Küchenschränke aufmachen müssen, wenn ich ein Gewürz brauche.

Manchmal kaufe ich nur einmal in der Woche ein, manchmal jeden Tag. Die Grundnahrungsmittel kauft meist mein Freund an seinem freien Tag in einem Discounter ein, dort kann man sogar wunderbar Hummer und Krabben kaufen. Frischwurst kaufen wir jedoch in einem Supermarkt an der Wursttheke und nicht abgepackt. Wenn es um die Auswahl geht, gehe ich selbst einkaufen, weil ich die Sachen sehen und selbst aussuchen will. Fisch, Wild und Geflügel sowie ausgefallene Lebensmittel kaufe ich im KaDeWe. Dort genieße ich den Einkauf, esse da eine Kleinigkeit und liebe es, alleine durch die Lebensmittelabteilung zu bummeln, mich inspirieren zu lassen und auch einmal zu kaufen, was ich noch nicht kenne und ausprobieren möchte.

Küchengeselligkeit

Unsere Küche ist eine Wohnküche. Wenn unsere Freunde uns besuchen, wenn die Nachbarin oder der Nachbar kommt, sitzen wir mit ihnen nur in der Küche. Unseren Besuch empfangen wir generell hier, schon weil wir im Wohnzimmer nicht so viele Sitzgelegenheiten haben. Am ausgezogenen Küchentisch können wir acht bis zehn Leute unterbringen. Gespräche und Kommunikation, jede Diskussion findet hauptsächlich an unserem Küchentisch statt; das kann schon mal bis morgens um drei Uhr gehen. Wenn wir Feten mit zwanzig bis dreißig Personen veranstalten, halten sich die meisten Leute den ganzen

Abend nur in unserer Küche auf. Ich mache dann ein Bufett, stehe an die Spüle gelehnt und komme meist nicht mehr von dort weg. Wenn wir zu einem späten Frühstück einladen, kann sich das bis in den Abend ziehen, aber im Gefrierschrank ist immer eine Kleinigkeit, die ich noch zu essen machen kann. Auch wenn mein Freund nach Hause kommt, sitzen wir erst mal zusammen in der Küche, reden über den Tag und essen dann hier. Wenn ich zu Hause bin, halte ich mich auch viel in der Küche auf, sitze hier zum Lesen und Briefeschreiben oder sehe die Post durch. Früher habe ich in der Küche sogar an der Staffelei gemalt. Nebenbei kann ich ein Stück Obst oder Schokolade essen, denn Küche ist für mich mit essen verbunden, und hier bin ich direkt an der Quelle. Für mich ist dieser Raum aber nicht nur die Küche, sondern der Mittelpunkt der Wohnung.

Küchengemütlichkeit im Plattenbau

Frau K., 43 Jahre, Landschaftsarchitektin, wohnt seit 1985 in einer Mitte der 80er Jahre fertiggestellten Plattenbausiedlung in Hohenschönhausen am Rande Berlins. Mit ihrem Mann, ihren zwei Söhnen, 20 und 13 Jahre alt, und ihrer 18jährigen Tochter hat sie dort eine 100 qm große 5-Zimmer-Wohnung in einem sechsgeschossigen Wohnblock bezogen.

Alt und Modern –
wohnlich kombiniert

Ihre ca. 14 qm große, quadratisch geschnittene Küche hat Familie K. mit einer Mischung aus alten Küchenmöbeln und modernen, eingebauten Arbeitsflächen eingerichtet. Gegenüber der Tür stehen die Unterteile von zwei Küchenschränken aus den 20er Jahren, in denen Lebensmittel und Küchenutensilien untergebracht sind, verbunden durch eine neue, mit Kunststoff beschichtete Arbeitsplatte; darüber hängt ein altes Schrankoberteil für das Geschirr. Eine große, ca. 250 Liter fassende Tiefkühltruhe füllt die Zimmerecke. Unter dem Fenster, vor dem viele Pflanzen stehen, zieht sich eine Arbeitsplatte über die gesamte Wandbreite; darunter befindet sich ein offenes Regal, in dem Getränkekartons und Töpfe stehen. Das zweite Schrankoberteil mit offenen Fächern ist rechts vom Fenster angebracht. Auch an der dritten Wand zieht sich eine Arbeitsfläche entlang, in die eine neue Edelstahlspüle, ein Kühlschrank und ein Geschirrspüler integriert sind. Gekocht wird auf einem Elektroherd der Marke ›Foron‹. Kochlöffel und anderes Küchenwerkzeug stehen griffbereit in alten Tontöpfen am Herd oder hängen an einem Bord. Ein weißer moderner Eßtisch steht mit der Schmalseite an der vierten Wand. Darüber hängt ein Küchenrahmen aus der Gründerzeit, der mit Bürgel-Geschirr, blauglasiert und weißgetupft, bestückt ist. Die gelben Schränke und Regale kontrastieren mit den Arbeitsflächen und fünf neuen Holzstühlen, die einen leuchtend blauen Farbton haben. Die Wände sind mit weißer Rauhfasertapete und im Sockelbereich mit weißen Fliesen versehen. Selbstgemachter Wandschmuck aus Salzteig, alte Steinguttöpfe, in denen Kartoffeln, Brot, Müsli usw. gelagert werden, und anderer alter Zierat schmücken die Küche.

Eigentlich wollten wir nicht hierher ziehen, weil wir keine gute Meinung von diesen Plattenbausiedlungen hatten. Aber die Wohnung hier am Rande mit Blick auf die alten Häuser und Gärten war annehmbar, und wir haben sie schließlich auch genommen, weil sie eine so große Küche hat. Als wir hier einzogen, haben wir die vorhandene Kücheneinrichtung hinausgeworfen, weil die uns gar nicht gefallen hat. Das waren braunfurnierte Unter- und Hängeschränke, ohne ein Leben darin. Dazu waren die Küchenwände mit einer schrecklichen geblümten Tapete beklebt, die wir erstmal weiß überstrichen haben. So sah hier im Plattenbau die typische, von der Wohnungsbaugesellschaft eingerichtete Küchenmöblierung aus.

Mit unseren alten Küchenmöbeln leben wir, seit wir verheiratet sind. Die sind immer mit uns umgezogen. Zuerst habe ich mit meinem Mann zur Untermiete bei einem alten Herrn gewohnt. Der hatte in seiner Wohnung diese alten Küchenschränke und hat sie uns geschenkt. Sie waren immer mal anders gestrichen, z. B. weiß-rot mit blauen Knöpfen. Als wir in eine sehr dunkle Wohnung in Weißensee gezogen sind, habe ich gesagt, daß ich mir die Sonne ins Zimmer holen möchte, und die Möbel gelb gestrichen. Erst kürzlich hat mein Mann, der aus Kostengründen immer sehr viel selber gebaut hat, unsere Küche mit diesen durchgängigen Arbeitsplatten aus dem Baumarkt modernisiert. Vor der Wende hat er z. B. alte Möbelplatten aus Ladenauflösungen geholt und daraus Regale und Arbeitsplatten gebaut. Mein Mann hat auch die neue Spüle eingesetzt und angeschlossen sowie die Anschlüsse für den Geschirrspüler gemacht, die es hier nicht gab. Auch jetzt macht er noch alles selbst, da uns Handwerkerarbeiten zu teuer sind.

Funktionstüchtige alte Küchentechnik

Fast alle elektrischen Küchengeräte von Frau K. stammen noch aus der DDR-Produktion. *Wir besitzen einen Wasserkocher, eine kleine Küchenmaschine zum Teigrühren, mit Mixer und Pürierstab, die ich viel zum Kuchenbacken gebrauche, und eine Kaffeemaschine, mit der ich täglich Kaffee und Tee mache. Die sind alle noch aus DDR-Zeiten und halten immer noch. Dann habe ich meinen ganz alten, kleinen Tisch-Grill, in dem wir immer sogenannte ›Lecker-Stullen‹ machen, und zwar Weißbrot mit einer Scheibe Wurst und Käse überbacken. Dieser Grill gefällt mir sehr gut, weil da so viel hineinpaßt. Tisch-Grills waren zu DDR-Zeiten sehr verbreitet, weil sie recht erschwinglich waren. Ich habe zwar schon gedacht, wir müßten mal einen neuen kaufen, weil er so häßlich ist, aber er ist viel praktischer als die neumodischen.*

Seit der Wende hat sich Familie K. an neuen Küchengeräten ein Set Kochtöpfe und einen Geschirrspüler angeschafft. *Ich habe immer mit meinem Mann diskutiert, mir einen Geschirrspüler zu kaufen, und seit einem Jahr besitzen wir nun einen. Mein Mann meinte, der wäre nicht notwendig, das Abwaschen wäre nicht so schlimm, und er würde weiter abwaschen. Er hat dabei aber nicht gesehen, daß ich schon während des Tages viel abgewaschen habe, so daß sich kaum etwas angesammelt hatte, wenn er nach dem Abendbrot abgespült hat. Auch unser Jüngster, der als letzter morgens das Haus verließ, hatte jahrelang die Aufgabe, das Frühstücksgeschirr abzuwaschen, denn bei fünf Leuten konnte man das Geschirr sich nicht ansammeln lassen. Die Kinder und ich haben uns schließlich durchgesetzt, und mein Mann hat eingesehen, daß der Geschirrspüler ganz praktisch ist. Die Tiefkühltruhe, ein Westfabrikat, hat uns 1988 ein Verwandter, der in den Westen ging, geschenkt. Die erwies sich als sehr praktisch, denn so konnte ich bestimmte Lebensmittel, die zu DDR-Zeiten nicht immer regelmäßig erhältlich waren, kaufen und einfrieren, auch wenn ich sie gerade nicht brauchte. Die Truhe ist auch sehr vorteilhaft, weil wir einen Garten haben und ich nicht mehr alles sogleich einkochen muß, und weil es bei uns weder eine Speisekammer noch einen kühlen Keller gibt. Wir gebrauchen die Truhe auch dazu, daß sich die Kinder, wenn sie aus der Schule nach Hause kommen, ein Fertiggericht wie Hühnerfrikassé oder Pizza machen können. Zu DDR-Zeiten war eine Tiefkühltruhe ein Luxusartikel. Ein normaler Kühlschrank kostete damals schon 1300–1500 Mark, und wenn man nur 700 Mark im Monat verdiente, war das sehr teuer.*

Küche im Zentrum des Familienlebens

Die Küche ist mein liebster Raum in der Wohnung. Das war schon immer so. Bevor wir hierher zogen, haben wir in Weißensee gelebt; die letzten Jahre in einer 2-zimmrigen sogenannten Ausbauwohnung in einem alten Mietshaus. Mit zwei Kindern hatten wir bisher in eineinhalb Zimmern zur Untermiete gewohnt, und freuten uns, nach vielen Bemühungen diese 70 qm große Ausbauwohnung zu bekommen. Sie hatte kaputte Fußböden, Fenster und Türen und wurde von meinem Mann in einjähriger Arbeit wieder aufgebaut. Die Küche hat er in einen über 20 qm großen Raum, der ursprünglich ein Schlafzimmer war, eingebaut. Über dem Herd hatte er eine trichterförmige Abzugshaube – geformt aus Rabitzdraht und Gips – konstruiert und blau angestrichen. Das sah sehr gemütlich aus.

Als die Kinder klein waren, hatte man zwangsläufig viel in der Küche zu tun. Die Kinder haben da nebenbei gespielt, gemalt und gebastelt. Wir haben uns in der Küche wohlgefühlt, und dieses intensive Küchenleben hat sich hier in Hohenschönhausen so weiterentwickelt: Unsere Küche ist der Mittelpunkt für die Familie. Ich hätte nie eine Küche haben wollen, die ganz eng und schmal ist und in der man nicht sitzen kann. Wenn ich von der Arbeit nach Hause komme, sind die Kinder da, und wir sitzen erst einmal in der Küche, trinken eine Tasse Kaffee oder Milch, essen ein Brötchen und erzählen. Oft sitzt hier schon einer und macht Schularbeiten, obwohl jedes Kind ein Zimmer mit Arbeitsplatz hat. Aber sie sitzen gerne hier, vielleicht wegen des Radios, um nebenbei Musik hören zu können. Die Küche ist der Ort, wo sich unsere Familie trifft; in die einzelnen Zimmer geht man eigentlich selten, um mal zu plauschen.

Ich sitze hier auch und lese Zeitung und mache mir dazu klassische Musik an. Dazu setze ich mich nicht ins Wohnzimmer, weil ich finde, daß unsere Küche gemütlicher ist. Unser Wohnzimmer wird am wenigsten genutzt und wenn, sitzt meistens nur einer drin. Entweder wird dort Klavier gespielt, oder es sitzt einer am Computer oder vor dem Fernseher. Wenn wir Besuch haben, der zum Kaffee kommt, empfangen wir den meist in der Küche, seltener im Wohnzimmer, da wir dort keinen Eßtisch, sondern nur Beistelltische haben. Haben wir Gäste zum Mittagessen oder Abendbrot, sitzen wir mit ihnen nur in der Küche, es sei denn, es sind so viele, daß wir eine lange Tafel im Wohnzimmer improvisieren müssen. Eigentlich fühlt sich in unserer Küche auch jeder wohl. Wenn die Kinder aus dem Haus sind und ich hier mal ausziehen sollte, möchte ich keine Wohnung mit einer kleinen Küche mehr haben wollen. Und meine Küchenmöbel würde ich mitnehmen.

Geregelte Mahlzeiten

Um 5 Uhr 15 stehen wir alltags auf, und um 6 Uhr wird gefrühstückt, da wir zum Teil schon um halb sieben das Haus verlassen müssen. Ich mache das Frühstück am Tisch fertig, koche Tee – auch Tee zum Mitnehmen – und stelle Obst hin. Mein Mann schmiert für alle die Brote zum Mitnehmen. Wenn wir mit dem Frühstück fertig sind, lesen wir noch zusammen in der ›Losung‹ (christliches Andachtswort). Da die Kinder als erste das Haus verlassen müssen und in Eile sind, räumen mein Mann und ich noch ab. Abends essen wir hier alle zusammen. Das finde ich sehr schön, weil ich Familien kenne, wo die Kinder beim Abendbrot nicht mehr dabei sind. Am Wochenende frühstücken wir auch alle zusammen, dann werden die Kinder um acht, halb neun aus den Betten geworfen. Für mich sind diese gemeinsamen Essenszeiten wichtig, da es die einzige Zeit am Tag ist, wo man etwas miteinander macht und sich mitteilen kann.

Alltags wird bei uns abends nur kalt gegessen. Es ist für mich zuviel Aufwand, dann noch zu kochen, schon das Einkaufen nach der Arbeit wäre für mich nur Streß. Außerdem hilft mir keiner beim Essenmachen. Ich mache zum Abendbrot oft eine Schüssel voll Salat, und das Schnippeln dafür reicht mir schon. Dazu essen wir viel Käse und Joghurt. Warm gekocht wird bei uns nur mittags an den Wochenenden. Am häufigsten essen wir Makkaroni oder Spaghetti mit Tomatensoße. Sonst koche ich Eintöpfe, z. B. mit Wirsingkohl, oder Kartoffelsuppe. Reis mit Fisch oder Eierspeisen gibt es auch oft, Fleisch kaufe ich dagegen gar nicht so viel. Manchmal kochen unsere Kinder am Wochenende, wenn wir Eltern in der Kirche sind und es dann nicht schaffen. Dazu decken sie den Tisch in der Küche sehr stimmungsvoll mit Weingläsern, Servietten und Kerzen.

Seit der Wende hat sich an unserem Essen nichts geändert. Neue Gemüsesorten auszuprobieren, damit habe ich Schwierigkeiten, und ich habe auch nicht die Zeit, mich mit neuen Rezepten zu beschäftigen. Unsere Tochter fände es schön, mal etwas Neues auszuprobieren, mein Mann ist dagegen überhaupt nicht dafür. Er meint, das wäre unnötig. Mich hat das Kochen speziell nie so interessiert, ich backe lieber. Ich probiere auch keine Kochbuchrezepte aus, sondern koche aus der Erinnerung, Mahlzeiten, die ich noch von zu Hause kenne. Nachmittags gibt es bei uns oft Kuchen, dafür ist das Abendbrot dann recht sparsam. Meine Kinder können auch alle backen. Wenn ich es mal nicht schaffe, machen sie das. Aber leider helfen sie mir nicht beim Essenmachen.

Preisbewußtes Einkaufen und die Müllschwemme

Einmal in der Woche fahren wir mit dem Auto zum Einkaufen zu einem Discountmarkt, wo es nicht so voll ist. Dort kaufen wir überwiegend haltbare Lebensmittel, da unser Kühlschrank nicht sehr groß ist. Zu dem Supermarkt hier in der Nähe gehen wir nur, wenn wir zwischendurch mal etwas brauchen, denn der ist relativ teuer. Die Kinder hatten nach der Wende einen Nachholbedarf bei Getränkebüchsen und speziell bei Naschereien. Da habe ich ihnen, ehe sie irgendeinen Unsinn kauften, jeden Morgen etwas Süßes hingelegt, weil sie es ausprobieren wollten. Unser Kleiner hat den ganzen Konsum, das Bunte und Farbenfrohe am Anfang gar nicht verkraftet. Wir probieren selten Neues aus, sondern kaufen lieber das, was wir kennen. Wir kaufen immer noch gerne den ›Rügener Camembert‹, ›Werder Ketchup‹ und unser ›Burger Knäckebrot‹. Das andere Knäckebrot haben wir probiert, aber das schmeckt uns nicht. Auch die Puddings aus DDR-Zeiten, die es leider nicht mehr gibt, waren viel schmackhafter.

Seit der Wende mußten wir uns in Bezug auf den vielen Müll, besonders den Verpackungsmüll, erstmal umstellen. In der DDR waren viele Lebensmittel in Papier und Packpapier verpackt, Quark z. B. in gewachstem Papier, Milch und Naturjoghurt gab es in Flaschen, die H-Milch in Tetraeder-Verpackungen und die Frischmilch in Plaste-Säcken. Verpackungen aus Plastik gab es fast überhaupt nicht. Brot gab es nur lose, auch in der Kaufhalle, wo jeder es in den Regalen auf seine Frische hin mit den Fingern prüfen konnte. Das fand ich jedoch nicht so schön. Frisches Obst und Gemüse gab es ebenfalls nur lose, konserviertes Gemüse in Gläsern, selten in Büchsen. Was ich furchtbar finde, sind die vielen fertigen Joghurts, weil mich die Mengen an Behältern stören. Darum benutze ich fast nur meinen elektrischen Joghurtbereiter, den ich bei einem Besuch im Westen vor der Wende geschenkt bekommen habe. Das war zu DDR-

Zeiten auch sehr praktisch, weil es selten Joghurt gab, jedenfalls nicht mit Früchten, und zusätzlich noch Geld zu sparen war. Beim Einkauf bekam man keine Tüten, sondern man hatte seinen eigenen Einkaufsbeutel oder eine Tasche dabei. Früher hat man als DDR-Bürger oft neidisch auf die aus dem Westen geguckt: ›Die haben immer so schöne Plaste-Tüten.‹ Heute finde ich diese vielen Tüten belastend; oft sage ich, daß ich gar keine möchte.

Zu DDR-Zeiten gab es das Sero-Sammelsystem. Da wurden Flaschen, Papier und Lumpen weggebracht, und es gab die ›Speckitonnen‹ im Hof, wo man Essensreste hineintun konnte. Für diese Tätigkeiten wurden die Kinder damals eingespannt, was ich gut fand. Dafür haben sie ein bißchen Geld bekommen. Das habe ich schon als Kind gemacht und war begeistert, daß ich so mein Taschengeld aufbessern konnte. Heute bemühen wir uns bei der Mülltrennung. Der Grüne-Punkt-Müll wird in einer speziellen Tüte gesammelt und kommt in die entsprechende Tonne. Das Papier sammeln wir extra sowie den normalen Müll. Preiswerte Milch und Säfte kaufen wir in Tetra Paks und andere Getränke nach Möglichkeit in Pfandflaschen. Wenn Einwegflaschen anfallen, werden die zum Container gebracht. In unserem Garten sammeln wir selbstverständlich Kompost. Seitdem wir den haben, pflanze ich Kräuter an, aus denen wir unsere Tees machen, z.B. Pfefferminztee und andere Kräutertees. In der Küche hänge ich die Kräuter zum Trocknen auf, z.B. Salbei. Den Sud davon benutzen wir bei Halsschmerzen zum Gurgeln. Wermut, der gut gegen Magenschmerzen ist, hebe ich in Gläsern auf.

Die gerechte Verteilung der Hausarbeit – ein ungelöstes Problem

Im Grunde hängt die meiste Hausarbeit an mir. Meine Kinder helfen nicht so viel mit, wie ich es mir wünschen würde, sondern oft erst, wenn ich sie dazu auffordere. Seit sie älter sind, ziehen sie sich meist zurück, und die Verantwortung für die Küchenarbeit, die Wäsche und den Haushalt überlassen sie mir. Wenn ich mit ihnen über ihre Beteiligung diskutiere, helfen sie eine Zeitlang wieder mit, aber es hält nicht lange vor. Dabei denke ich, daß die beiden älteren, die doch inzwischen größer und stärker sind als ich, sehen müßten, was alles zu tun ist. Sie wollen zwar die Rechte eines Erwachsenen in Anspruch nehmen, aber nur die Pflichten eines Fünfjährigen erfüllen. Ich will endlich auch für mich selbst wieder mehr Zeit haben und mich mal zum Lesen oder Musikhören zurückziehen.

Die Beteiligung der Männer in der DDR an der Hausarbeit war eigentlich immer sehr groß. Ich kannte nur solche Männer, die mitgeholfen haben, schon für meinen Vater war es selbstverständlich, im Haushalt zu helfen, obwohl meine Mutter nicht voll berufstätig war. Er konnte Essen kochen und hat die Wäsche gemacht, und das macht er heute noch. Früher haben mein Mann und ich uns alle Arbeit zu Hause und die mit den Kindern geteilt, weil wir auch beide berufstätig waren. Da mein Mann nicht mehr verdient hat, gab es keine unterschiedliche Wertigkeit. Als die Kinder größer wurden, half mein Mann dann weniger, und momentan ist es so, daß ich um seine Mithilfe zu kämpfen habe, da der Job bei ihm seit der Wende einen sehr großen Stellenwert bekommen hat. Er engagiert sich jetzt voll und ganz im Beruf und hat keine Nerven mehr, andere Dinge zu machen. Das nehme ich ihm ein bißchen übel, weil ich ebenfalls im Berufsleben stehe und wie er am Arbeitsplatz völlig neue Dinge – z. B. die Arbeit am Computer – lernen muß. Trotzdem mache ich noch den ganzen Haushalt und bin deshalb oft ganz schön k.o. Zu DDR-Zeiten hatten die Männer eine andere Einstellung zur Hausarbeit, es gab keinen Grund, sich deshalb vielleicht zu schämen. Jetzt sagt ein West-Kollege z. B. zu meinem Mann: ›Wieso bleibst du zu Hause, wenn dein Kind krank ist? Du hast doch eine Frau!‹ Männer, die da empfindlich sind, hören sich so etwas nicht noch einmal an und überlassen die Kinder das nächste Mal ihrer Frau. Auch habe ich schon zu hören bekommen, warum man als Frau arbeiten ginge. Man hätte doch schließlich einen Mann, der für einen sorgen könne. So etwas kannte ich früher gar nicht, da gab es viel mehr Verständnis. Besonders gegenüber Familien mit kleinen Kindern, wenn z. B. ein Elternteil im Krankheitsfall der Kinder über einen längeren Zeitraum am Arbeitsplatz fehlen mußte, war das immer möglich.

Zumindest vom Gesetz her waren die Frauen zu DDR-Zeiten gleichberechtigt, auch wenn sich die eine oder andere diese Gleichberechtigung im Bezug auf die Hausarbeit erkämpfen mußte. Aber die Frauen in der DDR haben ihr Selbstbewußtsein und ihre Erfolgserlebnisse im Berufsleben gefunden. Dort konnte man etwas produzieren und war als Person, als Frau mit seiner Arbeit anerkannt. Wenn ich für einen gelungenen Entwurf für einen Park gelobt wurde, bedeutete mir das viel mehr, als wenn ich für einen gelungenen Kuchen gelobt wurde. Ich war eigentlich sogar immer ganz unglücklich, wenn ich wegen der Kinder zu Hause bleiben mußte. Diese Haltung war hier bei den Frauen verbreitet. In der DDR gab es kaum Hausfrauen, die waren Raritäten, die das dann aus Überzeugung gemacht haben. Für die meisten Frauen war die Anerkennung im Beruf wichtiger, sie wurden schon so erzogen. Meine Mutter, die keinen Beruf, aber schon sehr früh vier Kinder – alles Mädchen – hatte, hat immer zu uns gesagt: ›Kinder, ihr müßt einen Beruf erlernen, sonst seid ihr nichts‹, und darin hat mein Vater ihr beigepflichtet.

Wohnerfahrungen mit unterschiedlichsten Küchen

Frau H., 33 Jahre, Verwaltungsangestellte, wohnt seit 1992 in Berlin-Steglitz in einem 1956 in Zeilenbauweise errichteten Mehrfamilienhaus des Berliner Aufbauprogramms. Ihre im Sozialen Wohnungsbau errichtete 2,5-Zimmer-Wohnung wurde in Eigentum umgewandelt. Im Haushalt leben noch ihr Mann und ihre zwei Töchter, drei und acht Jahre alt.

Küchenmix mit persönlicher Note

Die Küche hat einen quadratischen Grundriß von ca. 7 qm. Gegenüber der Türöffnung befindet sich ein großes zweiflügeliges Doppelglasfenster, das noch im Originalzustand ist. In der äußeren Scheibe ist eine Fensterklappe zur Lüftung eingebaut. Der Blick durch das Fenster geht auf den Mieterparkplatz im Hof, der von viel Grün und Bäumen umgeben ist. Die Küche ist ostwärts ausgerichtet, so daß morgens die Sonne hereinscheint. Unter dem Fenster befindet sich eine eingebaute, mit Resopal beschichtete Arbeitsplatte, die noch aus den 50er Jahren stammt. Links darunter ist ein mit Schiebetüren versehener, noch heute genutzter Frischhalteschrank integriert, der durch ein Gitter in der Außenwand der Küche ständig belüftet wird. Neben dem Unterschrank sind Regalbretter für Töpfe und Haushaltsgeräte eingezogen, verdeckt durch einen bunten Stoffvorhang. An die Arbeitsplatte schließen sich über Eck die Spüle, ein Elektroherd mit drei Kochplatten und ein Kühlschrank an, auf dem ein Tiefkühlgerät steht. An der freien Wand gegenüber, die einen abwischbaren Ölsockelanstrich hat, steht ein Holztisch mit Klappstühlen aus Kunststoff. Die Küche ist in weiß-schwarz gehalten: weiß sind die Wände, die Küchengeräte und -einbauten; schwarz sind die Stühle und der genoppte PVC-Fußbodenbelag. Farbige Akzente setzen eine grün-rot-gelbe Kaffeemaschine, pastellfarbene Herdplattenabdeckungen, rot-weiß-gestreifte Stuhlkissen und der Vorhang. Die Küchentür wurde ausgehängt, weil es sonst keinen Platz mehr für die Sitzecke gegeben hätte und weil Frau H. offene Räume, die einen besseren Kontakt zu den Kindern ermöglichen, bevorzugt.

Eigentlich findet bei uns alles in der Küche statt, in der wir uns mehr aufhalten als im Wohnzimmer. Wir essen nicht nur in der Küche, wir sitzen hier, wenn wir etwas spielen oder die Kinder tuschen und zeichnen. Ich telefoniere in der Küche, weil hier das Telefon steht, und ich lese hier die Zeitung. Wenn meine Freundinnen zu Besuch kommen, empfange ich sie in der Küche, auch die übrigen Besucher. Die Küche ist der einzige Raum in der Wohnung, wo ich und meine Gäste rauchen. Ich kann es nicht leiden, wenn in unserer Wohnung mit Straßenschuhen gelaufen wird. Wenn Besucher unbedingt ihre Schuhe anbehalten müssen, dann stört mich das in der Küche nicht. Im Wohnzimmer halte ich mich eigentlich nur auf, wenn ich fernsehe oder Gymnastik mache.

Küche im großelterlichen Haus

Bei meinen Großeltern hat sich alles in der Küche abgespielt, bei meinen Eltern auch und bei mir ist es nun ebenso. Wenn ich meine Schwester besuche, sitzen wir ebenfalls bei ihr in der Küche. Sie wohnt in Hermsdorf, in dem Haus, in dem ich aufgewachsen bin. Das Haus gehörte meinen Großeltern, meine Urgroßmutter hat schon in ihm gelebt. Der Garten stieß direkt an den ehemaligen Grenzstreifen, und früher stand das Klo, ein Plumpsklo, in einem Bretterverschlag, direkt an der Stelle, hinter der die Hunde der Grenzsoldaten mit ihren Ketten gerasselt haben. Das fand ich als Kind sehr unheimlich. In dem Haus gab es in meiner Kindheit kein Warmwasser; Dusche und Badewanne kannte ich gar nicht.

Die Küche war eine große Wohnküche. Sie hatte noch eine gemauerte Kochmaschine mit Herdringen und einer Backröhre, mit der auch geheizt wurde. Ein ganz alter Küchenschrank stand dort, ein Abwaschtisch mit herausziehbarem Unterteil mit zwei Schüsseln, der als Arbeitsplatte diente, sowie ein Eßtisch mit einer Sitzbank. Es gab noch ein kleines Waschbecken nur mit Kaltwasser. Das Wasser zum Abwaschen, Wäschewaschen und Baden wurde auf dem Herd erwärmt, und meine Oma mußte das Herdfeuer in Gang halten. Die Wäsche wurde in der Küche am Waschbrett in einer Schüssel gewaschen und in großen Aluminiumtöpfen auf dem Herd gekocht. Uns Kinder hat man in einer Zinkwanne, die zu diesem Zweck in die Küche gestellt wurde, gebadet.

Ich sehe es noch genau vor mir, wie wir in dieser Küche beim Essen saßen. Am Küchentisch haben wir Kinder auch gespielt. Wenn meine Oma müde wurde, schlief sie vornübergebeugt ein, mit dem Kopf auf einem Kissen, das sie zu diesem Zweck auf den Tisch gelegt hatte. Sie liebte es, auf dem Küchentisch zu schlafen. In der Küche war es immer am wärmsten, denn in unserem Schlafzimmer gab es nicht einmal einen Ofen. Meine Oma war diejenige, die uns alle versorgt hat. Sie hat für uns gekocht und das Frühstück gemacht. Meine Mutter hat andere Dinge gemacht, z. B. Gartenarbeit, abgewaschen oder Obst eingeweckt. Meine Oma hat oft Kuchen gebacken, und das ist für mich eine ganz positive Erinnerung. Ich weiß noch, daß ich meist die Schüssel, eine große braune aus Steingut, gehalten habe, während meine Oma mit einem riesigen Löffel den Teig rührte.

Mitte der 70er Jahre wurde das Haus meiner Großeltern ausgebaut. Es bekam eine Dusche und Warmwasser. Auch einen Elektroherd bekam meine Oma in dieser Zeit, mit dem sie erst gar nicht umgehen konnte. Sie wußte nicht, wann er heiß war, hat auf die Platten gefaßt und sich dabei ganz schlimm die Hände verbrannt. Aber sie mußte den Umgang mit diesem Herd lernen, denn mein Opa hat die Kochmaschine abgerissen. Bis zu meinem fünften Lebensjahr lebte ich bei meinen Großeltern, dann haben sich meine Eltern ein Haus in Frohnau gekauft. Trotzdem waren wir noch jedes Wochenende bei meiner Großmutter in der Küche zu Gast.

Die Küche im Haus meiner Eltern in Frohnau war keine Wohnküche, sondern nur ein ganz schmaler Schlauch. Es konnten sich nicht mehrere Personen gleichzeitig in ihr aufhalten, weil sie viel zu eng war. Da gab es nur eine Spüle, einen Herd, einen Kühlschrank und eine Arbeitsplatte, die mein Vater eingebaut hatte. Unsere Eßecke war in der Veranda, gleich um die Ecke von der Küche. Da stand dieser Tisch, den ich heute noch in meiner Küche habe. Den gibt es schon seit meinem siebten Lebensjahr und ich habe ihn mal mitgenommen, weil ich mich nicht von ihm trennen konnte.

Küchenerlebnisse in Studentenwohnheimen

Nach ihrem Auszug von zu Hause hat Frau H. in verschiedenen Berliner Studentenwohnheimen gelebt.

Zuerst wohnte ich in einem Charlottenburger Studentenwohnheim. Da kochte man in einer Gemeinschaftsküche, in der mehrere Herde standen. Es war sehr interessant, weil es da multikulturell zuging und jeder etwas anderes kochte. Ich habe in dieser Küche koreanische, armenische und indische Gerichte kennengelernt, die mir sehr gut schmeckten. Das hat mich inspiriert, selber kochen zu lernen. Mein Freund, mit dem ich dort wohnte, brachte mir daraufhin das Kochen bei. Die Küche war ein Treffpunkt, wo viele Unterhaltungen stattfanden und wo man sich auch zum gemeinsamen Kochen verabredete. Sie war sehr groß und hatte einen riesigen Eßtisch. An den konnte man sich mit seinem Essen zu den anderen setzen oder man nahm es mit auf das Zimmer. Daraufhin habe ich mit meinem Freund in zwei Studentenwohnheimen in Berlin-Tiergarten gelebt. Dort gab es 1-Zimmer-Apartments mit Kochnische, so daß jeder für sich gekocht hat. Im sogenannten ›Bellevue-Tower‹ hatten wir eine fensterlose, vom Zimmer abgetrennte Kochnische gleich am Eingang. Sie bestand aus einem Spülbecken, einem Herd mit Dunstabzugshaube und einem großen Schrank für Geschirr und Lebensmittel darüber, das war alles. Dieses Wohnheim war voller Kakerlaken, die waren in jedem Raum.

Stube und Küche in der Mietskaserne und Einbauzeile in der Trabantenstadt

In Moabit habe ich in Stube und Küche mit Ofenheizung und Außentoilette gelebt. An diese Küche habe ich keine guten Erinnerun-

gen, denn sie hatte nur ein kleines Becken mit fließend Kaltwasser, und ich mußte mir ein Heißwassergerät anschaffen. In ihr stand noch ein alter Tisch mit Abwaschschüsseln, worin ich das Geschirr gespült habe. Nur zum Kochen habe ich mich in ihr aufgehalten, weil sie so kalt war. Der Ofen, der dort stand, war kaputt, und man mußte, um etwas Wärme zu bekommen, die Backröhre heizen und öffnen. Diese Art zu heizen war mir aber zu teuer. Gegessen wurde deshalb an einem Tisch im Zimmer unter dem Hochbett. In der folgenden Moabiter Wohnung bewohnte Frau H. zwei Zimmer mit Küche, Bad und Gasetagenheizung. *Da gab es eine tolle Küche, eine große Wohnküche, mit dem Tisch aus meinem Elternhaus, noch mit der dazugehörenden Sitzbank. In dieser Eßecke haben wir immer gesessen, gefrühstückt und Zeitung gelesen.*

1987 sind wir mit meiner im selben Jahr geborenen Tochter nach Gropiusstadt gezogen. Das war eine Notlösung, weil es mir da nicht gefallen hat und ich da nicht hinwollte. Wir wohnten in einem Hochhaus in einer Neubauwohnung von 56 qm. Die Wohnung war sehr schön geschnitten und hatte zwei Zimmer mit Küche, Bad und Balkon. Die Küche dort war noch kleiner als meine jetzige Küche. Sie war ähnlich geschnitten, d. h. die bereits vorhandenen Einbaumöbel waren über Eck angeordnet und mein Tisch stand gegenüber an der freien Wand. Damit war die Küche ausgefüllt. Die Einbauten waren ganz schlicht und mit weißem Kunststoff beschichtet, das fand ich in Ordnung. Dennoch haben wir die Küche eigentlich wenig genutzt. Wir haben in ihr zwar gefrühstückt und abends gegessen, aber nach den Mahlzeiten habe ich gleich abgewaschen, und wir sind in die anderen Zimmer gegangen.

Meine heutige Küche hat eine bessere Atmosphäre, denn eigentlich mag ich vorgefertigte Einbauküchen nicht. Ich habe es lieber, wenn ich meine eigenen Möbel einbringen kann, wenn ich die Küche nach meinem Geschmack einrichten und ihr meine Ausstrahlung geben kann. Eine Küche sollte Wohncharakter haben. Darum habe ich hier auch einige Farbtupfer hineingebracht, den bunten Stoffvorhang und die bunte Kaffeemaschine. Eine persönliche Note erhält Frau H.s Küche durch Andenken und Erinnerungsstücke in Form von großformatigen gerahmten Fotos von einer Reise nach San Francisco sowie von Bastelarbeiten und Zeichnungen ihrer Töchter. *Ich finde es ganz wichtig, daß die Kinder sehen, wie ich mit den Dingen umgehe, die sie herstellen. Ich packe das nicht gleich in den Schrank, sondern hänge es auf, wie z. B. die aus Milchtüten gebauten Laternen. Dann freuen sich die Kinder, daß es hier hängt, und es motiviert sie zum weitermachen.*

Mahlzeiten – am liebsten nach persischem Vorbild

In der Woche findet bei uns selten Frühstück statt; meine ältere Tochter trinkt nur ein Glas Kakao, meine Kleine frühstückt im Kindergarten, und mein Mann und ich frühstücken gar nicht. Mittags essen die Kinder im Hort, mein Mann in der Kantine, und ich nehme Diätprodukte zu mir. Unsere Hauptmahlzeit findet bei uns abends zwischen sieben und neun Uhr statt. Ich koche immer warm, und die Kinder essen mit, weil das Essen, das sie im Hort bekommen, auch nicht so besonders ist. Am Wochenende frühstücken wir alle zusammen in der Küche; ich mache uns ein warmes Mittagessen und koche dafür abends nicht mehr. Da nimmt sich dann jeder, was er mag, z. B. Joghurt, Obst oder belegte Brote. Wenn ich ein Essen für mehrere Personen mache, dann stelle ich den Küchentisch in das Wohnzimmer, und wir sitzen dort. In der Küche baue ich ein Büfett auf, wo sich jeder bedienen kann. Ich koche dann nicht so, daß wir alle steif am Tisch sitzen müssen, weil ich das nicht mag, sondern jeder kann sich etwas nehmen und hinsetzen, wo er möchte.

Ich habe angefangen, mich für das Kochen zu interessieren, als ich Anfang zwanzig war. Zu der Zeit war ich oft in einem persischen Kulturkreis und viel mit Persern zusammen. Die persische Küche hat mir gefallen, weil das Essen sehr fettarm und mit viel Gemüse ist, und ich wollte wissen, wie bestimmte Gerichte zubereitet werden. Auch heute koche ich noch meist nach persischem Vorbild, obwohl die Zubereitung oft sehr zeitaufwendig ist. Auf den Geschmack der Berliner Küche stehe ich dagegen nicht so. Wir essen kein Eisbein und Gerichte mit viel Fleisch. Auch die fetten Soßen und die Kartoffelbeilagen finde ich nicht sehr gesund. So etwas habe ich nie gemocht. Bei meiner Großmutter und bei meiner Mutter gab es das viel. Darum hatte ich auch kein Interesse, zu Hause kochen zu lernen.

Meine Familie ißt viel Reis mit gedünstetem Gemüse und selten Fleisch. Falls es Fleisch dazu gibt, dann hauptsächlich Geflügel. Ein typisches Gericht bei uns ist z. B. loser Reis al dente gekocht. Das Wasser wird abgegossen und Öl zum Reis gegeben, dann muß er dampfen, bis er im Topf angebacken ist. Das schmeckt sehr lecker, weil er richtig kross wird. Dazu gibt es gedünstetes Gemüse, nicht so scharf gewürzt, wegen der Kinder. Gewürzt wird mit Curcuma oder mit Safran. Mein Lieblingsgericht kommt ebenfalls aus der persischen Küche. Es besteht aus Reis, unter den kleine Früchte, die ›Sereschk‹ heißen, gemischt werden. Die bekomme ich immer von Freunden aus dem Iran geschickt. Sie haben einen säuerlichen Geschmack und müssen eine halbe Stunde im Wasser eingeweicht werden, bevor sie in einem Topf mit Öl und Safran erwärmt und dann unter den Reis gemischt werden.

Küchenarbeit und Haushaltsorganisation

Bei uns koche ich überwiegend, weil es mir Spaß macht. Mein Mann würde zwar auch kochen, und er meint auch, daß er gut kochen kann, aber ich finde das nicht. Darum ist es mein Interesse zu kochen. Für die Küchenarbeit bin allein ich zuständig. Alle Arbeiten, die mit Wasser zu tun haben, wie Abwaschen, Wischen und Putzen, die mache ich. Ich mache es auch gern, weil es mir Spaß macht. Dagegen habe ich kein Händchen für die Wäsche, die macht deshalb mein Mann. Er hängt die Wäsche auf, legt sie zusammen und räumt sie weg, was auch sehr zeitaufwendig ist. Wenn ich z. B. den Schrank einräume, kann man den nicht aufmachen, weil einem dann alles entgegenfällt. Ich stelle höchstens mal die Waschmaschine an. Den Müll bringen wir abwechselnd weg, wer daran denkt, nimmt ihn mit. Da gibt es keine Regeln. Meine ältere Tochter hilft im Haushalt, wie sie Lust hat. Sie wäscht z. B. mal ab oder deckt den Tisch, und das macht sie dann sehr gut. Das passiert aber freiwillig. Ich würde sie nicht zu regelmäßigen Aufgaben heranziehen, denn ich hatte als Kind Pflichten im Haushalt und habe mich dagegen gewehrt. Ich mußte immer sehen, wie ich mich dem entziehen konnte. Darum habe ich die Einstellung, daß sie nicht zu helfen braucht, denn die Kindheit geht sehr schnell vorbei, und als Erwachsener hat man sowieso alles am Hals. Das Einkaufen erledigen wir nur einmal in der

Woche und dann gleich für die ganze kommende Woche. Mein Mann und ich teilen uns das; wenn ich keine Lust zum Einkaufen habe, geht er. Wenn ich gehe, dann ist das für mich die Möglichkeit, wo ich mal für zwei Stunden nur für mich bin. Ich nehme dann niemanden mit, weil ich das Einkaufen gleichzeitig als meine Freizeit betrachte.

Verwirklichung der multifunktionalen Küche

Herr O., 38 Jahre, künstlerischer Leiter eines Jugendkulturprojektes, wohnt mit seiner Frau, Geschäftsführerin im Einzelhandel, und den beiden zehn und zwölf Jahre alten Söhnen in einem um die Jahrhundertwende errichteten Charlottenburger Altbau, in dem über fünfzig Mietparteien leben. Die drei Zimmer der 100 qm großen, im Hinterhof liegenden Wohnung waren ursprünglich die Schlafzimmer der Herrschaften der auf der gleichen Etage liegenden Vorderhauswohnung. Nach dem Krieg war die Wohnung geteilt worden. Seit einem Umbau im Sommer 1995 hat die Familie eine 24 qm große Küche. Sie wurde in eines der ehemaligen Schlafzimmer eingebaut, das elf Jahre lang das gemeinsame Kinderzimmer der Söhne war.

Die Mischung macht's

Betritt man die Wohnung, so geht es gleich links in die Küche, einen großen, hohen und hellen Raum, der durch zwei leicht über Eck liegende Fenster gegenüber der Tür belichtet wird. Die Mitte des Raumes beherrschen zwei hintereinandergestellte längliche Tische aus Naturholz, ein alter und ein moderner, die zusammen eine lange Tafel bilden. Um sie herum stehen unterschiedliche Stühle: alte, in verschiedenen Pastellfarben angestrichene Küchenstühle, schwarze Bürostühle mit Chromgestänge, ein roter 50er-Jahre-Stuhl mit geschwungener Sitzfläche und ein Balance-Hocker. In der rechten Ecke neben der Küchentür befindet sich ein von Freunden geschenkter, bunt angemalter Küchenschrank aus den 50er Jahren für das Geschirr. Auf ihm ist ein Sammelsurium von Kochbüchern, Blechdosen und alkoholischen Getränken untergebracht. Rechts befindet sich eine in weiß gehaltene, moderne Küchenzeile mit Kühlschrank, Gasherd, Spül- und Waschmaschine. Eine Doppelspüle aus Edelstahl bildet den Abschluß. Die Wand über der Arbeitsplatte aus Naturbuche ist bis in Kopfhöhe weiß gefliest, unterbrochen durch Felder türkisblauer gemusterter Fliesen aus Spanien, einzelner Spiegelfliesen über der Spüle und einer Kachel mit dem Spruch ›Wer angibt, hat mehr vom Leben‹. *Diese Kachel lag bei mir schon seit zehn Jahren in der Schublade. Ich habe sie mal bei einer Nachbarin gesehen und gesagt: ›Der Spruch gefällt mir; die kommt mal in meine Küche.‹* Küchenhandwerkszeug und -geräte, die viel gebraucht werden, stehen offen im Arbeitsbereich.

Zwischen den beiden Fenstern an der Stirnwand des Raumes steht ein fast bis an die Decke reichender Ficus Benjamini, den Herr O. gerettet hat, als sein Vorbesitzer ihn wegwerfen wollte. Im Winter ist er der ›Küchenbaum‹, während er im Sommer auf der Loggia steht. Auf den Fensterbrettern wachsen in Blumenkästen Küchenkräuter wie Ysop, Thymian, Salbei, Estragon, Rosmarin, Oregano und Schnittlauch. An der Wand gegenüber der Küchenzeile ist ein Arbeitsplatz mit Schreibtisch und Computer eingerichtet. In der Ecke zur Tür befindet sich ein aus einer Arztpraxis ausrangierter Instrumentenschrank, in dem jetzt Büro- und Arbeitsunterlagen aufbewahrt werden. Die Wände der Küche sind ohne Tapete und weiß gestrichen; der Fußboden besteht aus den ursprünglichen Dielenbrettern, die abgezogen und mit einem Spezialwachs gegen Wasser unempfindlich gemacht worden sind. Vor und unter der Küchenzeile ist ein blauer PVC-Belag ausgelegt.

Küchenumbau – schnell und perfekt

Vor dem Umbau befand sich die Küche in einem sehr viel kleineren Raum von 9 qm.

Unser Leben spielt sich fast ausschließlich in der Küche ab. Auch unser Besuch hält sich meistens dort auf, und deshalb wurde es uns in unserer alten Küche zu eng. Darüber hinaus waren unsere Kinder langsam in ein Alter gekommen, wo sie jeder ein Zimmer für sich haben mußten. Vor einem Jahr wurden die Konkurrenzen zwischen den beiden stärker, und jeder versuchte, sich eine Ecke im Kinderzimmer abzuteilen. Das war für mich schließlich der entscheidende Grund für den Umbau.

Nachdem die Räume anders verteilt wurden, wohnt ein Sohn jetzt in der ehemaligen Küche und der andere in dem danebenliegenden Zimmer.

Zwei, drei Jahre hatten wir die Idee des Küchenumbaus schon vor uns hergeschoben, bis ich mich im Sommerurlaub, als wir bei meinen Eltern waren, endgültig dazu entschlossen habe. Mein Vater ist Handwerker, Elektromeister, und hat sich gleich angeboten, mir zu helfen, und unsere Zusammenarbeit funktionierte wunderbar. Das ehemalige Kinderzimmer als neue Küche zu nutzen, bot sich wegen der Lage der Versorgungsleitungen an. In diesem Raum war alles machbar, weil die Anschlüsse der alten Küche und der Toilette nebenan liegen. Der komplette Umbau hat mit Aus- und Einräumen zehn Tage gedauert; zwei Tage brauchten wir allein, bis wir die betroffenen Zimmer leer und alles in Kisten verpackt hatten. Die alten Tapeten wurden heruntergeholt, der kaputte Putz abgeschlagen, nach genauen Plänen Schlitze für die Elektroleitungen in die Wände gezogen, die Kabel darin verlegt und schließlich die Wände neu verputzt und mit weißer Farbe gestrichen. Ich bin nach einem exakten Arbeitsplan vorgegangen, auf dem festgelegt wurde, wann welche Maschinen ausgeliehen werden mußten. Die Dielen wurden von uns abgeschliffen und gewachst und die Wasserleitung vom Bad herübergelegt. Für den Küchenumbau hatte ich sehr viel Energie, weil der schon lange in mir gegärt hat. Da ich jeden Tag dabei war, konnte ich immer überprüfen, ob es so gemacht wurde, wie ich es haben wollte. Da gab es keine Diskussionen, die die Arbeit verzögerten. Eigentlich war unsere Planung noch viel schöner, als das, was wir letztendlich hier verwirklichen konnten. Aber das hätte unsere Kalkulation gesprengt. So hat der ganze Umbau mit der neuen Spülmaschine und den neuen Küchenunterschränken insgesamt 5000 DM gekostet.

Gerne mit Geschirrspüler – aber lieber ohne Kühlschrank

Einen Geschirrspüler hatten wir immer, denn die Arbeit mit dem Abwaschen wollten wir uns mit zwei kleinen Kindern nie machen. Das Spülen dauert ja immer eine Stunde am Tag. Jetzt besitzen wir ein Öko-Spargerät mit nur 17 Litern Verbrauch. Mittlerweile ist es auch ökologisch sinnvoller, die Spülmaschine zu benutzen. Eigentlich wollten wir von technischen Geräten ziemlich wegkommen und, als die alte Spülmaschine kaputt gegangen ist, kein neues Gerät mehr kaufen. Ich spüle gerne mal mit der Hand, mir macht das Spaß in dem warmen Wasser. Dann überwog aber wieder der Zeitfaktor, und so wurde ein neuer Geschirrspüler angeschafft. Ein Radio steht in unserer Küche, weil ich morgens, wenn ich die Frühstücksbrote für die Kinder schmiere, ab und zu Nachrichten höre. Ich bin aber mehr ein Fan von Hörspielen und Lesungen, die ich manchmal abends einschalte, während ich das Abendessen mache. Musik brauche ich dagegen überhaupt nicht nebenbei, das Gedudel stört mich mittlerweile eher. Was ich noch anschaffen werde, ist eine Wurmkiste mit Rotwürmern, um organische Küchenabfälle zu kompostieren.

Kein besonders gutes Verhältnis hat Herr O. zu Kühlschränken.

Ursprünglich hatten wir so einen alten, riesigen amerikanischen Kühlschrank. Kühlschränke führen zwischen meiner Frau und mir immer zum Beziehungsstreit, weil ich der Ansicht bin, wenn wir schon einen haben müssen, dann nur einen ganz kleinen. Ich mag nämlich keine Kühlschränke, die sind mir unangenehm. Ich mag an ihnen nicht, daß da so viele Sachen so lange drin stehen. Man ißt etwas nicht auf, und ab damit in den Kühlschrank. Nach zwei Wochen holt man es wieder heraus, und dann ist es eklig oder verschimmelt. Das hasse ich. Meine Frau dagegen mag Kühlschränke, je größer, desto besser. Nun steht hier dieses kleinere Gerät, das meine Schwiegermutter früher benutzt hat, ihr aber inzwischen zu volumig ist. Wir bekamen ihn von ihr mit der Begründung: ›Eine Familie braucht ein Eisfach‹ – das ist inzwischen ein geflügeltes Wort bei uns. Wir haben also diesen Kompromiß gemacht und nun diesen mittelgroßen Kühlschrank mit Tiefkühlgerät. Tiefkühlkost kaufen wir für unseren ältesten Sohn, der sich, wenn er mittags von der Schule nach Hause kommt, etwas macht, z.B. Gemüseburger, Fischstäbchen oder eine Suppe, also die sogenannte Single-Tiefkühlkost. Wenn ich ihm Essen oder eine Suppe vorgekocht hatte, mochte er das am nächsten Tag nicht essen. So macht er sich jetzt mit Vergnügen etwas in der Pfanne heiß. Unser anderer Sohn ißt mittags im Schülerladen, wo wir Eltern Kochdienste leisten müssen. Lebensmittel werden bei uns auch schnell verbraucht, und ich gehe jeden zweiten Tag einkaufen und hole frische Sachen wie Milch, Quark, Butter, Joghurt. Mehr kann ich gar nicht die vielen Treppen hochschleppen. Seit einiger Zeit sind wir Abonnenten bei einem Bio-Bauern aus dem Umland. Der liefert uns jede Woche für zwanzig Mark eine Kiste mit erntefrischem Gemüse der Saison. Damit bin ich meistens sehr zufrieden. Gemüse, Butter und Käse müssen nicht gekühlt werden, und als ich noch ohne Familie war, besaß ich nie einen Kühlschrank. In meiner ehemaligen Wohngemeinschaft auf dem Land benutzten wir einen großen unlasierten Tontopf zum Kühlen der Lebensmittel. Der wurde immer feucht gehalten, d.h. von außen begossen, und durch das Prinzip der Verdunstungskälte funktionierte das bestens. Höchstens sechs bis zehn Grad waren darin. In meiner ersten Berliner Wohnung hatte ich auch keinen Kühlschrank, aber das war kein Problem, da die ein relativ kühles Loch war. Zum Teil habe ich die Lebensmittel da auf dem Fensterbrett frisch gehalten. Außerdem gab es dort auch einen Vorratsschrank direkt an der kühlen Außenwand unter dem Fenster, worin ich Lebensmittel aufbewahrt habe.

Nachbarschaftliche Küchenkommunikation

In unserem Haus gibt es eine funktionierende Hausgemeinschaft, und viele von uns haben ein gutes nachbarschaftliches Verhältnis miteinander. Unsere Küche ist Treffpunkt, wenn Nachbarn zu uns kommen. Hier reden wir miteinander, geben uns bei Problemen moralische Unterstützung, verabreden gegenseitiges Babysitten oder gemeinsame Wochenenden, verleihen uns Sachen, z.B. das Auto, und bieten Hilfe bei Handwerkerarbeiten an. An meinem Computer hier in der Küche arbeitet auch ab und zu eine Nachbarin.

Der Blick aus den Küchenfenstern geht direkt auf die gegenüberliegende Hoffassade; die Distanz beträgt höchstens sieben Meter. Mit den gegenüberwohnenden Nachbarn hat sich eine rege Kommunikation durch die Küchenfenster entwickelt.

Unsere Vorhänge an den Küchenfenstern sind immer offen. Die Nachbarn können uns in die Fenster gucken und wir ihnen. Weil man so viel voneinander mitkriegt, könnte es beängstigend sein, aber in unserem Fall ist es sehr angenehm. Schräg gegenüber wohnen Leute mit einem Sohn im Alter unseres Jüngsten. Dadurch sind wir uns näher gekommen und unterhalten uns öfter durchs Küchenfenster – auch die Kinder. Direkt gegenüber wohnen Freunde von uns. Wenn man etwas voneinander will, ruft man durchs Fenster über den Hof, oder ich klingele meinen Nachbarn kurz durchs Telefon an. Meistens guckt er dann schon, und wir machen die Fenster auf und quatschen miteinander. Man weiß fast alles voneinander, und das ist ganz nett. Dieser freundschaftliche Umgang miteinander ist typisch für unser Haus.

Leben in der kombinierten Küche

Unsere Küche ist nun Eß-, Wohn-, Besuchs-, Arbeits- und auch ein bißchen Badezimmer. In unserer Wohnung gibt es kein Bad mit Waschbecken, sondern nur eine Duschkabine hinter der Toilette. Darum findet die Gesichtshygiene, Zähneputzen und Rasieren, in der Küche an der Spüle statt. Wir werden oft darauf angesprochen, ob uns das stört, aber es stört uns nicht. Das ist Gewöhnungssache. Wenn wir nach Hause kommen, sitzen wir erstmal in der Küche, die Post wird durchgestöbert, und es wird erzählt. Auch unser Telefon und der Anrufbeantworter stehen hier. Abends sitzen meine Frau und ich oft noch am Küchentisch und bereden Dinge, die anstehen. Tagsüber machen die Kinder hier Computerspiele, und mein ältester Sohn macht mehr und mehr seine Hausaufgaben am PC, Englisch und Mathe grundsätzlich.

Ich nutze die Küche als meinen Arbeitsraum. Wenn ich am Computer arbeite, breite ich mich mit meinen Büchern auch auf dem Küchentisch aus. Einen Teil der Büroarbeit meines Jobs kann ich zu Hause erledigen, berufliche Protokolle z. B. schreibe ich in unserer Küche, weil ich hier mehr Ruhe als in meinem Büro habe. Wenn wir essen, räume ich die Bücher vom Tisch und stapel sie neben dem Schreibtisch. Den Arbeitsplatz habe ich mir unter anderem deshalb in der Küche eingerichtet, weil ich hier abends noch ungestört sitzen und arbeiten kann, wenn die Kinder im Bett sind. Dann ist die Küche wieder mein Refugium. Wenn meine Frau in unserem gemeinsamen Zimmer noch fernsehen will, bin ich auch auf die Küche als Arbeitsplatz angewiesen. Ich habe sogar schon in unserer neuen Küche einen Futon ausgerollt und geschlafen. Wenn eins der Kinder krank war und bei der Mutter im Bett gelegen hat oder wenn ich mal das Bedürfnis hatte, für mich alleine zu sein. Im Winter ist die Küche für mich der wichtigste Raum der Wohnung, alle meine Aktivitäten finden dann hier statt. Im Sommer kommt noch die Loggia dazu. Mich stört es nicht, daß ich keinen Raum für mich alleine habe, obwohl ich es besser fände, wenn unsere Wohnung noch zwei weitere Zimmer hätte. Einen privaten Bereich brauche ich aber in dem Sinne nicht, weil ich es gut finde, daß die Kinder, solange sie es noch tun, um einen herum sind.

Unsere kombinierte Küche macht natürlich viel Arbeit. Täglich werden die Handtücher für die Körperpflege ausgewechselt; alle Sachen, ob Bücher oder Geschirr, müssen immer wieder von den Tischen und Arbeitsflächen geräumt werden – damit ist man ganz gut beschäftigt. Manchmal staune ich selbst, wie schnell sich dieser Raum verändert. Eben stand noch alles voll Geschirr, im nächsten Augenblick ist es weggeräumt und schon ist es keine Küche mehr – auch ein Vorteil des Geschirrspülers. Dann arbeite ich hier etwas, fange an zu kochen, und eine halbe Stunde später steht wieder alles voll Geschirr. Es findet also ein permanenter Wechsel statt: von Küche zu Arbeitsraum und wieder zurück zu Küche. In einer Wohnküche muß man jedoch die Kochgerüche bedenken. Wenn man sehr viel Fleisch brät oder viel Kohl kocht, wäre die Geruchsentwicklung eher unangenehm. Wir braten fast nie Fleisch oder etwas, wobei sich diese störenden Fettdämpfe entwickeln. Andere Gerüche beim Kochen stören mich dagegen nicht, die riechen sogar lecker, besonders, wenn gebacken wird.

In unserer jetzigen Küche hat man viel mehr Platz. Es ist allein schon eine Qualität, daß die Wände viel weiter von einem weg sind. Die vorherige Küche war in ihrer Enge schon eher bedrückend. Schön ist hier, daß man durch die zwei Fenster den Kontakt über den Hof zu den Nachbarn hat, mehr mitbekommt und sich öfter – wenn auch durchs Fenster – sieht. Ein großer Vorzug ist außerdem, daß unser Besuch nur zwei Meter vom Wohnungseingang braucht, um in der Küche zu sein und nicht mehr erst durch die halbe Wohnung trapsen muß. So bleibt unser Privatbereich etwas mehr getrennt von unserem öffentlichen Küchenbereich. Das Kochen macht hier selbstverständlich mehr Spaß, weil man mehr Platz hat und hinterher nicht sofort alles wegräumen muß. Ein Nachteil in der alten Küche war, wenn man Gäste zum Essen eingeladen und den Tisch im Zimmer nebenan gedeckt hatte. Dann saß der Besuch schon am Tisch und unterhielt sich, während ich noch in der Küche mit letzten Zubereitungen tätig war. Diese unangenehme Trennung zwischen den Gästen und mir fällt jetzt weg. Man bleibt als Gastgeber mittendrin im Geschehen, arbeitet eventuell noch gemeinsam am Essen, jeder schnippelt noch etwas. Das ist viel kommunikativer in unserer neuen Küche, das macht viel mehr Spaß.

Gebrauchsessen und spontane Küchendienste

Morgens vor Schulbeginn frühstücken wir in der Küche. Meine Frau und ich wechseln uns mit dem Frühstückmachen jeden zweiten Tag ab. Der letzte, der die Wohnung verläßt, räumt das Frühstücksgeschirr weg, manchmal bleibt es aber auch bis mittags oder sogar abends stehen, bis einer nach Hause kommt und es abräumt. Damit machen wir uns keinen Streß. Abends essen wir meistens warm, weil meine Frau und ich mittags nichts Warmes bekommen. Unsere Organisation für das Kochen läuft weitestgehend spontan. Dadurch, daß ich früher als meine Frau von der Arbeit nach Hause komme, koche ich überwiegend. Sie hat einen Tag in der Woche frei, an dem sie kocht. Wenn einer mal keine Zeit hat, macht der andere das Essen. Das ist bei uns kein Problem. Wir kochen beide relativ gern, auch wenn sich keiner von uns darum reißt. Das Repertoire an Gerichten ist mal zu Ende, und seit die Jungen älter sind, haben wir selten Zeit, ein tolles Essen zu machen. So gibt es bei uns meistens nur diese ›Gebrauchsessen‹. Trotzdem geben wir uns Mühe und versuchen, leckere Gerichte zu kochen, und unsere Kinder sind nicht mäkelig. Zu unserem Standardrepertoire gehören Salate, Pizza und Suppen, viel mit Gemüse, weil ich die gerne esse. Wenn mir überhaupt nichts einfällt, mache ich Milchreis oder Grießpudding. Nudeln, immer mit einer anderen Soße, gibt es bei uns höchstens alle zwei Wochen, und zwar deshalb, weil ›Spaghetti mit Hackfleischsoße‹ im Schülerladen meines Sohnes fast nur auf dem Speiseplan stehen. Die könnte ich den einfallslosen Eltern manchmal überstülpen. Wenn ich Zeit habe, mache ich Paella. Das ist in unserer Familie immer noch der Renner, die ist in einer Dreiviertelstunde gemacht, und zwar in einer großen spanischen Pfanne, die ich mir für den Backofen zurechtgebogen habe.

Meine Frau macht die Wäsche. Das macht sie gerne, und da läßt sie mich gar nicht heran, obwohl ich meine Sachen immer selbst gewaschen habe, bevor ich sie kannte. Die Küchenarbeit ist nicht so strikt geteilt. Wir haben da keine Verantwortlichkeiten verteilt, da ich keine strikte Organisation wollte. Die Jungen beteiligen sich bisher nach Lust und Laune, denn sie sind zwei bis drei Nachmittage in der Woche mit Sport und Musikunterricht beschäftigt, verabreden sich mit Freunden und haben ihre Hausaufgaben. Darum finde ich, daß es in ihrem Alter noch zuviel ist, sie in Küchendienste zu zwingen. Ich freue mich, wenn sie mir mal spontan helfen, z. B. den Tisch abräumen. Das ist viel besser, als wenn sie es unter Druck machen müssen. Dann wollen sie es wahrscheinlich nie. Wenn es bei mir aber mal eng wird und ich nicht alles schaffe und sie dann zum Mithelfen auffordere, stört sie das, weil sie vielleicht gerade ihre eigenen Pläne haben. Darum verlangen sie selber mehr Klarheit, hätten lieber eine Regelung und feste Pflichten, z. B. einen ›Müllrunterbringe-Dienst‹, damit sie wissen, wann sie dran sind. Darum werden wir demnächst die Aufgaben verteilen. Wenn sie einen Bereich haben, für den sie verantwortlich sind, ist das nicht verkehrt, obwohl ich finde, daß sie schon genug Streß in der Schule haben.

Plädoyer für den anwesenden Mann in Haus und Küche

Hausmann zu sein ist kein Problem für mich. Ich hatte ein Problem damit, als ich ausschließlich Hausmann war, d. h. als ich keine andere Tätigkeit hatte und keinen richtigen Job. Wenn ich wie jetzt einen Job habe und noch zusätzlich eine Ausbildung mache und dadurch sehr gefordert bin, macht mir Hausarbeit nichts aus. Findet jedoch eine ausschließliche Reduzierung auf die Funktion Hausmann statt, habe ich Probleme damit. Dann sträubt sich alles in mir dagegen. Und ich verstehe die Hausfrauen, die sich dagegen auflehnen, nur Hausfrau sein zu müssen. Du hast kein Erfolgserlebnis, machst jeden Tag nur das gleiche. Da muß man schon sehr in sich ruhen, um das zu können. Von Männern wird vieles von dem belächelt, was ich mache, von meinem Einsatz im Haushalt und in der Familie. Wenn einer dumme Sprüche deswegen macht, denke ich, der soll sein Leben erst mal selbst in den Griff kriegen, bevor er sein Urteil darüber abgibt. Solche Bemerkungen von anderen Männern stören mich nur dann, wenn ich mit mir selbst gerade unzufrieden bin. Meine Unzufriedenheit rührt nicht nur allein von der Hausarbeit her, ein Job, in dem ich mich langweile, kann genausogut der Auslöser dafür sein. Meine Zufriedenheit ist abhängig davon, inwieweit ich mich mit meiner jeweiligen Tätigkeit identifizieren kann, ob ich Spaß damit habe und wie wichtig sie für mich ist. Wenn mich einer auf einen öden Job, den ich ausgeübt habe, angesprochen hat, war mir das auch peinlich. Sogar peinlicher, als wenn ich gerade mit meiner Tätigkeit als Hausmann unzufrieden bin. Denn da weiß ich, daß ich das wenigstens noch für meine Kinder mache.

Meines Erachtens sind Männer genauso zuständig für den Haushalt wie Frauen. Das ist eine Frage von Selbstachtung. Für die Frauen muß es meiner Meinung nach genauso viele Arbeitsplätze geben wie für Männer. Die Hausarbeit sollte derjenige in einer Partnerschaft übernehmen, der die Zeit dafür hat, der es einrichten kann. Und dabei muß der Mann sich genauso einbringen. Bei uns war das eine ganz klare Abmachung. Als meine Frau den Ganztagsjob angeboten bekommen hat, bei dem sie auch mehr als ich verdient, mußten wir regeln, wer was macht. Da ich nur eine Dreiviertelstelle habe, war ich einverstanden, einen zusätzlichen Teil der Hausarbeit zu übernehmen, auch wenn ich meinen Job noch weiter reduzieren müßte. Nur wenn ich sie im Haushalt entlaste, kann sie diesen Fulltime-Job machen. Ein weiterer Grund war, daß sie in ihrem Job eine berufliche Perspektive hat, während meiner zeitlich begrenzt ist. Wenn einer von uns beiden eine Zeitlang mehr arbeiten muß, bekommt er vom anderen auch die Möglichkeit dazu eingeräumt. Dennoch bleibt es bei uns flexibel. Wir beide wollen auf keinen Fall noch mehr arbeiten, da es höchsten noch sechs Jahre sind, wo wir mit den Kindern einen intensiven Kontakt haben werden. Wenn die aus dem Haus sind, kann ich immer noch ›workaholic‹ werden. Aber zur Zeit nicht.

Türkische Küche in der Trabantenstadt

Frau U., 29 Jahre, Hausfrau, und ihr Mann, Arbeiter in der Metallindustrie, leben seit neun Jahren in einem 1964 errichteten achtstöckigen Hochhaus einer Trabantensiedlung in Berlin-Neukölln. Mit ihren acht- und neunjährigen Söhnen und der anderthalbjährigen Tochter bewohnen sie eine 64 qm große 2-Zimmer-Wohnung. Familie U. stammt aus Ost-Anatolien; Herr U.s Vater kam mit der ersten Gastarbeiter-Generation 1966 nach Berlin. Ende der 70er Jahre siedelte Herr U. als eines der letzten von elf

Familienmitgliedern im Rahmen der Familienzusammenführung nach Berlin über. Seine Frau kam Anfang der 80er Jahre aus ihrem anatolischen Heimatdorf nach Deutschland und lebt seit 1983 in Berlin.

Wohnen in den Einbauten der 60er Jahre

Die Wohnung der Familie U. hat eine jener typischen kleinen und schmalen Küchen, wie sie in den 60er Jahren in den neu entstandenen Hochhaussiedlungen am Rande Berlins massenhaft als Arbeitsplatz für die Hausfrau gebaut wurden. Die Möblierung der länglich geschnittenen, ca. 8 qm großen Küche – einzelne, mit weißem Kunststoff beschichtete Unter- und Hängeschrankelemente – ist noch die Originaleinrichtung, mit der die Wohnungsbaugesellschaft vor über 30 Jahren die Küchen des Hauses ausgestattet hatte. Familie U. hat sie vom Vormieter, der Erstbezieher der Wohnung war, übernommen. Möbel, elektrische Großgeräte und Sitzecke stehen sich an den beiden längeren Wänden gegenüber und lassen in der Mitte einen schmalen Gang bis zum Fenster frei, das der Küchentür gegenüber liegt. Auf der rechten Seite befindet sich eine große Kühl- und Gefrierschrankkombination, daneben eine Spüle und eine Waschmaschine. Dieses Ökogerät sowie den Kühl- und Gefrierschrank hat sich Familie U. vor einem Jahr neu angeschafft. Ein schmaler, auf Beinen stehender Elektroherd mit drei Kochplatten und einer kleinen Bratröhre, ein Modell aus den 50er Jahren, gehörte ebenfalls zur Erstausstattung der Küche. Ein Unterschrank, auf dem eine Etagere aus Kunststoffkörben für Obst und Gemüse aufgebaut ist, schließt die Lücke zur Zimmerecke. An der gegenüberliegenden Wand ist am Fenster eine Sitzecke eingerichtet: eine von Herrn U. gebaute schmale, schlichte Holzeckbank, davor ein mit Resopal beschichteter kleiner Tisch aus den 60er Jahren und neue Klappstühle. An der restlichen Wandfläche sind Unter- und Hängeschränke für Geschirr, Töpfe und Küchenutensilien sowie ein durchgängiges schmales Schrankelement untergebracht. Letzteres wird von Frau U. aufgrund einer fehlenden Speisekammer als Vorratsschrank genutzt. Die Küche ist mit einer gemusterten Tapete versehen und hat vor dem Fenster eine Tüllgardine.

Bis auf eine Kaffeemaschine, eine Popcornmaschine und einen neu erworbenen Sandwichmaker hat Frau U. keine elektrischen Kleinküchengeräte, da sie das Essen lieber mit der Hand zubereitet. Tee wird nach der in Anatolien üblichen Methode mit einem ›Caydanlik‹ zubereitet. Das ist ein Topf, in dem Wasser erhitzt wird, auf dem die Kanne mit dem Teesud steht. Will man Tee trinken, so wird etwas von dem Sud in ein kleines türkisches Teeglas gegossen und dieses mit heißem Wasser aufgefüllt.

Traditionelle und sich wandelnde Eßgewohnheiten

Alle Mahlzeiten nimmt Familie U. in der Küche ein. *Zum Frühstück trinken die Kinder Milch oder Kakao, manchmal Pfefferminztee und wir Eltern Tee. Wir essen morgens Graubrot, seltener Fladenbrot oder selbstgebackenes Yufka (ungesäuertes, sehr flaches Fladenbrot, das in der Pfanne gebacken wird). Dazu essen wir türkische Wurst, Schafskäse, Oliven, aber auch deutschen Scheiben- und Frischkäse. Die Kinder mögen keine Oliven zum Frühstück, sie essen aber gerne Cornflakes mit Milch. Manchmal essen wir auch Honig aus unserer Heimat, der ist noch Natur. Der deutsche Honig schmeckt uns viel zu süß – da ist zuviel Zucker drin. Marmeladen essen wir nicht.*

Für das Mittag- und Abendessen hat die Familie keine festen Essenszeiten, da sie sich nach dem Schichtdienst von Herrn U. richten. Für die Hauptmahlzeit am Tag kocht Frau U. ein warmes Essen. Wenn sie ein türkisches Gericht zubereitet, kommt es vor, daß ihre in Deutschland aufgewachsenen Söhne das nicht so gerne essen. Sie haben im Kindergarten das deutsche Essen kennengelernt, das ihnen oft besser schmeckt; z. B. mögen sie Salzkartoffeln mit Soße, eine Zusammenstellung, die es in der türkischen Küche nicht gibt. Darum kocht Frau U. nicht nur Gerichte aus ihrer Heimat, sondern richtet sich auch nach dem Geschmack ihrer Kinder, indem sie z. B. Pizza oder Hähnchen mit Pommes frites macht. Reis gemischt mit Gemüse oder Rindfleisch, ›Bulgur‹ (fein oder grob geschrotete Weizengrütze) mit Joghurtsoße, Suppen und Eintöpfe ißt die Familie am liebsten. Oft gibt es einen Rindfleischeintopf mit Tomaten und Kichererbsen oder einen Spinateintopf – jeweils abgeschmeckt mit Joghurt. Frau U.s Lieblingsessen ist ein Eintopfgericht, das sie von ihrer Mutter gelernt hat. Es besteht aus Tomaten, Zwiebeln, Kichererbsen, grünen Bohnen, Nüssen und Feigen, süßsäuerlich gewürzt mit Zucker, Paprika, Pfefferminze und Milch. Manchmal kocht sie Bulgur mit hinein. Ihre Kochkenntnisse, zu denen auch Brotbacken, Käse und Joghurt herstellen gehören, hat sich Frau U. nicht nur bei ihrer Mutter abgeschaut, sondern auch bei anderen weiblichen Verwandten und Frauen in ihrem Heimatdorf. Sie hat kein Kochbuch, variiert aber gerne ihre Speisen oder probiert neue Rezepte aus, die sie bei ihren Freundinnen kennengelernt hat.

Eine Grundlage ihrer Küche, wie der türkischen Küche im allgemeinen, ist Joghurt, den Frau U. in großen Mengen selbst bereitet und fast täglich verwendet. Sie setzt ihn aus fünf bis sechs Litern Milch mit einigen Löffeln Joghurtkulturen in einer großen Schüssel an. Mit der so entstandenen Menge reicht sie eine Woche hin. Aus Joghurt macht Frau U. mit Dill, Petersilie, Pfefferminze oder Knoblauch gewürzte Joghurtsoßen, die z. B. zu gebratenen Auberginen oder Paprika gereicht werden, Ayran (ein Joghurtgetränk); und das aus der griechischen Küche bekannte Tsatsiki. Sie gibt Joghurt zum Andicken an Suppen oder verwendet ihn pur als Brotaufstrich oder zum Dessert. Die gebräuchlichsten Gewürze in Frau U.s Küche sind Paprika, Peperoni, Pfeffer, Kumin, Pfefferminze, Zimt, frischer Dill und frische Petersilie. Das Abendessen besteht meist aus Resten der Tagesmahlzeiten.

Wenn ein guter Film oder Nachrichten laufen, dann essen wir abends auch mal vor dem Fernseher. Frau U. hat es aber lieber, wenn in der Küche gegessen wird, damit sie nicht das Geschirr hin und her tragen muß.

In Restaurants gehen die U.s selten, und wenn, wählen sie ein türkisches Lokal, wo sie türkische Pizza, Tsatsiki und Salat essen. Wenn sie unterwegs sind, nehmen sie jedoch ab und zu einen Imbiß zu sich, um den Kindern einen Gefallen zu machen. Favorisiert werden Pommes frites, aber auch Wiener Würstchen, Hähnchen, Döner Kebab, Pizza, Hamburger oder mal eine Currywurst werden gegessen.

Einen großen Teil des Lebensmitteleinkaufs erledigt Herr U. mit seinem Auto. *Wenn ich freitags Feierabend mache, fahre ich auf dem Weg nach Hause zu einem türkischen Lebensmittel-Großhändler in Neukölln, wo ich Obst, Gemüse, Reis, Bulgur und türkische Spezialitäten kaufe. Meine Frau kauft während der Woche Frischmilch, Brot und Käse im deutschen Supermarkt in der Nähe ein.*

Grundnahrungsmittel und Getränke besorgt die Familie bei einem preiswerten Discounter. Aus ihrem Heimatdorf beziehen sie große Mengen selbstangebautes, zur Konservierung in der Sonne getrocknetes Gemüse, z. B. Paprika und Schnittbohnen, die an die Eintöpfe kommen. Auch verschiedene Getreidesorten und getrocknete Pfefferminze erhalten sie von dort.

Geselligkeit in der Küche

Frau U. hält sich tagsüber viel in ihrer Küche auf, wo sie die Kinder versorgt und immer etwas zu tun hat. Ihre Söhne machen am Küchentisch manchmal Schularbeiten oder spielen dort mit ihrer Mutter nach dem Essen Karten oder ein Gesellschaftsspiel. Zum Zeitunglesen und Kassettehören oder mit einer Häkelarbeit setzt sich Frau U. nicht ins Wohnzimmer, sondern lieber in die hellere Küche. Verwandte, die auf einen Besuch vorbeischauen, sitzen bei ihr, während sie sich nebenbei mit der Zubereitung von Speisen beschäftigen kann. Nachmittags bietet sie ihren Gästen zum Tee Börek (würzige Blätterteigpastete mit pikanter Füllung) an, die sie nach Art der regionalen Küche ihres Heimatortes aus einer Mischung mit Schafskäse, gekochten Kartoffeln und Eiern füllt. Auch ihre Freundinnen, mit denen sich Frau U. regelmäßig reihum zu einem ausgedehnten Frühstück trifft, empfängt sie in der Küche. Die Unterhaltung dreht sich viel ums Essen und um verschiedene Zubereitungsmethoden. Wenn sich bei Familienfesten die über zwanzig Personen zählende Verwandtschaft einfindet, teilt sich die Gesellschaft zum Essen an die beiden Tische im Wohnzimmer und der Küche auf. Für Frau U. ist die Küche der wichtigste Raum in der Wohnung. Ihre Traumküche wünscht sie sich mit einem Geschirrspüler und modernen, hellen Einbaumöbeln ausgestattet sowie weitaus geräumiger, um einen großen Tisch für viele Personen unterbringen zu können.

Dies ist meine Traumküche – es fehlt nur noch das Klavier

Frau M., 44 Jahre, Lehrerin, wohnt mit ihrem Mann, dem 13jährigen Sohn und der siebenjährigen Tochter in einem Einfamilienhaus von 1919 in Berlin-Charlottenburg.

Küche mit Erker und Zugang zum Garten

Im unteren Teil des Hauses liegt die Küche. Von ihr hat man Zugang in einen kleinen Garten hinter dem Haus. Sie ist 26 qm groß und hat einen quadratischen Grundriß mit einem Erker, dessen große neu eingebaute Fenstertüren viel Licht und Sonne hereinlassen. Die Wände der Küche sind weiß gestrichen und der Fußboden ist mit glasierten roséfarbenen Terrakotta-Fliesen ausgelegt. Eine Fußbodenheizung sorgt dafür, daß der zu ebener Erde liegende, nicht unterkellerte Raum auch im Winter nicht fußkalt wird. An der Wand zwischen Küchen- und Terrassentür steht eine Einbauzeile, die mit Buchenholzblenden und matten Edelstahlgriffen versehen ist. Ein Geschirrspüler, eine Spüle und ein Ceran-Kochfeld-Herd mit Edelstahlfront sind in die Küchenzeile integriert. Darüber hängen eine Dunstabzugshaube und für das Geschirr offene weiße Regalkästen. An der Wand, die der Fensterfront gegenüberliegt, hängt eine mit Stundenplänen, Terminen und Telefonnummern gespickte Pinnwand. Daneben steht eine mit Familienerinnerungsfotos dekorierte Kühl- und Gefrierschrankkombination. Ein abgebeiztes Küchenbufett aus den 20er Jahren, das ursprünglich als Wickelkommode für den Sohn genutzt wurde, steht in der Zimmerecke und dient nun als Stellfläche für die Musikanlage und diverse CDs, die in der Küche gehört werden. In seinen Schubladen und Fächern befinden sich Mal- und Spielutensilien der Kinder. Der Küchenerker ist mit einem Sessel, einem mit Zeitschriften belegten Beistelltisch und einer Couch möbliert.

Um diese Couch streitet sich die ganze Familie, weil jeder darauf liegen will. Derjenige, der sie am schnellsten erobert, gewinnt. Nicht Vater und Mutter haben Vorrang, sondern wer am ersten spürt, daß er auf ihr liegen müßte. An dieser Couch ist auffällig, daß die Kinder häufig darauf einschlafen, wenn wir abends noch mit Leuten in der Küche sitzen. Wenn die Kinder krank sind, liegen sie dort und nicht isoliert in ihren Zimmern. Im Erker haben wir auch unsere Grünecke. Die zwei Meter hohe Zimmerlinde ist mein Lieblingsbaum, den ich seit fünf Jahren hege und pflege. Zu unserem Leidwesen steht meist ein Bügelbrett in der Küche, weil mein Mann jeden morgen ein Hemd, das er anziehen will, hier bügelt. Er bügelt selber, weil ich das sehr ungern mache. Da es hinterher keiner wegräumt, steht dieses Bügelbrett immer da. Nur wenn wir Leute zum Essen einladen, wird es mal weggestellt.

Zur wohnlichen Atmosphäre der Küche tragen viele bunte Erinnerungsstücke und Bilder bei. An den Wänden hängen Tuschzeichnungen der Tochter, eine Kachel mit Aschenputtelmotiv aus dem Elternhaus, ein Kunstdruck eines befreundeten Malers und ein hölzernes Huhn – eine Laubsägearbeit von Vater und Sohn. *Im Erker habe ich ein Bild eines ›Holländischen Mädchens mit Kirschen‹ hängen, das meine Mutter 1928 von einer Freundin geschenkt bekommen hat. Ich hänge an diesem Bild, weil ich damit aufgewachsen bin.* Eine farbige Rosenthal-Figur aus Porzellan, die zwei im Kreis herumwirbelnde Mädchen darstellt, und eine Reihe Plastikfiguren aus Überraschungseiern fallen auf den Regalkästen auf.

Im Mittelpunkt der Küchentisch

Herzstück der Küche ist ein sehr großer, schlichter Holztisch, an dem zehn bis zwölf Personen Platz finden können. Um ihn herum stehen zwei Trip-Trap-Stühle der Kinder, Bistro-Stühle und ein amerikanischer Shaker-Stuhl mit hoher Rückenlehne. Er ist ein Mitbringsel von einer USA-Reise und Lieblingsplatz des Katers der Familie.

Diese Küche, in der ich nur noch gern mein Klavier stehen hätte, ist meine Traumküche. Ich liebe ihre Größe und Helligkeit und daß man von ihr aus in den Garten gehen kann. Es war auch immer mein Traum, daß ein Tisch in der Mitte der Küche steht. Ein Tisch, um den man herumgehen kann, so wie wir es hier haben. So einen großen Tisch in der Mitte des Raumes gab es in meinem Elternhaus. Damit bin ich schon aufgewachsen, und wir Kinder haben es genossen, um ihn herumlaufen zu können. An diesem Tisch hat sich alles versammelt. Leute, die sich eben mal hingesetzt hatten, sind manchmal Stunden geblieben, und irgendwann wurde Essen auf den Tisch gestellt oder wenigstens ein Kaffee oder ein Bier. Ich habe sehr positive Erinnerungen an das Küchenleben in meiner Kindheit. Meine Eltern waren Landwirte im Münsterland, und meine Mutter hat den Haushalt geführt und täglich für die zahlreichen Leute gekocht. Sie war die gute Seele der Küche. Von der Hofstelle ging man direkt in die Küche, die der zentrale Raum war. Alle, auch die Leute, die bei uns angestellt waren, haben in der Küche gegessen; täglich acht bis zehn Personen. Dort traf man sich: morgens schon zum Frühstück, und dann ging das den ganzen Tag so weiter. Insofern bin ich nicht in einer Kleinfamilie groß geworden, sondern ich habe das nur so kennengelernt, daß alle Leute mit am Küchentisch saßen. Das fand ich schon als Kind so schön. Ich finde, daß der Tisch ein Kommunikationsmittel ist. Das ist etwas anderes, als wenn man so tief in der Couch oder im Sessel sitzt und sich dabei den Magen einklemmt. An unserem Küchentisch sitzen häufig Leute nur mal für eine halbe Stunde auf einen Kaffee, unsere Nachbarn oder Eltern, die ihre Kinder bei uns abholen. Besuch wird bei uns immer in der Küche empfangen, denn im Wohnzimmer steht der Fernseher, und da guckt vielleicht jemand. Hier kommen wir besser an die Getränke heran, außerdem haben wir viele Freunde, die rauchen, und bei uns darf nur in der Küche geraucht werden. Das sind Gründe, warum wir meist in der Küche sitzen.

Küchenleben in Wohngemeinschaften

Als Studentin in Berlin führte Frau M. ein intensives Küchenleben in verschiedenen Wohngemeinschaften. *1973 bin ich nach Berlin gegangen und bald darauf mit Leuten, die ich kennengelernt hatte, in eine Wohngemeinschaft gezogen. Dort haben wir am Küchentisch die halben Nächte verquatscht. Ich habe dann in verschiedenen WGs gelebt, u. a. in Kreuzberg, meist mit drei bis fünf Personen, überwiegend Frauen, die ich vom Studium kannte. Unsere Zusammentreffen fanden immer in der Küche statt, nicht in den einzelnen Zimmern. Auch mit Besuch setzte man sich in die Küche, und meist kamen die übrigen Mitbewohner dazu. Wir hatten keine festen Essenszeiten, da wir oft außer Haus waren. Feste Kochtermine, wie es sie in anderen WGs gab, habe ich immer abgelehnt, weil ich nie wußte, ob ich zu Hause sein würde, und weil ich mich keinen Zwängen unterwerfen wollte. Waren wir abends da, haben wir uns zum gemeinsamen Essen verabredet. Mal haben wir zusammen gekocht, oder jemand hatte Lust, für alle etwas zu kochen. Wer das Essen kochte, kaufte in der Regel auch ein. Am Wochenende traf man sich zwischen elf und dreizehn Uhr zum gemeinsamen Frühstück, das war ein festes Ritual. Da planten wir dann unsere Unternehmungen. Am Wochenende saßen wir viel in der Küche zusammen und haben dort Karten, z. B. Doppelkopf, gespielt.*

Es gab keine Küchenorganisation, und trotzdem hatten wir keine Probleme mit dem Kochen und Putzen. Unsere Toleranzgrenze, auch meine persönliche, war sehr hoch. Das wurde spontan geregelt und das klappte, ich kann mich an keinen Streit darüber erinnern. Nur einmal gab es richtig Ärger, weil ein männlicher Mitbewohner nichts gemacht hat, konsequent nichts. Der hat nur mitgegessen, ist aufgestanden und gegangen. Der absolute Macho. Der hat nicht mal gekocht. Nichts! Das haben wir dann so gelöst, daß er hinausgeflogen ist. Unter uns Frauen lief es am besten, da wir uns besser solidarisiert haben. Aber es gab auch Männer, die sich kreativ beteiligt haben, am ehesten beim Kochen. Das Drama war jedoch, wenn Männer gekocht haben, daß die Küche anschließend aussah wie ein Schlachtfeld. Das war der Horror: man hatte lecker gegessen und mußte sich anschließend in dieses Feld werfen. Daraufhin haben wir die Devise erteilt: wer kocht, räumt auch auf! Danach ging es besser. Wenn man sich an den Tisch setzte, war die Küche in der Regel schon aufgeräumt. Es wurde rationeller gekocht und die Töpfe mehrfach benutzt. Das war ein Lernprozeß. Das Einkaufen war nie abgesprochen, und trotzdem war immer alles da. So habe ich das jedenfalls in Erinnerung. Wir hatten keine gemeinsame Kasse, sondern haben für das Essen eine Umlage gemacht oder die Quittungen gesammelt und am Ende des Monats abgerechnet.

Zwei-Familien-Wohngemeinschaft

Gemeinsam mit ihrem Mann zog Frau M. 1980 mit einem befreundeten Paar zusammen. In diese fünf Jahre dauernde Wohngemeinschaft wurden drei Kinder hineingeboren. Eine Haushaltsorganisation blieb nun unerläßlich. *Unsere Mitbewohnerin machte überwiegend den Haushalt, was sie sehr gerne und ganz toll machte. Ich war mehr für das Schleppen zuständig, habe die Einkäufe herangeschleppt, da ich ein Auto hatte. Jeden Samstag war bei uns Einkaufstag, und da wurde für die Woche vorgesorgt. Wir hatten eine gemeinsame Haushaltskasse, in die jeder Erwachsene pro Woche 100 DM tat. Das Portemonnaie war immer in der Küchenlade für alle zugänglich, und von diesem Geld wurden auch die Ausgaben für Besuch bestritten, z. B. Kuchen. Extra bezahlt wurden jedoch Speisen und Getränke für Essenseinladungen, die nur ein Paar veranstaltete. So hat diese Regelung die ganzen fünf Jahre gut funktioniert. Da gab es nie ein Problem.*

In dieser Zwei-Familien-Wohngemeinschaft hatten wir tageweises Aufräumen und Saubermachen in der Küche. Jeder kam einmal in der Woche dran, das ging einfach nicht anders. Am nächsten Morgen sollte die Küche so sein, daß nichts mehr herumstand, bevor wir aus dem Haus gingen. Unsere Mitbewohnerin blieb eine ganze Zeitlang mit ihrem Kleinkind zu Hause, und sie hatte keine Lust, nur weil sie vorübergehend Hausfrau war, morgens allein alles aufzuräumen. Wir hatten keine festen Kochtermine, haben aber meistens abends zusammen gegessen, so vier- bis fünfmal in der Woche. Beim Essen haben wir uns viel unterhalten, es gab keine Punkte, die nicht besprochen wurden. Auch persönlicher Ärger mit dem Partner oder Kollegen wurde am Küchentisch abgeladen. Jeder hat gekocht, wie er wollte und Lust hatte. Unsere Mitbewohnerin hat am häufigsten Essen gemacht, da Kochen ihre Leidenschaft war, und sie machte auch phantastische Gerichte, z. B. ein chinesisches Menü oder Sauerbraten mit Knödeln, Salat und Nachtisch. Ich koche auch gerne, aber wenn mir das jemand abnimmt, bin ich nicht böse. Meine Vorliebe galt damals mehr der Hausmannskost: Schnitzel, Buletten oder irgendwas Schnelles. So nach dem Motto: ›Wir haben Hunger, wir müssen was essen.‹ Unser Mitbewohner kochte selten; mein Mann kochte zu damaligen Zeiten noch sehr viel und auch sehr gut – sehr viel Italienisch, die Nudelküche war angesagt. Er kochte oft nach dem Kochbuch, die schwierigsten Gerichte.

Küchengewohnheiten in der Familie

Inzwischen kocht mein Mann viel weniger, aber wenn er kocht, dann ist es wirklich exklusiv. Beim Kochen ist er Perfektionist. Er macht z. B. manchmal abends Sandwiches, die sind einfach perfekt, da liegt dann ein Salatblatt, und alles ist wunderschön dekoriert. Das ist dann sehr lecker, wie in einem Bistro oder noch schöner, und die Kinder lieben das. Das Kochen macht ihm Spaß und ist sein Hobby, das er inzwischen selten praktiziert. Vielleicht einmal im Monat macht er ein aufwendiges

Essen, zwischendurch eventuell mal eine schnelle Suppe. Früher hat er dagegen fast jedes Wochenende gekocht. Nun koche ich meistens. Ich habe nicht nur das tägliche Kochen übernommen, sondern koche auch für die Essenseinladungen. Das fällt auch unseren Freunden auf, mit denen wir häufig am Wochenende in der Küche sitzen und essen. Sie waren es gewohnt, daß mein Mann immer das tolle Essen auf den Tisch gestellt hat. Nun mache ich das mittlerweile und bekomme viel Lob, weil ich inzwischen selber aufwendig koche, meist nach exklusiven Rezepten, die ich beispielsweise aus Zeitschriften sammele.

Abends essen wir Brote, oder ich koche etwas. Wenn ich Lust habe, koche ich, wenn ich keine Lust habe, koche ich nicht! Die Kinder helfen schon mal mit. Meine Tochter schneidet z. B. immer das Gemüse auf, das findet sie toll. Früher haben wir abends regelmäßig gekocht, jetzt essen wir nur noch am Wochenende warm. Früher hatte ich das Essen fertig und dann kam mein Mann später als verabredet, und das leckere Essen fiel ineinander und wurde kalt. Darum mache ich das jetzt nicht mehr – das ist die Konsequenz.

Unseren Müll trennen wir. Wir haben im Garten einen Komposthaufen, und alle Küchenabfälle, die man kompostieren kann, kommen darauf. Der fertige Kompost wird auf die Beete verteilt. Zum Abwaschen benutze ich normales Spülmittel, weil ich mit dem Umweltprodukt nicht so gut zurecht kam und mehr verbraucht habe. Die Spülmaschine machen wir nur an, wenn sie voll ist. Da kommen auch keine Töpfe und Schüsseln hinein, weil die mir zuviel Platz wegnehmen. Das Mittel dosiere ich sehr reduziert, auf unterster Stufe. Bier und Selter kaufen wir in Pfandflaschen, Säfte in Tetra Paks. Mein Mann kann aufgrund seines Rückens nicht tragen, darum lastet die ganze Getränkeschlepperei auf meinem Sohn und mir. Das ärgert mich. Dieses Problem haben wir noch nicht gelöst. Aber eventuell stellen wir den Mineralwasserkauf demnächst ein und trinken Leitungswasser.

An elektrischen Küchengeräten wurden nur einige wenige angeschafft, die auch gebraucht werden. *Wir haben eine Spülmaschine, einen Toaster und ein Handmixgerät, einen sogenannten Zauberstab. Am häufigsten ist der Heißwasserkocher in Gebrauch, und zwar täglich mehrfach. Eine Küchenmaschine – zum Raspeln oder Teigkneten – haben wir nicht; wenn wir die mal brauchen, leihen wir sie uns von unseren Nachbarn aus.*

Die Küche ist für mich der wichtigste Raum des Hauses. Ich führe hier meine Telefongespräche, lese Zeitungen und Bücher, wozu ich mich auf die Couch im Erker lege. Meine Tochter spielt hier mit ihren Puppen, aber Lego z. B., das tagelang auf dem Tisch aufgebaut bleiben muß, habe ich in der Küche nicht geduldet. Mein Sohn hat jahrelang am Küchentisch seine Schularbeiten gemacht, erst seit kurzem, wo er viele Bücher dazu braucht, macht er die in seinem Zimmer. Mit meiner Tochter übe ich jedoch noch ihre Diktate am Küchentisch. Nachmittags malen die Kinder auch hier, machen Brettspiele, oder wir spielen zusammen Karten. Wenn wir im Urlaub sind, haben wir immer Leute bei uns wohnen, die das Haus hüten. Letzten Sommer hat eine Freundin vierzehn Tage eingehütet. Sie hatte auf der Nähmaschine in der Küche tagelang genäht. Nebenbei hat sie sich einen Kaffee gekocht und telefoniert und fand den Aufenthalt in der Küche toll. Sie hat nur bedauert, daß sie in unserer Küche kein Bett zum Schlafen hatte. Das hat ihr hier noch gefehlt.

Literatur

Achim und Bettina in ihren Briefen. Hg. v. W. Vordtriede. Hamburg 1961

Andreas-Friedrich, R.: Schauplatz Berlin. Reinbek 1964

Back, C.: Drei Fräulein an der Jungfernbrücke. Berlin 1976

Bahrdt, H. P.: Humaner Städtebau. München 1973

Bebel, A.: Die Frau und der Sozialismus. Stuttgart 1903

Beier, R.: Leben in der Mietskaserne. In: Asmus, G. (Hg.): Hinterhof, Keller und Mansarde. Reinbek 1982

Berend-Corinth, Ch.: Als ich ein Kind war. Hamburg 1950

Berliner Forum 9/1977: Berlin nach dem Krieg – wie ich es erlebte.

Beuys, B. (Hg.): Anna Louisa Karsch. Frankfurt/M 1981

Bewag Festschrift. 100 Jahre Strom für Berlin. Berlin 1984

Biasci, C.: Das Alte im Neuen. Kulturgeschichte der französischen Küche. Bielefeld 1991

Biller, Th.: Das Bürgerhaus im Berliner Raum. In: Bürger Bauer Edelmann. Berlin 1987

Bornemann, H.: Gestalten und Gespenster in der Mark. Berlin 1937

Bräker, U.: Der arme Mann im Toggenburg. Berlin o.J.

Brandler, G.: Eckensteher, Blumenmädchen, Stiefelputzer. Leipzig 1988

Braun, L.: Frauenarbeit und Hauswirthschaft. Berlin 1901

Conradt, S.: Reichstrümmerstadt. Darmstadt 1987

Consentius, E.: Alt-Berlin. Berlin 1907

Damaschke, A.: Aus meinem Leben. Bd. 1. Leipzig 1924

Meister Johann Dietz. Hg. v. E. Consentius. Leipzig 1917

Dohm, H.: Schicksale einer Seele. München 1988

Drewitz, I. (Hg.): Märkische Sagen. Düsseldorf 1979

Erman, A.: Mein Werden und mein Wirken. Leipzig 1929

Faden, E.: Berlin im Dreißigjährigen Kriege. Berlin 1927

Fallada, H.: Damals bei uns daheim. Reinbek 1967

Fischer, M.: Schnelle Küche. Ravensburg 1951

Fischer, P.: Schlaraffenland, nimms in die Hand! Berlin 1975

Fischer-Fabian, S.: Venus mit Herz und Köpfchen. Berlin 1959

Fontane, Th.: Meine Kinderjahre. Leipzig 1955

ders.: Irrungen Wirrungen. In: Werke, Bd.4. Dreieich o.J.

ders.: Der Stechlin. In: Werke, Bd.7. Dreieich o.J.

Formey, L.: Versuch einer medizinischen Topographie von Berlin. Berlin 1796

Eine Frau in Berlin. Genf/Frankfurt 1959

Geist, J. F./Kürvers, K.: Das Berliner Mietshaus. München 1980

Gericke, G.: Der Berliner Kachelofen. Berlin 1912

Gert, V.: Ich bin eine Hexe. Reinbek 1978

Glatzer, R.: Berliner Leben. 1648–1806. Berlin 1956

Goerlitzer, M.: Das tägliche Leben in Berlin während des Mittelalters. In: Mitteilungen des Vereins für die Geschichte Berlins 4 (1896)

Graf, F.: Lernziel Wohnen. In: Kursbuch 37 (1974)

Grebitz, C. E.: Die besorgte Hausfrau in der Küche und Vorrathskammer. Berlin 1824

Grimm, J.: Deutsche Mythologie. ND Graz 1968

Grube, F./Richter, G.: Die Schwarzmarktzeit. Hamburg 1979

Gut, A.: Das Berliner Wohnhaus. NA bearb. v. W. Volk. Berlin 1984

Gutzkow, K.: Berliner Erinnerungen und Erlebnisse. Berlin 1960

Hahn, H. (Hg.): Fünfzig Jahre Berliner Stadtentwässerung 1878–1928. Berlin 1928

Haushaltsträume. Ein Jahrhundert Technisierung und Rationalisierung im Haushalt. Königstein 1990

Hausmann, E. (Hg.): Die Karschin. Frankfurt/M 1933

Heim, E. L.: Tagebücher und Erinnerungen. Leipzig 1989

Heidemann, J.: Geschichte des Grauen Klosters zu Berlin. Berlin 1874

Heilborn, E.: Zwischen zwei Revolutionen. Berlin 1927

Hensel, S.: Ein Lebensbild aus Deutschlands Lehrjahren. Berlin 1903

Herz, R.: Berliner Barock. Berlin 1928

Henriette Herz in Erinnerungen, Briefen und Zeugnissen. Frankfurt/M 1984

Horbelt, R./Spindler, S.: Tante Linas Nachkriegsküche. Reinbek 1985

Hösel, G.: Unser Abfall aller Zeiten. München 1990

Huse, N. (Hg.): Vier Berliner Siedlungen der Weimarer Republik. Berlin 1984

Jacob, B./Ramm, H. (Hg.): Vom Ilsenhof zum Highdeck. Berlin 1987

Jasner, C.: Frühe Alternative: Das Charlottenburger Dreiteilungsmodell. In: Köstering/Rüb

Kardorff, U. v.: Berliner Aufzeichnungen aus den Jahren 1942-1945. München 1962

Klöden, K. F.: Von Berlin nach Berlin. Leipzig 1976

Knef, H.: Der geschenkte Gaul. Wien/München/Zürich 1972

Koch, Ch.: Das erste Einküchenhaus in Berlin. Baugutachten Berlin 1988

Kommune 2. Versuch der Revolutionierung des bürgerlichen Individuums. Berlin 1969

Korsch, H.: Erinnerungen an Hedwig Dohm. Zürich 1980

Köhler, R./Richter, W.: Berliner Leben. Berlin 1954

König, B.: Versuch einer historischen Schilderung der Residenzstadt Berlin. Berlin 1792–95

Köstering, S./Rüb, R. (Hg.): Müll von gestern? Berlin 1993

Kreuzberg 1933. Berlin 1983

Kruse, M.: Ein Lausejunge aus gutem Haus. Freiburg/Breisgau 1983

Krüger, B.: Zur Stadtkernforschung in Berlin-Cölln. In: Ausgrabungen und Funde 5 (1960)

Die Küche – die Fabrik des Hauses.

In: Wohnungswirtschaft 3 (1925)
Kuhn, A.: Märkische Sagen und Märchen. Berlin 1843.
ders.: Norddeutsche Sagen, Märchen und Gebräuche. Leipzig 1848
Langguth, F.: Die Elektrifizierung der privaten Haushalte am Beispiel Berlins. In: Haushaltsträume.
Lepsius, S.: Ein Berliner Künstlerleben. München 1972
Lewald, F.: Meine Lebensgeschichte. Frankfurt/M 1980
Lihotzky, G.: Arbeitsersparnis im Haushalt durch neuen Wohnungsbau. In: Wohnungswirtschaft 10/12 (1927)
Der Lindenhof: Hg. v. d. Berliner Geschichtswerkstatt. Berlin 1987
Lüders, E.: Die Sanders. Leipzig 1940
Marwitz, F. A. L. v.: Nachrichten aus meinem Leben. Berlin 1989
Mackowsky, H.: Häuser und Menschen im alten Berlin. Berlin 1923
Meringer, R.: Das deutsche Haus und sein Hausrat. Leipzig 1906
Meyer, A.: Aus guter alter Zeit. Stuttgart 1909
Meyer, E.: Wohnung und Entlastung der Frau. In: Wohnungswirtschaft 10/12 (1927)
Meyer, S./Schulze, E.: Von Liebe sprach damals keiner. München 1985
dies.: Wie wir das alles geschafft haben. München 1984
Meyers Konversations-Lexikon. Leipzig 1894–96
Mitteis, H./Lieberich, H.: Deutsche Rechtsgeschichte. München 1966
Moehsen, D. J. C. W.: Beiträge zur Geschichte der Wissenschaften in der Mark Brandenburg. Berlin 1783
Mommsen, A.: Theodor Mommsen im Kreise der Seinen. Berlin 1936
Müller, A. v.: Edelmann… Bürger, Bauer, Bettelmann. Berlin 1981
Museum der Arbeit Hamburg (Hg.): Das Paradies kommt wieder… Zur Kulturgeschichte und Ökologie von Herd, Kühlschrank und Waschmaschine. Hamburg 1993
Museum für Kunst und Kulturgeschichte der Hansestadt Lübeck (Hg.): Die Lübecker Küche. Lübeck 1985
Oikos. Von der Feuerstelle zur Mikrowelle. Hg. v. M. Andritzky. Gießen 1992
Hedwig von Olfers. Hg. v. H. Abeken. Berlin 1914
Parthey, G.: Das Haus in der Brüderstraße. Berlin 1957
Parthey, L.: Tagebücher aus der Berliner Biedermeierzeit. Berlin 1926
Petsch, J.: Eigenheim und gute Stube. Köln 1989
Projekt: Spurensicherung. Alltag und Widerstand im Berlin der 30er Jahre. Hg. v. d. Berliner Geschichtswerkstatt. Berlin 1983
Richter, O.: Lebensfreuden eines Arbeiterkindes. Dresden 1919
Riess, C.: Berlin Berlin. 1945-1953. Berlin o.J.
Ruf, F.: »Die sehr bekannte dienliche Löffelspeise«. Velbert 1989
Rüb, R.: Grenzen eines tradierten Systems. In: Köstering/dies.
Rybczynski, W.: Wohnen. München 1987
Salomon, F.: Junggesellenhaus in Charlottenburg. In: Bauwelt 5 (1929)
Die Berliner S-Bahn. Gesellschaftsgeschichte eines industriellen Verkehrsmittels. Berlin 1982
Schall, S.: Bier is ooch Stulle. Berlin und seine Küche. Berlin 1976
Schottländer, J.-W. (Hg.): Carl Friedrich Zelters Darstellungen seines Lebens. Weimar 1931
Schultz, H.: Berlin 1650–1800. Berlin 1987
Silbermann, A.: Die Küche im Wohnerlebnis der Deutschen. Opladen 1995
Deutsches Sprichwörter-Lexikon. ND Augsburg 1987
Stave, J.: Stube und Küche. Berlin 1994
Stengel, W.: Alte Wohnkultur in Berlin und in der Mark. Berlin 1958
Stellberger, O.: Müllstandort Rote Insel in Schöneberg. In: Köstering/Rüb
Stillich, O.: Die Lage der weiblichen Dienstboten in Berlin. Berlin 1902
Stinde, J.: Die Familie Buchholz. Berlin 1932
Strohmeyer, K. (Hg.): Berlin in Bewegung. Literarischer Spaziergang 2: Die Stadt. Reinbek 1987
Taut, B.: Ein Wohnhaus. Stuttgart 1927
Thurneysser, L.: Archidoxa. Berlin 1575
ders.: Almanach von 1579.
Trümmer Träume Truman. Die Welt 1945–49. Berlin 1985
Uhde, H. (Hg.): Erinnerungen der Malerin Louise Seidler. Weimar 1965
Uhlig, G.: Die Modernisierung von Raum und Gerät. In: Oikos
Volk, W.: Historische Straßen und Plätze heute. Berlin 1978
Volkmann, L.: Die Jugendfreunde des »Alten Mannes«. Leipzig 1925
Viebig, C.: Das tägliche Brot. Berlin 1950
Weckerle, B.: Hausarbeit und Raum. Dipl. TU Berlin 1980
Wissell, R.: Des alten Handwerks Recht und Gewohnheit. Bd. 5. Berlin 1971
Wiggershaus, R.: Frauen unterm Nationalsozialismus. Wuppertal 1984
Wolf, G. (Hg.): Anna Louisa Karschin. Berlin 1981
Zec, P./Orazem, V. (Hg.): Über den Herd. Essen 1995

Bild- und Textnachweise

Berliner Stadtreinigungsbetriebe: 172, 175 Landesbildstelle Berlin: 97, 122, 134, 139, 147 Staatsbibliothek zu Berlin: 34 Susann Hellmann, Berlin: 175, 181, 187, 192, 204, 209, 216, 220 Umweltbundesamt: 176 oben alle anderen Abbildungen (auch Umschlag und Frontispiz): Sammlung Lothar Binger, Berlin

Susann Hellemann: »Küchenverhältnisse zwischen Weltwirtschaftskrise und Wirtschaftswunder«; Interviews
Lothar Binger: alle übrigen Texte